「歴史とは何か」の歴史

楠家 重敏 著

晃 洋 書 房

ま え が き

　母校の日本大学で三人の史学史の権威にお会いすることができた．最初に史学概論を学んだのは日本大学文理学部史学科での日本古代史の権威でもあった肥後和男教授の授業である．本書で紹介した『史学概論』がその内容であった．この教科書は1960年代の日本の歴史学界の状況を反映したもので，かなり史観にこだわったものであった．あとで知ったことだが，高校時代に授業を受けた日本史の先生は教授のご子息の肥後亮先生であった．親子二代の学恩に感謝したい．大学院に入って『日本史学史の研究』の著作がある小沢栄一教授の授業を受けた．江戸時代初期の林羅山・鵞峯の修史事業の講義をなされたが，その内容は今も耳にのこっている．まもなく，日本大学の助手の職を得て，日本大学文理学部史学研究室に勤務することになった．そのころあらたに史学科の史学概論を担当されたのは神山四郎教授であった．日本で唯一の歴史理論を専門とする大家であった．教授の『歴史入門』を拝読していたことがあり，先生に関する学務のお世話ができて光栄であった．授業の内容は教授のご著書から想像するしかなかったが，大学院で教授の授業を受けていた大学院生がかなり影響を受けていた．清新な内容が彼らを刺激していたに違いない．

　あれから40年近い年月が経過した．はからずも日本大学通信教育部で史学概論の授業を担当することになった．2013年度と2015年度の２回である．通信教育部のこの科目の教科書としては以前より肥後和男教授らの『史学概論』が使われていた．ただし，50年以上も前に書かれたものなので，現在の授業内容としてはいささかそぐわないものになっていた．そこで新たに稿を起こすことにした．2013年度の原稿で大まかな内容を固め，2015年度のノートで詳細を詰めた．文化交渉史としての視点から歴史意識・史学概論の歴史を書き上げた．日本ではこの種の本は西洋史の先生が書くものと相場がきまっていた．しかし，日本と外国の異文化コミュニケーションとしての歴史叙述や史学概論の歴史が書けるのではないかと考えたのである．規範的歴史と科学的歴史，歴史と文学，歴史理論と歴史方法論など内容は多彩である．記述はひとつひとつのト

ピックが独立した編年体とした．三つの内容にまとめた．第1章の「歴史書の歴史（東アジアと日本）」は歴史と道徳，第2章の「歴史書の歴史（西欧と日本）」は歴史と科学，第3章から第5章の「史学概論と歴史理論の歴史」は道徳と科学，歴史と文学，歴史と科学などが中心テーマである．対象期間は歴史書の誕生から2015年までである．

　執筆内容は私が出会った史学史の権威たちのものには遠く及ばないことは明らかである．しかし歴史意識や史学概論の歴史に興味をもつ人がひとりでも多くふえることを念じて拙書を公刊することにした．

　　2015年9月23日

楠 家 重 敏

目　次

第 I 部

東アジア・西欧と日本

第1章

歴史書の歴史（東アジアと日本）

第1節　「歴史」とは何か

　歴史研究者の最初にして最後の課題は「歴史とは何か」に答えることである．しかし，これはすぐには回答できない課題である．そこで，この問題について先人たちがいかに取り組んできたかをふりかえる思索の旅に出よう．

　まずは「歴史」のことばの説明から入ろう．「歴史」ということばは漢字文化圏で用いられているが，ヨーロッパ文化圏では「ヒストリー」History（英語），「イストワール」Histoire（フランス語），「ゲシヒテ」Geschichte（ドイツ語）などさまざまな表現がある．

　漢字文化圏の「歴史」の語義と成り立ちを考えてみたい．「歴」の本来の意味はいくさの経歴，あるいは功績をしめしている．これに「過（よぎ）るなり」と「伝うる」の意味が追加される．また暦のこともさす．これに対して「史」は「中」と「又」の語を合成した象形文字であった．「又」は手の象形であり，「史」は串が入った箱を手で支えている形である．この場合，串とは木簡と思われ，器のなかに重要な記録が保管されている．これを保管する役人のことも「史」とよばれた．「史記事者也．中正也」（史とは事を記す者なり．中正なり）と解釈され，史官は事を記す者であり，中正を保持しなければならないとされた．さらに，彼が保管する記録，文書も「史」とよばれるようになった．「歴」と「史」の合成語である「歴史」はやや新しいことばである．3世紀ころの中国を叙述した『三国志』のなかの呉書に「書傳歴史を博覧し」との一節があり，ここでは「歴史」とは「過去の変遷の記録」の意味だった．英語のRecord にちかい．ただし，中国の明の終わりころまで（17世紀初頭）は，「歴

史」ということばは普及していなかった．「史」の一語で「歴史」の意味を示していたという．日本では『艶道通鑑』（1715年）に「歴史につまびらかなり」とあり，また『授業編』（1783年）は「歴史をよむのたすけになる事」といい，「歴史」の用例は18世紀からであった．ここでは「書かれた歴史」の意味で使われている．なお，現代中国語の「歴史」は皮肉にも日本語の「歴史」から借用したともいわれている．

　ヨーロッパ文化圏の History（英語）と Histoire（フランス語）はともにギリシャ語のヒストリアーから派生したことばである．ギリシャ語の辞書には「調査研究などによって得られた知識」という意味がある．これは Story にも通じ，「物語」という意味も生まれてくる．ドイツ語の Geschichte はラテン語の「レースゲスタ」Resgestae（起きたこと）にちかい．やがて「歴史」を意味するようになる．しかし，ラテン語やドイツ語にはギリシャ語や英語のような「探求する」という意味は含まれていない．ちなみに，英語の History ということばの初例は *Oxford English Dictionary* で分かる．それによると1390年が初例で，ついで1484年の『イソップ物語』に「大工が友人に歴史（昔の出来事）を語った」とある．History という言葉の意味は「出来事としての歴史」の初例が上記の1390年であり，「書かれたものとしての歴史」の初例は1485年であった．ドイツ語の Geschichte のことばの起源は不明である．なぜ両者に意味の違いがあるのか，先人の歴史家はだれも説明していない．

　日本の場合はどうか．712年につくられた『古事記』は古くはフルゴトブミとよばれた．「過ぎ去った事柄を文字に記した」という意味であり，ドイツ語の Geschichte の意味に似ている．ここで初めて文字によって過去の出来事が伝えられたのである．しかし，日本に漢字が伝わる以前にはことばによってフルゴトが受け継がれていった．古代では語り部が物語をカタルのである．歴史はことばによって伝えられた．『竹取物語』をはじめとする平安時代の多くの物語，あるいは『平家物語』などがことばで語られていった．やがてこれが書物のかたちで残されていく．物語によって歴史が語られるのである．ここから日本でも「歴史」History にも「物語」Story の意味が付与されることになる．

第2節　中国の歴史書

　歴史書の発生と経過をみていこう．まず，中国の場合から．中国で最初の歴史書といわれているのは『春秋』である．四書五経の内の五経（詩経，書経，易経，礼記，春秋）のひとつである．『春秋』は魯の国の年代記で，紀元前722年から紀元前484年をカヴァーしている．この歴史書の編集には孔子が深く関わったとされ，儒教の教科書のひとつとして珍重されたため今日まで伝わっている．『春秋』は編年体の歴史書であり，各年ごとに干支で月日をしめし，そのもとに出来事を記している．国内の政争，内乱，土木事業ばかりでなく，国際間の外交，同盟，戦争などが年代順に記述されている．しかし，その事件の原因や背景などが明確にのべていない．しかも，あまりにかんたんな記述のため，その記事の意味するところが読み取れない．これを儒教の経典に昇格させるためには，これに一種の神秘性を付け加えて解釈せねばならかった．幸いに『春秋』には，その内容を詳しく解説した『春秋左氏伝』などの注釈書がのこっており，史実の意味が復元できる．たとえば，B.C.641年に「梁亡」（梁亡ぶ）という国が滅んだことを伝えるわずか二字の記事がある．これは B.C.648年の「楚人，黄を滅ぼす」とは異なる表現である．そこで『春秋左氏伝』は，この文章は梁が亡んだと記すだけで梁を滅ぼした主体を書いていないので，自ら招いた災いであるというように読み取っている．

　他方，中国の文字はそれ自体が初めから階級的にできている．どこの国のことばにもある程度の敬語的用法がある．日本語の場合は助詞や受身形で表わすが，中国語には語尾変化がないから，敬語には全く別のことばを用いる．たとえば，人が死ぬことでも，天子の場合は「崩」，諸侯の場合は「薨」，太夫の場合は「卒」，庶民の場合は「死」ということになる．日本にもその影響が及んでいる．さらに中国の文字には名詞と動詞，主格と目的，過去と現在などを形の上で明示することができない．意味を明らかにさせるためには，いきおい修辞法の助けが必要であった．

　いっぽう，記録をのこすこと，歴史を記すことが，孔子の権威のもとに『春秋』で確立されたのである．孔子が手本を見せた歴史の記述法，すなわち「春

秋の筆法」は事実を事実として尊重し，いささかもこれを曲げて書くことは許されない．しかし，この事実を文章に表わす際には，筆者の主観を盛り込んで，特殊な表現を用いることができる．このような著者の価値観にくわえて，独特の表現を用いるところにこそ，歴史の歴史としての生命があると考えられる．

　ただし，歴史叙述に道徳を持ち込んだことは，その後の歴史書に悪影響をあたえた．儒教思想の圧倒的な影響のもとで，史実というものが真理探求の目標とはならず，むしろ道徳的教訓を引き出すための素材として利用されたのである．「本来あるべき理想の姿」を基準にして，その理想にかけはなれた現実に批判をくわえた．事実が事実であるがゆえに価値があることには気を留めていないのである．四書五経からはじまった儒学は経学（哲学）を大事にし，史学をなおざりにしてきた．歴史家は重みがなく，経学者は高大な存在であるという偏見が長い時代にわたって残った．要するに，事実の軽視と動機の重視，あるいは史実の倫理的批判への従属，つまり「史」の「経」への従属であった．しかも，そのような考え方が，儒学の普及・確立とともに，ながく中国人の歴史理解を支配し，「史」と「経」との分離，あるいは「史」の「経」からの独立を困難にした．ここに中国における歴史叙述の発展にとって大きな問題となった．

　中国で歴史書の双璧とされるのは『史記』と『漢書』である．書き方はともに紀伝体である．『史記』は前漢の B.C.97年に司馬遷が書き上げた．その構成はまず「本紀」という有史以来の天子の盛衰興亡の歴史があり，そこには政治史を中心とした歴史過程のガイドラインが示される．つぎに「表」が置かれ，その具体的な歴史過程がつづく．さらに政治史の大綱を明示した「本紀」と「表」をおぎなうものとして「書」が設けられる．ここでは文化百般の分野である儀礼・制度・音楽・天文・暦法・祭事・治水・経済などを概観した．ついで「世家」で諸侯の家の歴史を叙述し，「列伝」で多くのすぐれた人物の業績を記述した．ちなみに，この「世家」では地誌・歴史・民俗に関する知識も組み込まれた．最後に「太史公自序」がすえられ，総合的世界史を執筆する意図がのべられた．「天下に散らばったまま忘れられていた古い伝聞をもれなく集め，王者の事業の興るところについて，そのはじめを訪ね，その終わりを見定め，盛衰を観察して，実際に行われた事跡を考察評論した．あらまし夏・殷・

周の三代をたずね，秦・漢の時代を記録し，まず黄帝のことを述べて，最後に今の世にいたるまでを，十二篇の本紀に書きあらわした．その大綱を区分してすじみちを立て，時代が並行するもの，世代に差異があるものなど，年代のちがいが明瞭でないので，十篇の表をつくった」と．ただし，『史記』は中国人を中心とした民族史であって，厳密な意味で世界史ではない．当時の中国に知られた限りの広い地域，北は外蒙古，西は地中海，南はインド，東は海中の仙山に至るまで記述が及んでいる．しかし，これらの中国と異質の民族が，中国と平行して，その伝統を保ちながら共存しているという，綜合的な立場から筆を運んでいるのではない．中国とたまたま関わりをもった時にだけ，彼らに興味を示しただけである．異質の民族の過去を探り，その将来がどうなるかという問題にはまったく無関心であった．

　紀伝体の歴史書はこの『史記』からはじまる．紀伝体とは中華世界の中心である王または皇帝の伝を「本紀」とし，その周囲に生きる個人の伝記を「列伝」に配し，ひとつの時代の全体像を示そうとするものである．紀伝体のほかにも年代順に記述される編年体という叙述方法がある．宋代に司馬光が編纂した『資治通鑑』がその代表例である．つけくわえると，紀伝体の歴史書といえども「本紀」は基本的に編年体で書かれる．司馬遷の基本的な問題意識は「天道，是か非か」というものである．この「天道」とは「おてんとうさま」のことではなく，老子にもとづく道家思想である．清廉で善良な人物が餓死し早死にする一方で，極悪非道な人物が天寿を全うする．これはどうしたことか．人間の善悪という倫理基準では測りしれない世界の真相，つまり道とはなにか．人間の善悪をこえて流れていく時の流れ，すなわち歴史の過程とはなにか．この問題意識こそが司馬遷が『史記』で追求した課題であった．

　『漢書』は後漢の80年ころ班固によって完成された．この歴史書は父班彪から親子二代にわたる著述であった．班彪は『史記』について「事理を述べるにあたってはよく筆が立っていて，しかもけっして華美ではないし，質実な筆致であるが野卑ではなく，文と質とを兼ね備えていてすぐれた史家の才を備えている」と書き，司馬遷の歴史叙述を高く評価をしている．さらに「班彪は才能が高く著作を好んでもいたので，歴史書に没頭した．武帝の時に司馬遷が『史記』を書いたけれども，太初年間（B.C.104年〜B.C.101年）以後のことが欠けて

いて記録がないので，何人かのひとがその続きの製作を試みていた．しかし，それらの多くは卑俗でとても跡を継ぐものとはいえない．そこで彪は『史記』がもらしたことを採り，異説を加えて後伝数十編を作り，『史記』について検討を加えてその損失について述べた」．いわば，班彪は『史記』の続編を書こうとしたのである．班固は「父の彪が（『史記』に）続けて書いた前漢の歴史書が充分でないことから，深く検討を加え思いをこらし，その仕事を継ごうと考えた」のであった．そのためか『漢書』も『史記』と同様，この歴史書も紀伝体で執筆されている．ただし，『史記』が前漢のなかばまでの総合史であったのに対し，『漢書』は前漢王朝一代の断代史であった．『史記』の道家思想を批判し，司馬遷が「学問的には老荘を重視して儒学の五経を疎んじ」ていること，つまり儒教を軽視していることを問題とする．『漢書』の主眼点は「善を顕（あら）わし，悪を昭（あき）らかにし，後人の勧戒する」という勧善懲悪の立場の叙述にある．聖人の孔子が定めた世界秩序に従う『漢書』からすると，それから逸脱することの多い『史記』の姿勢は気に入らない．しかし，『史記』と『漢書』は，いわば世界解釈の書であり，広い意味の哲学書であった．そこにはまだ歴史としての自覚はない．

　唐代に劉知幾が書いた『史通』（710年完成）がある．これは中国最初の歴史批判の書物である．702年以来，史官の職務の余暇に史書のコメントを書き続けたものである．歴史叙述は従来どのようにおこなわれてきたか，史書は紀伝体にすべきか編年体にすべきか，それを書く歴史家はどのような姿勢と方法をとるべきか，などの議論がある．しかし，あくまでも正史のスタイルを崩すのではなく，古来の史書の徹底批判を通じて，あるべき正史を作るための方法を確立しようとした著作であった．それは当時の正史編纂にあたる歴史家に対する批判でもあった．その批判はつぎの五つにまとめられる．（1）多数の編纂官をそろえすぎているため，一字一句を記述する決断がつかない，（2）編纂所に史料が集まらない，（3）編纂官が中央とつながりを持ちすぎる，（4）監修者の間の意見がまとまらない，（5）監修者が明確な基準と分担を明示していない．ただ，彼のこうした批判はまた『史通』の限界を示すものといわれる．「歴史とはなにか」という歴史哲学ではなく，「歴史書をいかに書くべきか」という技術論にかたむいているとの評価があたえられている．

　しかし，つぎのいくつかの文節は再考すべき価値があるのではないか．「史書が立派だと賞められる条件は何といってもその叙事の具合にあるもので，功過や善悪を記してその文章が美しく，しかも派手にならず，質実でしかも粗野にならず，読者がしみじみとその滋味に堪能し，その余徳に潤い，くりかえし読んでは疲れを忘れてひき入れられる」（巻六，叙事）．史書の最大の要件は叙述にあることを明言している．西洋近代が重要視する歴史叙述の問題に通じるものがある．

　「考えてみるに史書の役割は手柄を記録し，過ちを正し，善人を表彰し，悪人を苦しめるものであり，その下す一時の得失が，千年にもわたる栄辱を決定することになる．もし，この教えにそむけば，どうして史官と言えようか．ただ昔から直筆をふるい，殺されたということは聞くが，曲筆で罪を得たということは聞いたことがない」（巻七，曲筆）．直筆とか曲筆という問題は今流に言いかえると，まさに歴史の客観性の問題ではないか．

　「歴史が記録を残すのも，その資料があればこそで資料のないものを書くわけにいかないので，（『史記』を書いた）司馬遷が数千年にわたる記録を整理したときでも，春秋以前の個人でその事蹟の判っているもの，信頼できるものは二人だけだったのである」（巻七，探蹟）．ここでは史料主義が語られている．近代歴史学の父ランケの主張にも似ている．

　「昔，孔子が「文章が内容をこえて目立つようになれば，それは歴史である」といわれたが，古代は歴史すなわち文学であったのである．しかし時代が移り変わり，次第に純朴さが消えて，文学と歴史とは，はっきり道を異にして進むことになった」（巻九，覈才）．昔は歴史と文学とは同じもので，後から分化したものとしてとらえている．近代になってベルンハイムが「物語」→「かがみ」→「史学」の3段階の歴史叙述を提唱しているが，その第1段階の「物語」に相当している．

　しかし，『史通』は『史記』や『漢書』はもとより先人の歴史書を痛烈に批判したために，「古人をそしる」との指弾をうけた．この書が一般に知られるようになったのは1752年にこの書物の注釈書が出てからであった．『史通』は8世紀の中国で新しい歴史研究の新分野を拓くことになったが，この分野の後継者がなくその後ほとんど成長しなかった．ただし，ヨーロッパで史学概論と

いえるものが発達したのは16世紀になってからであるから（1566年にフランスの
ジャン・ボタンが『歴史研究法』を書いている），『史通』の先駆性は評価にあたいする．

第 3 節　日本の歴史書（古代）

　日本の場合はどうか．劉知幾が『史通』をまとめたころ，日本では本格的な
歴史書である『古事記』（712年）と『日本書紀』（720年）が登場した．そのた
め，『史通』と日本での歴史書編纂との関連が取りざたされたが，その影響関
係はないとされている．しかし，中国での歴史編纂の手法は日本でも参考にさ
れていることは否定できない．もうひとつ忘れてはならないのは朝鮮半島の影
響である．このころの半島の様子は12世紀にまとめられた『三国史記』まで下
らないとうかがい知ることができない．推測になるが，朝鮮での歴史手法が日
本でも行われていた可能性が高い．そのうち中国の手法を源流とするものが，
6世紀のなかばの継体天皇・欽明天皇ころに書かれた『帝紀』と『旧辞』であ
る．前者は天皇の系図であり，在位年数，山稜の所在地などがかんたんに記さ
れている．後者は『先代旧辞』ともよばれ，神々の物語，天皇・英雄の事績，
男女の恋愛話，地名の起源，歌謡の由来などが集められている．ただし，この
二つの記録はのこっていない．しかし，『古事記』と『日本書紀』はこれらを
ベースにしているから，その構成は推測できる．

　620年には聖徳太子が蘇我馬子と図って「天皇記及び国記，臣連伴造国造
百八十部并に公民等本記」を作ったとされる．この歴史書の利点は年代観念を
入れ，古代の年紀を立てたところである．『帝紀』と『旧辞』には天皇の在位
が何年という観念はあったが，出来事の年時を記していなかった．歴史書に年
時がないことは致命的な欠陥であった．聖徳太子らはこれを是正しようとした
のである．

　この本は別名『旧事紀』ともよばれている．成立年代はふるくは620年とさ
れていたが，序文は後年の筆であることが分かり，江戸時代から偽書の疑いが
かけられていた．明治時代の日本の歴史家もこの評価を受け継いだが，ひとり
イギリス人日本学者アストンはこれに異議を唱え，肯定的な評価を下した．同
じくチェンバレンも「（同書を偽書とする）本居の説を近年の学者は軽率な見解

だとしている」と書いている．アストンと同じ見解か．「『先代旧事本紀』は平安時代に入ってから，『古事記』や『日本書紀』を主とし，当時現存していた上代の文献に拠ってその文をはりあわせて作ったもので，日本書紀の誤字などを正すよい参考書たるのみならず，國造本紀のある部分は珍重せらるるもの」（『更訂国史の研究』）と黒板勝美は評している．近年の1962年になって鎌田純一の『先代旧事紀の研究』が出て再評価がおこなわれた．これに関して坂本太郎は批判的評価をあたえている．ともかく『先代旧事紀』の評価はゆれ動いている．

　大化改新を完成させた天武天皇は681年に歴史編纂に着手し，『帝紀』と『旧辞』の整理をはじめた．稗田阿礼を助手として用いた．その後，この事業は停滞し，阿礼も老境に入った．自分の仕事が世に埋もれてしまうことを悲しみ，歴史編纂の重要性を元明天皇に訴えた．この願いをいれて，阿礼が整理した『帝紀』と『旧辞』をあらためて太安万侶が字句などを補正し，書物にしたのであろう．これが712年に完成した『古事記』3巻である．今日の厳密な学問的立場からすると，『古事記』は文学作品であろうが，当時の人々は歴史書のつもりでこれをまとめたのであろう．歴史と文学が判然と分かれていなかったようだ．『古事記』の特色には，（1）天皇を中心とした歴史書であること，（2）時点をあらわす観念がなく歴史書としては素朴で幼稚な段階にあること，（3）伝説やフィクションを事実のようにあつかっていること，（4）素朴な物語を日本語で記していること，があげられる．

　ところで，『古事記』には時代区分があったのだろうか．巻数は三つであるから，単純に巻数を基準にすると，巻1は神代，巻2は神武天皇から応神天皇まで，巻3は仁徳天皇から推古天皇までに分けられる．歴史の三区分法は古代中国の歴史書にも用いられている．『漢書』芸文志は「世は三古を歴たり」といい，上古，中古，下古としている．劉知幾の『史通』も遠古，中古，近古の三区分を使用している．『古事記』の巻数はこの歴史区分法に関連があるのだろうか．

　『日本書紀』の編纂のはじまりは上記の681年とされている．このころはまだ歴史書の構想は立てられず，史料収集に長い年月が費やされていた．691年に各氏の先祖の墓記を提出させていた．『古事記』が完成した2年後の714年に

なって，紀清人と三宅藤麻呂に国史を選ぶ命令が下された．720年に舎人親王が選者に名を連ねた『書紀』が完成した．時代範囲は神代から持統天皇までである．終わりのほうだけが歴史の記録，神代と人代の巻頭に近い部分は作為された説話，その中間には説話と記録が混在する書物である．『書紀』の特色には（1）天皇中心の歴史であるが，『古事記』にくらべて，国家の歴史という性格が強くなっていること，（2）朝鮮半島の諸国と中国との交渉記事が多く，国家観念を強くしめしていること，がある．使用している史料は，『古事記』が『帝紀』と『旧辞』を材料にしただけなのに対して，『書紀』ではそのほかに諸氏の家の記録，個人の日記，政府の記録，外国の史料など各方面のデータを取り入れている．このために，『書紀』がたんなる皇室の歴史ではなく，広く国家の歴史となることができたのである．編者の取り扱いは公正であり，神代巻では「一書に曰く」として諸説をならべて読者に判断を任せている．ただし，中国の古典の成句や故事を利用して，日本風に書き直したところも少なくない．そのため，原資料の形態をゆがめ，史実から離れてしまったところが少なくない．年紀を定めることは『書紀』でも困難な作業であった．神武紀以下を強いて編年体の形にそろえて，中国の史書の体裁に合わせようとしたため，架空の年月日を作ってしまった．辛酉革命を強調し，『魏志倭人伝』の卑弥呼を神功皇后に比定して，歴代の年紀を配分した．これはこの時代では最大の学問的努力である．その結果として中国や朝鮮との記録に大きな誤差が生じてしまったけれど．そのため，応神天皇前後に120年の引き延ばしが出来た．

　『日本書紀』はその後の正史の体裁を定めたという意味で重要な歴史書である．しかし，その記事は政府の記録という意味をもち，政府にとって重要な記事はもれなく記述するという実録の性格をもっている．編年体で書かれ，時代の傾向を記述し，批判をくわえることがない．過去に対する批判は避けている．この点で後世の歴史家の材料としての価値があるが，それは史料としての意義であって，史書としての意義ではない．

　また推古天皇以降になると，災難や瑞祥の記事が多くなってくる．明らかにひとつの事件（たとえば蘇我氏の滅亡）の前兆として，事実と関係なく記述される．こうした歴史記述は，誤った因果関係にもとづいて架空の記事を作りあげたことになる．こうした記述は，前述した中国の歴史家の劉知幾が『史通』で

批難したものである.

　この歴史書の本来の名称が『日本書紀』なのか『日本紀』なのかは, 古来より議論がある. 古代史家坂本太郎は『日本紀』が本来の書名であり, 平安時代のはじめに学者のあいだで『日本書紀』の名称が使われだし, 以来ふたつの呼称が併用されたとする. この著作の原本は伝わらず, 最も古い写本は鎌倉時代初期のもので, そこには『日本書紀』という書名が記されている. この本の英訳が1896年にイギリス人日本学者アストンによって刊行されたが, それにはNihongi という名称が採用されている. これまで外国人研究者の多くがこの呼び方を使用している. このように「書紀」という名称について諸説がある. 中国の歴史書の場合,「紀」は編年体の史書の名称に使われ,「書」は紀伝体の歴史書の名前に用いられている. この基準に従うと, 大筋でこの歴史書は編年体であるから『日本紀』の名称でも間違いはないが, 紀伝体の要素もあったので『日本書紀』としたのであろうか. つぎの国史が「書紀」の名をうけつがなかったことに疑問はのこる.

　『日本書紀』は六国史の筆頭である. 中務省所管の図書寮で国史編纂の事業がつづけられ,『日本書紀』のながれをついだ5部の歴史書が797年から901年までに作成された. 8世紀のはじめから10世紀のはじめにかけて続く国家事業として国史編纂がおこなわれたのである.

　『日本書紀』につづくのが『続日本紀』40巻である. 797年に完成し, 藤原継縄・菅野真道らが選者になっている. 同時編纂ではなく, ほぼ20年間を通じて, 5回にわたってまとめられた. 漢文体であり, 根本史料によって文を作り, 宣命もそのまま原文を載せ, 漢文体の詔勅と区別している. 時代範囲は文武天皇の696年から桓武天皇の791年までの95年間であり, ほぼ奈良時代がそれに包括される. 大宝律令の制定, 平城京への遷都, 藤原氏の台頭, 大仏建立などの史実に庶民の姿も映し出される. 大仏開眼の法要が営まれる一方で, 皇位継承をめぐる藤原氏や諸勢力との対立がくりかえされる. 東大寺造営や遷都に苦しむ庶民の影が写される. 平城京は終わりを迎え, 都は長岡京に移る. 皇統は天武系から天智系に代わり, 桓武天皇による平安の政治がはじまる.『続日本紀』には『日本書紀』のような神話伝説も載せていないし, 中国の歴史書からの転用もない. 当時の政府の公文書類にもとづいて書かれているので信憑性

も高く，今日の大学の歴史の史料演習のテキストによく使われている．体裁の統一がなく，事実の取捨選択もお粗末である．編集技術が未熟だったわけだが，それが幸いして雑多の史料が当時の社会状況を知らせてくれる．地方の出来事や下級役人とか一般民衆の動向が垣間見られる．「悪を懲し善を勧むるは往聖の嘉訓なり」（光仁天皇，天応元年6月）として，勧善懲悪の道徳をもちだしている．

　編纂の6年前までの史実が採用されている『日本後紀』40巻は840年に完成した．藤原冬嗣・藤原緒嗣らが選者になっている．時代範囲は桓武天皇の792年から淳和天皇の833年までの42年間である．平安時代初期の出来事を叙述している．平安京への遷都がおこなわれ，朝廷や公卿もあわただしく動き出す．天皇の勅令，公卿の任官，つぎつぎと施策と法令が打ち出される．いっぽう，海外との交流，諸国の動向，庶民の生活の様子も活写される．しかし，現存するのは巻5，8，12～14，17，20～22，24で，全体の4分の1の10巻のみにすぎない．応仁の乱ころに焼失されたと考えられている．現存する10巻は1800年に塙保己一が京都で発見したものである．ただし，逸文が菅原道真の『類聚国史』に存在する．この『日本後紀』には序文が知られている．「先人が著した書物を調べ，古来の書策を閲覧しますと，史書が作られるようになって久しいことが判ります．そこにおいては些細な悪行についても隠すことがなく，小さな善行についてもすべて記載し，明らかな戒めとすべき事柄が限りなく含まれ，これにより正しい道が照らし出されており，史書の有用性は，ここにあります」．歴史を書く有用性が語られ，その意義は勧善懲悪にあるとした．「この『日本後紀』により，いまの人が古の社会を視るがごとく後世の人がいまの社会を視るようになればと思います．私たちは司馬遷の才能をもたず，見識は薫狐（春秋時代の史官）に及びません．優れた能力を有する大匠でない私たちは，努力したもののみずから傷つけ，汗を流すのみで，十分な成果をあげることができませんでした」．中国の史官の史書を手本としたが，水準はそれにははるかに及ばないと謙虚にのべた．

　『続日本後紀』20巻は仁明天皇一代記である．天皇の公けの言行に重点を置いており，中国の実録を手本にしたのであろうか．この点は『日本後紀』以前の国史とは異なっている．この歴史書は869年に完成し，摂政藤原良房らが選

者になっている．時代範囲は833年から849年までの18年間である．王朝文化は
華やかさを競うが，いっぽうでこの歴史書の編纂責任者でもあった藤原良房ら
の藤原北家が着々と権力を握っていく．承和の変も起き，仁明天皇の崩御で筆
がおかれる．「物怪」の記事が多いことが特色である．「史官（記録係）が記載
することにより，帝王の事跡が集積され，司典（編纂係）が整った文章とする
ことにより，事跡の得失について議論し，基準に則って過去について学び，悪
を止めて善を勧め，遠大な計画に備え，将来の手本とし，事に応じて自在に行
動することを可能とするところの，不朽のものを後世に伝えることになりま
す」．天皇の行動を参照して，後世の人びとに勧善懲悪を伝えようとしたもの
である．「十八年の歴史を『春秋』の文体に依拠して編年体で記述し，書き上
げたものを検討して巻に分かちて，呼称を『続日本後紀』といたしました．日
常の些事は採らず，君主の言動に関しては大小となく一括してすべて載せまし
た．識見は春秋時代の史官である南史や薫狐のそれでなく，才能は『史記』を
著した司馬遷や『漢書』を著作した班固に及ばず，誤って編修のことに当た
り，伏して浅く劣った才識を恥じる次第です」．この歴史書でも古代中国の史
官の前例を模範としている．とくに「春秋の筆法」を用いて，編年体の歴史書
を編んだことをのべている．

　『日本文徳天皇実録』10巻は文徳天皇の一代記である．六国史で初めて実録
の名称を用いているが，内容的には『続日本後紀』の前例を引き継ぐものであ
る．本書は879年に完成し，摂政の藤原基経らが選者になっている．序文には
いろいろな経緯をへて，藤原基経，菅原是善，都良香，島田良臣らが「精を専
らにして実録し，思をふかくして必ず尽く」した，とある．時代範囲は849年
から857年までの9年間である．「伝記」の多い歴史書であり，34人の伝があ
る．「春秋，事にかけ，鱗次あやまたず，動静，哀により，毛挙失することな
し．ただ細徴の常語，鹿小の庶機は，今の撰する所，すてて略す」．こう編修
方針が述べられている．『春秋』を手本にしていることは分かるが，やや具体
性に欠けている．日常的な細かいことは書かないと言っているだけである．お
ざなりの文章である．ただし，「善悪昏明を見る」として，勧善懲悪の教えを
かならず明記している．

　『日本三代実録』50巻は清和天皇・陽成天皇・光孝天皇の三代の天皇の記録

である．901年に完成し，藤原時平らが選者になっている．担当にあたったの
は源能有，藤原時平，菅原道真，大蔵善行，三統理平の5人であったが，編纂
途中に能有の死，道真の左遷，理平の転任があり，結局序文に名前を連ねるこ
とができたのは時平と善行のみであった．時代範囲は857年から886年の30年間
である．「昔を回顧すると，ことごとく史官をおき，言事をのべて廃興を問
い，善悪をあきらかにして勧善懲悪をおこなった．（中略）この事業は天安2年
8月より始めて，仁和3年8月に終わった．名づけて日本三代実録という．務
めて簡略に記述したが，天皇の行動は必ず書き留めた」と序文にある．『日本
三代実録』は別名，『外記（げき）番記』とよばれている．『日本書紀』以外の
歴史書は，太政官の「外記日記」，内務省の「内記日記」，官庁の公文書・記
録，伝記などを材料にしている．『日本三代実録』は「外記日記」の使用が多
いため，『外記番記』といわれたのであろう．この歴史書の時代は政府財政が
困窮をきわめたころで，律令体制の維持も困難になった．伴善男の乱などがあ
り，律令体制が衰退するきざしがほの見える興味深い歴史書となった．勧善懲
悪を説くことを忘れていない．

　この国史編纂と並行して格式編修がおこなわれた．後者の例として弘仁格式
（820年），貞観格（869年），貞観式（871年），延喜格（905年），延喜式（927年）がつ
くられた．歴史書の編纂と法体系の整備は律令国家が威信をかけた事業であっ
た．そもそも日本で最初に律令が編纂されたのは近江令であるが，これには存
在を否定する説がある．存在するとしたとするならば671年に施行したことに
なる．689年施行の浄御原令は存在した．上記の二つの法令には律がなく，い
ずれも条文そのものが存在していない．701年に大宝令，702年に大宝律が施行
された．後者は唐の永徽律疎を手本とした．ついで718年に養老律令が制定さ
れるが，施行は757年になった．この養老律令の法律的効力は明治時代の1889
年に大日本帝国憲法が制定されるまで存在することになる．いずれにしても，
格式編纂が活発におこなわれたことは実質的支配者の藤原氏の国政に関する情
熱の度合いが高いことを示し，これらが終焉をむかえたことは律令国家の衰え
のきざしを示すものでもあった．

　もうひとこと六国史について書く．六国史に共通するのは，天皇一代ごとに
区切った編年体であることである．しかし，『続日本紀』になると貴族や大官

の略歴を記述したところがあり，これが後出の歴史書に広まり，『日本三代実録』ではこれが最大となる．編年体の歴史書に紀伝体の要素が徐々に広まったのである．文体はすべて漢文体である．六国史の書名にもちがいがある．『日本書紀』から『続日本後紀』までの四つの歴史書は「紀」という文字を終わりにつけるが，『日本文徳天皇実録』と『日本三代実録』の二つの歴史書は「実録」と称している．六国史は時代区分という意識が薄い．とりわけ『日本後紀』，『続日本後紀』，『日本文徳天皇実録』，『日本三代実録』の後期の四つの国史は個別の事件，個別の人物への関心が高く，日本の歴史を展望した時代区分には配慮がない．中国の歴史批判書である劉知幾の『史通』によれば，編年には「紀」を，紀伝には「書」を用いている．六国史は編年体であるから，「紀」を用いているのは中国の歴史書の例に合わせているのである．「実録」は天皇一代の言動を起居注にもとづいて編修したものであるから，これも理にかなっている．六国史と中国の歴史書とのちがいは論賛の有無である．中国の歴史書には皇帝や重要人物の事績を論評する論賛が掲げられている．六国史ではこれが立てられなかった．日本人が人物評価を好まなかったことが最大の理由であろうが，論賛がないことで六国史が平板な歴史書になってしまった．もうひとつ，六国史の叙述は年代記的な事項の羅列であり，人間の機微に触れることがなかったのが欠点であった．

　『源氏物語』（1001年以降の起筆とされている）の蛍の巻には物語と歴史書の優劣論が展開されている．「神世より世にある事を，記し置きけるななり．日本紀などは，ただ片そばぞかし．これらこそ，道々しく，くはしき事はあらめ」．神代以来の出来事はすべて物語に記されている．しかも政治の道に役立つことも物語に詳しく書いてある．だから「日本紀などはただ片そばぞかし」とは，六国史の記事の表面性をついた批判である．作者の紫式部は物語の主人公である光源氏の口をかりて，文学と歴史の対比をおこない，文学の立場から史書を批判し，文学の本質を論じている．つまり，文学的真実と歴史事実とは同じではない．文学的真実は歴史事実のみに存在するのではなく，後者の枠の外でも成り立つ．すなわち，フィクション（虚構）の世界においても成り立つ．むしろフィクションの世界のなかにこそ，まともな人間的真実がみられるのだ．これに比べると，『日本紀』（『日本書紀』をさすと考えられるが，六国史だともいわ

れている）のような史書は，人間性の一面をとらえているだけなのだ．史書の歴史叙述がまったく見落としている人間の内面的世界のこまかいひだ，その陰影とニュアンスを描写しうるものこそ，まさに文学なのだ，との主張である．この批判にこたえて，物語の手法を取り入れて，歴史叙述の脱皮を図ることになった．

　2世紀以上にわたり，こうした国史編纂が国家事業として実施された背景には，このころの歴史の学問の進歩がある．律令の学制では歴史家の養成は念頭になかった．しかし，官吏選考の国家試験である進士の試験には論文試験があったため，立派な論文を書くための修業が必要だった．この文章修業のために歴史書の学習への道が開けたのである．奈良時代の728年，大学寮に文章（もんじょう）博士，文章生がおかれ，文章道（紀伝道，ときに史学ともよばれた）という教科もできた．この文章道の教科書として，やがて『史記』，『漢書』，『後漢書』がくわえられた．こうして文章と歴史の関連が強まり，文章習熟のために歴史書が重んじられた．平安時代には，学者の道にすすむものでなくても，貴族の教養として歴史が重視されていた．

　菅原道真はすぐれた歴史学者であった．彼は『日本三代実録』の編修作業に関わっていた．選者でもない彼がこの歴史書の序を書いている．彼の歴史に関する知識とすぐれた文章が世に認められていたからである．形式の整頓，記事の緻密さの点で，『日本三代実録』は六国史でも最もすぐれていた．従来の国史は日付を示すのに干支だけを用い，日にちを書かなかった．だから日付を換算するのが面倒であった．たとえば，これまで「甲子」とだけ書いたのを「七日甲子」と示したのである．これ以降の歴史書はこのやり方を踏襲していくのである．これは深い学識がなければできず，菅原道真の意見が強くにじんでいる．彼のもうひとつの歴史書編纂への貢献は『類聚国史』の編纂である．国史の編年体の欠陥を補って，事項別に分類し，検索の便利を図った歴史書である．中国の歴史書にアイディアを負っているが，彼はこれを日本の実情に合わせて調整している．一方，歴史書編纂には厳格な原典主義がとられ，一字一句の修正もおこなわれなかった．史料主義といわれるもので，近代的な学問の香りがある．

　六国史の編纂が終了した後も，律令政府は歴史編修をつづけていた．936年

から969年のあいだ, 撰国史所がおかれ, 『新国史』という歴史書を作成していた. 『続三代実録』ともいわれ, 宇多・醍醐・朱雀の三人の天皇の実録になるはずだった. 原稿はつくられたようであるが, 未定稿に終わったようだ. 『日本三代実録』につづく国史編修は有終の美を飾ることができなかったのである.

六国史に関連するものとして, 『類聚国史』がある. 菅原道真が編纂して892年に完成した. 六国史から部を分かち, 類を聚めた著作である. 応仁の乱のおりに散逸したが, 江戸時代に残篇を集めて修復された. もとは本文200巻, 目録2巻, 系図3巻から成ったが, 現存するのは3分の1の62巻である. 部立ては神祇, 帝王, 後宮, 人, 歳時, 音楽, 賞宴, 奉献, 政理, 刑法, 文, 田地, 瑞祥, 災異などから成る. 散逸した部にどのようなものがあったかは不明である. 六国史の欠けた部分を補充するところが少なくない. 六国史の原文をそのまま引用しているので, 現存の六国史の校合や訂正, さらに脱落の補充が可能である. 記事の正確さに編者の歴史に対する高い見識が評価されている.

当時の官選の史書としては『新撰姓氏録』も重要である. 嵯峨天皇の勅命で中務卿万多親王らが編纂した. 815年に完成した. 京都や畿内の1182氏の出自を皇族別, 神別, 蕃別の3種に分けて, その由来を明らかにしている. 平田篤胤はこれを完本と断定したが, その後は疑問視された. これを完全に近い形で再現したのは1960年半ばの関晃と佐伯有清の仕事である.

『日本紀略』は選者不明であるが, 平安時代中期にできた. 前編20巻は神代から宇多天皇の897年までの六国史の抄録であり, 後編14巻は醍醐天皇から後一条天皇までの9人の天皇紀である. 光孝天皇以前は六国史を抄録したものにすぎないが, 神武天皇紀以降には, 立太子, 即位, 崩御の年齢などがあり, 『日本書紀』の遺漏を補うところがある. 反正天皇紀には『古事記』とも異なる記事がある. 弘仁天皇紀の冒頭には『続日本紀』に見えないものがある.

『本朝世紀』は藤原道憲が六国史の続編を目指したものである. 「本朝」は日本を意味し, 「世紀」とは歴代天皇紀のことである. 935年から1153年までの記録を集めている. 欠損もあり, 全体の巻数も分からない. 平安時代中期以後の史実を残しており貴重である.

『扶桑略記』は神武天皇から堀河天皇の1094年までを編年体で叙述している. 比叡山の僧侶阿闍梨の選で, 仏教徒が書いた歴史書で, いろいろな史料を

集めている．六国史からの引用文もある．もと30巻あったとされるが，欠本もある．しかし，『扶桑略記』にはすでに消失になった史料が引用されているところもある．

　ここで中国の状況に目を転じよう．宋代になって，正史の編纂がひとつの王朝にひとつの歴史書の伝統が定着した．一方で歴史書執筆の形式が慣習的になり，歴史叙述がマンネリとなり精彩を欠くものになってきた．11世紀のなかば，司馬光が『資治通鑑』を編纂した．古来の歴史書は紀伝体で書かれていたが，事実を参照する場合とても不便を感じるものであった．そのわずらわしさを解消するため，すっきりとした編年体の歴史書を考案した．このスタイルを大幅に拡大したものが『資治通鑑』であった．書名の意味するところは，政権担当者が自分の政治を顧みる「かがみ」であった．12世紀になり，この歴史書がよく読まれるようになった．儒学者が読むべき歴史書として参照されたのである．13世紀には日本に儒学（朱子学）が伝えられ，『資治通鑑』もかなり読まれた．後述の『神皇正統記』はこの書物の影響を受けて執筆されたものである．

　こうして紀伝体から編年体への歴史叙述のスタイルの新しい展開がはかられたが，その歴史意識はあくまでも儒教の枠を突き破るものではなかった．そのため学問が道徳から分離することがなかった．この現象は19世紀のおわりまで，中国だけでもなく日本でもつづいていた．近代日本が直面したのは，「道徳」としての歴史を西洋流の「科学」としての歴史学にどのように変換させていくか，という問題であった．

　話を11世紀末の日本に戻そう．政府の歴史編修が終了したのち，「世継」とか「かがみ」という物語風歴史が登場した．「世継」の物語とは，歴史の書ということである．世継というのは系図のことで，系図の順序を追ったのが歴史の書であった（『折口信夫全集』第12巻）．ここでは従来漢文で書くことを普通とした史書を片仮名で書き，歴史叙述に物語の手法を取り入れた．

　歴史風物語の最初と考えられるのは『栄花物語』である．成立年代は1092年2月以降であるというのが定説である．正続2編で40巻から成る．冒頭に「その頃の太政大臣（藤原）基経の大臣（おとど）と聞えけるは，宇多の帝の御時にうせ給ひにけり」とあり，887年ころの記事からはじめているが，正編30巻は村上天皇の948年から後一条天皇の1028年までの83年間である．巻1は宇多，

醍醐，朱雀，村上，冷泉，円融の各天皇の時代が扱われている．巻2は円融，花山の両天皇の事例がのべられる．巻3から巻8までは一条天皇の24年6カ月の叙述である．巻9から巻11までは三条天皇の3年1カ月の出来事が描かれている．巻12は三条と後一条の両天皇の記事がある．巻13から巻30までは後一条天皇の12年間が論じられている．宇多天皇，醍醐天皇，朱雀天皇の三代はかなり略述しているが，村上天皇の天慶9（946）年からにわかに詳しい筆使いとなる．道長にいたる藤原家の摂関政治の栄華を描くためであった．

　続編は後一条天皇の1030年から堀河天皇の1092年まで63年間である．第1部の巻31から巻37と第2部の巻38から巻40までに分けられる．第1部の巻33には後一条天皇の崩御が描かれている．第2部の巻38と巻39は後三条天皇と白河天皇の時代が扱われている．巻40は白河天皇の2年あまりの治世と堀河天皇の最初の3分の1の時期が描かれて，藤原氏の子孫の行く末を喜んで筆をおいている．

　『栄花物語』の特色は（1）編年体であること．「天延二年になりぬ」と叙述し，編年を意識する，（2）著者が目の当たりにした事実のように叙述していること．たとえば，村上天皇を「今の上」，藤原時平を「只今の太政大臣」と書く，（3）叙述の範囲がせまく，宮廷・貴族の生活にとどまり，地方の状況や庶民の生活が描かれていないこと，（4）女房の日記などを用いているため，記事には比較的誤りがないこと，などである．要約すると，まだ六国史の影響を抜け切れず，日記に近い編年体をとり，事件の推移を忠実に描こうとしている．

　『栄花物語』よりも歴史叙述の形式を進めたものは『大鏡』である．成立年代については諸説あり，1130年から1140年ころの鳥羽天皇の時代とする説が多い．後一条天皇の1025年に大宅世継と夏山繁樹が古今の思い出を語り，若い生侍（なまさむらい）が質問し，これを筆録した物語風歴史である．『栄花物語』が平板な編年体であったのに対し，『大鏡』は紀伝体の形式をとる．冒頭に14代にわたる天皇（文徳，清和，陽成，光孝，宇多，醍醐，朱雀，村上，冷泉，円融，花山，一条，三条，後一条）の「本紀」があり，つぎに冬嗣から道長までの藤原氏の20人（冬嗣，良房，良相，長良，基経，時平，仲平，忠平，実頼，頼忠，師尹，師輔，伊尹，兼通，為光，公季，兼家，道隆，道兼，道長）の「列伝」を配し，そして藤原鎌足から頼道までの13代にわたる藤原氏の物語の「藤氏物語」があり，最後に

昔の事件を加えている．「本紀」を主体としている点は，『栄花物語』同様，いまだ六国史の影響を離れることは出来なかった．

　藤原氏の栄華を語るために叙述の範囲を文徳天皇から後一条天皇の1025年までにしている．文徳天皇の記事のなかに在原業平の「月やあらぬはるやむかしの春ならぬわが身ひとつはもとの身にして」の和歌を引き，『伊勢物語』の一節も掲げ，また宇多天皇の条では『大和物語』を引用し，文学的効果をあげようとしている．歴史を鏡とみる考え方は，中国の古来よりの歴史観であり，その日本的表現として『大鏡』という書名が用いられた．子孫繁栄を人生の幸福と考え，この幸福は本人の才能と心がけだけではなく，宿世（すくせ）の運命によって得られるとする．これを邪魔するものとして怨霊のたたりがある．『大鏡』ではこれらが混沌のうちにあったが，本人の才能と心がけに重きを置く歴史観は『神皇正統記』の道徳史観につながり，宿世を重視する歴史観は『愚管抄』の運命史観となる．

　『大鏡』が物語風歴史として成功したことをうけて，『今鏡』，『水鏡』，『増鏡』という歴史書が登場した．『今鏡』は大和で寺院を詣でた人が150歳あまりの老婆に出会うことからはじまる．この老婆は『大鏡』の語り手の大宅世継の孫で，紫式部に仕えたという．世継の語った1025年以後の見聞を語り1170年の今にいたる．成立年代は1170年ころと思われる．『今鏡』は「すべらぎ」，「ふじなみ」，「むらかみの源氏」，「みこたち」，「むかしかたり」，「うちきき」（打聞）に大別される．「すべらぎ」には後一条，後朱雀，後冷泉，後三条，白河，堀河，鳥羽，崇徳，近衛，後白河，二条，六条，高倉の各天皇のことが叙述されている．「ふじなみ」には藤原道長はじめ頼通，教通，師実，師通，忠実，忠通，基実，基房，頼宗，能信，顕信，長家，公実のことがらが書かれている．「むらかみの源氏」には源俊房，顕房とその子孫のことが描かれている．「みこたち」には源基平の子孫のことがのべられている．「むかしがたり」と「うちきき」はいわば雑録である．『今鏡』の歴史の見方は不十分で，視野も狭い．宮廷関係の記事が多く，文学的にかたむきすぎている．物語風歴史から歴史物語への傾斜が見うけられる．「年代記」の典型である．

　『水鏡』は『扶桑略記』の仮名交じり翻訳といわれており，独自性はまったくない．叙述の範囲は神武天皇から仁明天皇（850年）までで，形式は六国史風

の編年体である．鎌倉時代のごく初期の1190年ころを成立年代する説が多い．
3巻に分かれ，上巻は神武天皇から欽明天皇まで，中巻は敏達天皇から孝謙天
皇まで，下巻は廃帝（舎人親王）から仁明天皇までを叙述している．仙人から
神武天皇以来の話を聞いている．これは官製の歴史書では役に立たないので，
真実は人の経験によってのみ知られるという考えに立ったものである．淳和天
皇の825年の記事に「今年浦島の子は帰れりしなり，もたりし玉の箱をあけた
りしかば，紫の雲西ざまへまかりて，のち，いとけなかりける形，忽に翁とな
り」とあるが，同様な叙述はほかの歴史書（たとえば六国史）にもみえる．唯
一の特徴は末法思想による歴史記述であることである．仏教臭が強く，『扶桑
略記』の記事を選択するにあたって仏教関係の記事はすべてすくいあげようと
している．すでに末法（1052年）をすぎてからの著作として注目すべきである．

　低調な『今鏡』と『水鏡』のあとを受けて登場した『増鏡』は精彩を放って
いる．成立年代は南北朝時代の1374年ころというのが定説である．叙述の範囲
は1185年の後鳥羽天皇の即位から後醍醐天皇が隠岐からもどり新政をはじめた
1333年までである．17帖に分かれ，第1帖「おどろのした」は後鳥羽，土御
門，順徳の天皇の時代である．第2帖「新嶋もり」は順徳と仲恭の天皇の治世
である．武士の勃興，源平両氏，北条氏の興隆が語られる．第3帖「ふじころ
も」は堀河，四条，第4帖「三神山」は四条，後嵯峨の各天皇の時代を語る．
第5帖「内野の雪」は後嵯峨，後深草，第6帖「おりゐる雲」は後深草の天皇
の時代の叙述がある．第7帖「北野の雪」と第8帖「あすかがは」は亀山天
皇，第9帖「草まくら」と第10帖「老のなみ」は後宇多天皇の治世の出来事が
述べられる．第11帖「さしぐし」は伏見，後伏見，後二条の天皇の時代が語ら
れる．第12帖「浦千鳥」は後二条，花園の両天皇の治世の出来事である．第13
帖「秋のみ山」から第17帖「月草の花」までは後醍醐天皇の即位にはじまり，
波乱万丈の生涯が語られ，隠岐脱出までが描かれる．

　物語の形を採っていることで，歴史事実をたんに冷静に羅列することでな
く，語る人の意見や立場を盛り込もうとした．歴史編纂は公平中立というのが
六国史以来の立場であるが，個人の立場を採るとこの姿勢はくずれる．誤解や
記憶違いがある可能性があるので，主人公は老人なので許されたいとしてい
る．各帖に帖名をつけているのは『栄花物語』に倣い，『大鏡』以下の三鏡に

はみられない.

　ほぼ鎌倉時代をカヴァーしているが，これは公家の中興政治を謳歌したものである．また史料としての価値もある．執権北条時頼が諸国をめぐり民の窮状を聞くという話は『増鏡』の記事が最初である．

第 4 節　日本の歴史書（中世・近世）

　『愚管抄』は史論書のはじめである．著者は天台座主大僧正の慈円である．鎌倉時代の1220年にいったん脱稿し，その後，冒頭の年代記を追加した．慈円は「年ニソヘ日ニソヘテハ物ノ道理ヲノミ思ヒツヅケ」ていた．武家の政界進出のはじまりとなった保元の乱（1156年）に乱世の機縁をみて，変転極まる世に秘められた歴史の「道理」を解明するために『愚管抄』を書きはじめた．国家は年月の経過とともに次第に衰えるものである．このことは神仏の意思によるもので，人間の力ではいかんとも成し難いという．末法思想の典型のようにも見える．しかし，慈円が論じた「道理」の概念はあいまいで，おおよそつぎの五つの意味がある．（1）人の行うべき正しい道（2）筋道・理屈（3）筋道・理屈を把握した因果の道理（4）道理が競合する場合は相対性を認める（5）道理は世の移り変わりに従って変化する．つぎの例は（5）の場合である．中国の王室には皇道，帝道，王道の政治の道がある．しかし，これは日本にはあてはまらない．神武天皇から醍醐天皇・村上天皇（10世紀なかごろ）までの日本の歴史のあり方を考えた．道理が作りかえられながら，世の中が移り変わっていった．この道理とは仏法と国法，宇多天皇（896年）までの上古と醍醐天皇（897年）から保元の乱（1156年）までの中古（保元の乱以降は末代），王臣と万民などの要素が調和したものであると．また，慈円の史観は宿命史観とも呼ばれるが，すべてを宿命に帰するわけでもなく，道徳の力を認め，政治の正しさを説いている．末世を強調しているが，これは人の努力で持ち直すことができるとも言っている．慈円は歴史には何か理論のようなものがあり，それは時代によって変化することに気づいた人物である．それをまだ具体化することはできなかった．

　いっぽう，平安時代末期から鎌倉時代に貴族の間で流行した三時五堅固説が

ある．三時とは有名な正法・像法・末法の時代区分である．五堅固は仏滅後を500年ごとに区分するもので，解脱堅固・禅定堅固（以上，正法）・多聞堅固・造塔堅固（以上，像法）・闘諍堅固（これより末法）の五つの時代である．実は慈円はこの時代区分をあてはめようとしている．第1期は神武天皇から成務天皇までの仏滅290年から1140年ころまでの正法，仲哀天皇から欽明天皇（仏滅1140年〜1518年）の多聞堅固，敏達天皇から関白藤原道長まで（仏滅1518年〜1974年）の造塔堅固，藤原頼通の時代から末法に入り，後鳥羽上皇の院政開始（仏滅2148年〜）までを区分しているのである（石田一良編『時代区分の思想』）．

　北畠親房の『神皇正統記』は『愚管抄』とならぶ中世の代表的史論書である．成立は1339年ころとされている．歴史をたんなる事実の羅列とせず，大勢の推移を論じ，治乱興亡の理由を考察したのである．「大日本者神国也」とはじまり，皇位継承が「神代より正理にてうけ伝へ」られていること，つまり正しい理由でおこなわれていることを，歴史の事実に照らし合わせて説明したものである．神代から後村上天皇（1333年即位）に至る天皇の歴史である．インドと中国の皇位継承を論じ，日本の独自性と正当性を主張する．天竺，つまりインドは「民主（王）も衆のためにえらびたてられしより相続せり」，また震旦，つまり中国は「乱世になるままに力をもちて国をあらそう．かかれば民間より出でて位に居たるもあり」と指摘する．この記述のとおりなら，インドと中国の民主制はむしろ今日では評価されるべきであろう．この本朝・震旦・天竺の比較論は従来から『今昔物語』などでもおこなわれたが，この三国的世界観は当時の東アジアにおける「世界史」というべきものである．後醍醐天皇の記述が多いのは，親房が南朝を支持していたからである．ちなみに，足利方に旗色を明らかにしているのは『梅松論』である．『神皇正統記』の特色として歴史の原動力を道徳に置いている点がある．国家の興亡，個人の繁栄などは道徳を守るか否かで決まる，という道徳史観を採っている．また末法史観におちいらず，前途に光明を見出し，理想を掲げて前進している．中国宋代の『資治通鑑』を参考にした歴史書であることは前述した．

　ちなみに，『神皇正統記』の時代区分はつぎのようなものである．まず神代と人皇の代の二つに分ける．神代を「天神の時代」と「地神の時代」に区分する．そして，人皇の代を神武天皇から陽成天皇までの「上古」，光孝天皇から

後白河天皇までの「中古」，白河上皇の院政開始以後を「近代」としている（石田一良編『時代区分の思想』）．

　『吾妻鏡』は鎌倉幕府の実録である．具体的に言うと，源氏 3 代頼朝・頼家・実朝と藤原氏 2 代頼経・頼嗣と宮将軍宗尊親王の計 6 代の将軍の記録である．成立は鎌倉時代末期の1300年ころと思われる．原文は変体漢文の編年体である．治承 4（1180）年 4 月 9 日の源頼政の平清盛討伐の挙兵にはじまり，文永 3（1266）年 7 月20日の前将軍の宗尊親王の京都入りで終わる87年間の記録である．頼朝・頼家・実朝の源氏 3 代は政治・軍事・武士の道に関する記事が多いのに対し，後の 3 人（九条頼経・頼嗣・宗尊親王）は天変地異・祭事祈祷の記事が多い．叙述の対象は幕府政治に限られていて広がりがない．史書編纂の手法の洗練されていない．『建治三年記』，『寛元二年記』，『建久三年記』といった幕府の政所や問注所の記録や文書を用いたのは当然だが，『玉葉』や『明月記』といった公家の日記や『源平盛衰記』のような物語まで使っている（五味文彦『吾妻鏡の方法』）．後者の史料を用いているため，『吾妻鏡』には誤りも多い．幕府政治を正当化し，将軍や北条氏の立場を守るものになっている．利点をあげるとすれば，幕府政治を詳細に記録していることである．「鏡」を書名に記して，後世の教訓としている．歴史の進展は神の意志によるもので，神は人に進むべき道を教える．これに従うときは栄え，逆らうときは衰える，と考えている．『史記』にみえる「天道是か非か」という史観を受けついでいる．

　13世紀末の成立とみられる歴史書に『百錬抄』がある．著者は不明である．鎌倉幕府の歴史書である『吾妻鏡』の対極にある公家側の歴史書である．京都を中心とする朝廷周辺のみならす民間の動向も描かれている．源高明が失脚した安和の変（969年）から始まり，院政時代を経て，平氏の台頭，源平の争い，鎌倉幕府の成立，承久の変（1221年），最後に1259年の亀山天皇の即位に及ぶ．鴨長明の『方丈記』にみえる天変地異もこの『百錬抄』に描かれている．300年近い期間の史実が書き留められている．この書物の材料となったのは公家の日記や朝廷の記録である．藤原実資『小右記』，藤原資房『資房記』，源師房『土右記』，藤原為隆『永昌記』などが引用されている．

　鎌倉時代の史書のひとつに『元亨釈書』がある．師錬が1322年に完成したもので，日本の高僧の伝記を中心とした仏教史である．この本の体裁は中国の史

記や漢書にならったものと思われる．従来の歴史書が政治史に限られていたのに対し，新しく文化史の分野を切り開いた点が価値ある．

　卜部懐賢の『釈日本紀』は日本書紀の注釈書というべきものだが，すでに消失した古書の逸文が少なからず引用されている．古代史研究のための貴重書である．

　室町時代の史書として指を屈すべきは『太平記』である．増補訂正が繰りかえされ，1370年までに成立したものとされる．著者は小島法師か．後醍醐天皇即位の1318年から細川頼之が執事として将軍足利義満の補佐をおこなう1367年までの50年間の戦記物語である．内容はおおよそ三部に分けられる．第1部は巻1から巻12までの，後醍醐天皇の北条氏打倒計画から建武中興までである．第2部は巻13から巻21までの，建武中興の政策が破綻してついに後醍醐天皇が崩御するまでである．第3部は巻22から巻40までで，足利氏の政権確立，細川頼之の執事就任などの出来事がある．その記述が必ずしも正確とはいえないため，明治時代には史学に益なしとの評価を受けた．この本の史的価値が否定されたが，その後の研究によって案外確実な材料であることが知られ，再評価がなされた．

　ここで趣を変えて，16世紀後半から17世紀末までの西欧人の日本歴史のとらえ方をさぐってみよう．まず『日葡辞書』を読んでみる．そこには「歴史」とか「史」ということばは見つからない．ムカシガタリ（昔語）「過去のことや昔のことについての物語」，ムカシモノガタリ（昔物語）「昔話，または，古い物語」，クァコ（過去）「過ぎ去った時，または，過ぎ去った時代」，レキネン（歴年）「時が経つこと」ということばがあるくらいである．『日葡辞書』は当時の庶民の日本語を集めたものだが，そのころの日本人は「歴史」（18世紀ころから使用されたようだ）はもとより「史」ということばすら使わなかったのであろうか．

　イエズス会宣教師ジョアン・ロドリゲスは『日本教会史』（1630年ころの成立か）を書いている．そのなかで，日本の政治の歴史を三つの時代に分けている．第1期は神武天皇から南北朝時代まで，第2期は足利将軍以後の暴政や戦乱の時代，第3期は織田信長・豊臣秀吉以後の統一と更新の時代であった．1690年代の日本に滞在したケンペルの『日本誌』には，日本の歴史を三つの時代に分けている．第1期は作り話の時代，第2期は疑わしき時代，第3期は確

かな時代である．つまり，天神7代・地神5代の神話伝説の時代が第1期，旧約聖書の天地創造から神武天皇までが第2期，神武天皇以降を第3期にあてている．ケンペルよりもロドリゲスのほうが歴史的である．

　江戸幕府はしばしば歴史編修をおこなった．まず指を屈すべきは『本朝通鑑』である．そのはじまりは1641年に3代将軍徳川家光が林羅山に国史編纂を命じたことにある．羅山は神武天皇から宇多天皇までの歴史を40巻にまとめ，これを『本朝編年録』と題して将軍に献上した．ところが1657年の明暦の大火で『本朝編年録』は焼失してしまった．羅山は落胆して数日後に亡くなってしまった．1661年，ふたたび幕命が下り，羅山の三男鵞峯（彼は日本人として初めて「歴史」ということばを使った人物といわれている）の手によって国史編修が再興された．すでに出来上がっていた神武天皇から宇多天皇（896年）までの部分は残っていた草稿を清書し，醍醐天皇以後はあらためて史料を採訪することになった．将軍の命により，書名を『本朝編年録』から『本朝通鑑』とあらためた．中国の『資治通鑑』，朝鮮の『東国通鑑』にならって，日本の史書の代表としたのである．1670年，つい脱稿の日を迎えた．正編40巻（神武天皇〜宇多天皇896年），続編230巻（醍醐天皇897年〜後陽成天皇1610年）など310巻から成る．史体は天皇一代ごとの編年体である．中国古代の歴史書の『春秋』などが一字一字にほめたりけなしたりする意味をもたせて道徳的批判を振りかざすようなことはしないが，『本朝通鑑』はこれを表面には表さないが堅持する筆法をとった．勧善懲悪史観である．内容から見ると，古代は皇室中心の政治史，近世は武将の記述が多い．このことから治乱興亡史観ともいわれる．

　江戸幕府にならって諸藩でもさかんに修史事業がおこなわれた．その代表例は水戸藩の『大日本史』である．神武天皇から後小松天皇までの100代を扱った．俗説によると，徳川光圀が『大日本史』の編纂を志したのは18歳のときに『史記』の伯夷伝を読んだからといわれる．1657年，光圀30歳のときに江戸の駒込の別荘に史局をつくって，編修に着手したことにはじまる．1681年，吉弘元常・佐々宗淳らに命じて奈良に行かせ史料を捜索させた．こうした史料採訪がたびたびおこなわれた．光圀は念願の歴史書の完成を見ぬ間に他界してしまった．1715年に『大日本史』の題名が決定した．さまざまな人々の努力で歴史書編修の作業が引き継がれ，ようやく1906年になって全編が完成した．

　紀伝志表合わせて397巻，目録5巻の合計402巻である．構想から完成まで250年をかけた大事業であった．文体は漢文である．『史記』にならって，史体は紀伝体である．これは幕府の歴史書が編年体であったことを意識したものである．特殊な用語はそのままにして，和歌などのも万葉仮名を用い原文とおりとし翻訳はしていない．光圀は江戸幕府の歴史書編修をかなり意識していた．彼が史局を開いたのは『本朝編年録』が焼失した年であった．『大日本史』の三大特筆とされているのは，（1）神功皇后を后妃伝に列したこと，（2）天皇大友本紀を立てたこと，（3）南朝を正統としたことである．『大日本史』の功績のひとつは史料の蒐集吟味に最大の努力を重ねたことである．真贋の鑑定を厳重におこなった．六国史や軍記物語の校訂を綿密に実施した．さらに本文の出典の史料名をいちいち注記した．これは中国の史書にも例がなく，『本朝通鑑』も試みなかったことである．皇室を中心とした内容で，大義を明らかにして，名分を正している．

　しかし，新井白石は『大日本史』をつぎのように批判している．「水戸にて出来候本朝史などは，定て国史の訛を御正し候事とこそ，頼もしく存候に，水戸史館衆と往来し候て見候へば，むかしの事は，日本紀，続日本紀等に打任せられ候体に候．それにては，中々本朝の実事はふつとすまぬ事を，僻見に候やらむ」．国内史料に頼り，外国史料を採用しなかった態度を批判したのである．

　近世史学史の最大の人物はその新井白石である．1709年，徳川家宣が将軍になると彼は政治顧問となった．進講の成果として，将軍の下命をうけて，『藩翰譜』，『読史余論』，『古史通』などをあらわした．彼は「史は拠によって事を記し世の勧戒を示すものなり」（古史通読法）といい，史学の独立を主張するものの，勧善懲悪の基本を堅持している．

　『藩翰譜』は1600年から1680年までの大名の家譜である．成立は1702年．徳川幕府初期の大名の鳥瞰図であり，戸籍調べである．形式はまず親藩，譜代，外様の順で叙述された．この順番は同時の幕府の待遇の序列もしめしている．越前家のつぎに御三家があり，保科，甲府，館林がつづく．松平家の叙述ののちに譜代，外様に及んでいる．そして，1600年より1680年までに取り潰しにあった大名と現存する大名を区別するために，前者を巻末に一括した．さらに大名に支藩が生じた場合は，本藩を前にし，支藩を後にした．初めて封を受けたも

のを中心として，その先祖に至るまでの事蹟，あるいは嫡流，庶流についても詳しい史実を書き留めた．外様に関する史実はかなり豊富であるが，親藩や譜代については徳川氏との関係が記述の大半をしめる．

　『読史余論』は古今の治乱興亡の歴史書である．1712年成立．この歴史書の九変五変史観はつとに知られている．公家政権の変容を九つの時代に分けた．幼少の清和天皇が即位し，藤原良房が摂政になり外戚専制がはじまった（一変）．陽成天皇が廃位し，藤原基経が関白になる（二変）．冷泉天皇以後 8 代の外戚専制の時代（三変）．後三条天皇・白河天皇の天皇親政の時代（四変）．堀河天皇以後 9 代の上皇政治の時代（五変）．後鳥羽天皇以後 3 代の鎌倉幕府の時代（六変）．後堀河天皇以後12代の北条執権の時代（七変）．後醍醐天皇の建武新政（八変）．南北朝の時代（九変）．武家政権の発展を五つの時代に分けた．鎌倉幕府の源氏将軍の時代（一変）．北条義時以後の執権政治の時代（二変）．後醍醐天皇から足利将軍の時代（三変）．織田信長・豊臣秀吉の時代（四変）．徳川幕府の時代（五変）．この時代区分はきわめて客観性があり，現代のわれわれも十分理解できるものである．公家政権の衰退のはじまりを藤原良房の摂政就任にみたこと，公家の衰退と武家の興隆とを同時並行の事象とみたこと，両方の時代区分に重複の時期があることは卓見であった．秀徹した歴史眼をもって，過去における変革の理由を明らかにして，総合的に歴史的必然の流れを考察したのである．フリントは『歴史哲学の歴史』（1893年）のなかで，この新井白石の『読史余論』を日本唯一の哲学的な歴史書とし，歴史を大観して，その流れの精神をとらえたものとして高く評価した（西田直二郎『日本文化史序説』）．

　『古史通』は1716年に将軍家継に呈した著作である．その凡例には「此書は先代旧事本紀，古事記，日本書紀等にみへし所を通じ考て其義長ずる所に拠りて其要を撮りて掲げ書し，其文献の解釈すべきをば各條の下に低書してこれを注し，其注の解釈すべきをば細書して分注す」とある．先代旧事記，古事記，日本書紀を中心に比較をおこない，その要点を摘出する．それを二重三重の検討をくわえる．そして古代史解釈を完璧におこなおうとするものである．神代史を対象としているので何の気兼ねなく，白石はいたって合理的な歴史解釈ができた．彼はつぎの四つの方法論を提唱している．（1）史料には古事記，日本書紀などを用いる，（2）漢字を用いている部分は古語で解釈する，（3）今

の言葉で古語を解釈する，（4）俗語で雅言を解釈する．（2）以下の方法は彼の言語学研究を神代研究に取り入れたものである．「神とは人也」という考え方を打ち出し，儒学の合理主義的立場に立っている．ただし，牽強付会のこじつけの説が多く，後世の学者の支持は受けていない．

　最後に白石が進講の際に心がけた歴史の見方を書き留めておく．「孔子春秋を作り給ひしより後代の儒者其事をつぎて史鑑の書を作れることは前世の事を以て後代の戒となすべきがためにあらずといふ事なし，さればいにしへを知るといへども今をしらざれば所謂春秋の学にあらず，凡史鑑を進講せんものはすべからくいにしへを採て今を論ずべし」．史書は，前代のことによって後代への反省とすべきものであり，このことによって歴史を学ぶ者は訓戒をあたえ，聖人君子たるべく努めるべきであるというのが白石の見解である（勝田勝年『新井白石の歴史学』）．

　1720年，荻生徂徠は歴史の重要性について語る．「されば見聞広く事実に行れたり候を学問と申事ニ候故，学問は歴史に極まり候事ニ候．古今和漢へ通じ不申候へば此國今世の風俗之内より目を見出し居候にて，誠に井の内の蛙に候」（「徂徠先生答問書」）．歴史がすべての学問の中心であることを誇らしく主張する．

　江戸時代の個人の史書にもみるべきものがある．山鹿素行の『中朝事実』（1669年）は日本の国体が神聖な理由を明らかにした．仁徳天皇以前の皇統を扱っている．中国や朝鮮を尊敬するのはよいが，自分の国を東夷とか夷狄とか卑下する必要はない．中国人が自国を「中華」というのなら，日本を「中朝」といってもかまわない．素行は日本がどれほど優れているかを皇統の歴史や武家の歴史のなかで実証した．史書というより国体論の書物というべきかもしれない．しかし，素行の長年にわたる学問研究と広い視野と教養からでた結論であり，たんなる自慢や偏見ではない．

　これよりさきの1665年に『山鹿語類』をまとめたが，その「聖学篇」11巻には歴史に関する言及がある．歴史というものは，「国の興亡，世の治乱，帝王将相の賢否」などの治乱興亡を扱うものだと考えた．これは中国を基準としたものだが，日本の場合もこれに準ずるべきだと指摘した．古い中国の歴史編纂法に及び，『史記』，『漢書』，『三国志』などを論じているが，日本の歴史書に関する叙述は少ない．『旧事本紀』，『古事記』，『日本紀』以下の六国史，『東

鑑』のみを論じ、「続日本紀に至りては、史文尤も英爽にして、人臣の伝略
処々に之を載せ、専ら異朝の史に準ず」と評価するのみである。彼の『武家事
紀』（1673年）は武家に関する諸種の沿革をのべたものである。山鹿素行は『聖
教要録』で幕府が保護する朱子学を批難したため弾圧を受けた。

　歴史研究のための古典の注釈研究も充実した。その先頭は本居宣長の『古事
記伝』（1798年）である。純然たる史書ではなく、『古事記』の注釈書である。
これによって、『古事記』の価値が新たに発見されたのである。『日本書紀』の
古典研究もすすんだ。谷川士清の『日本書紀通証』（1748年）と河村秀根の『書
紀集解』（1784年）が代表的著作である。前者は創見に富むところは少ないが、
和漢の諸書から多くを引用している。後者は中国の諸書を引用し、『日本書
紀』が潤色している文章の典拠を明示している。

　江戸時代の学問の特色のひとつに儒学における中国の清朝考証学派の影響が
ある。いたずらに観念的議論にふける流行に対し、字義の究明を主としている
が、史学においても考証史学がおこった。観念論的議論をさけ、史実の解明に
つとめた。史料を蒐集し、史料の性質や価値の検討をおこない、総合判断で史
実を確定する。多田義俊の『旧事紀偽撰考』（1731年）と伊勢貞丈『旧事本紀剥
偽』（1731年）では聖徳太子作とされていた『旧事本紀』を偽書として論証し
た。これは江戸時代の考証学の成果ではあったが、21世紀になって『旧事紀』
は史料的価値を再評価された。

　1827年、頼山陽が『日本外史』を松平定信に献上した。しばらく写本として
流布していたが、1836年ころ木活字版で刊行された。さらに1844年には川越藩
の川越本が、1848年には頼家の頼氏正本が出版され、世間に歓迎された。『日
本外史』は編年体ではなく紀伝体を採用している。たんに時間の経過を追うの
ではなく、重複を恐れず史実と史実の相互対応が図られている。「史記を読む
に、一事、紀中に之有り、伝中にも亦之有りて、記識するに易し」とその例言
に紀伝体の効能を語る。その対象は平氏、源氏、北条氏、楠氏、新田氏、足利
氏、後北条氏、武田氏、上杉氏、毛利氏、織田氏、豊臣氏、徳川氏の各氏であ
る。記述の信憑性が問題にされることが多いが、文章の技巧はかなり評価され
ている。ただし、イギリス人日本学者チェンバレンはつぎのようの評価を残し
ている。「『日本外史』は、幕末において教育あるものはすべて所有しており、

その狂信的な皇室主義的思想によって，少なからず幕末の崩壊に力があった．すべてこれらの歴史書は，ヨーロッパの読者に嫌悪感を起こさせるような文体で書かれている．その大部分は，正しい意味では歴史ではなくて，年代記である．（中略）このように堪えられぬほど無味乾燥な本がどうして全国民を熱狂させることができたのか，とうてい信じることはできないであろう．それができたというのは，文学のもつふしぎの一つである」（『日本事物誌』）．ちなみに，チェンバレンに「年代記」だと断言されたのは，『日本外史』に限らず，歴代の日本の歴史書すべてである．西欧の規準からすると，日本の歴史書はすべからく文学に入ってしまうのだろうか．

　江戸時代の有終を飾る歴史書として見のがせないのが，伊達千広の『大勢三転考』である．1848年に執筆され，1873年に刊行された歴史書である．著者の伊達千広は明治の外交家陸奥宗光の実父である．『大勢三転考』は古代より江戸幕府の成立までの日本の歴史を「骨（かばね）の代」，「職（つかさ）の代」，「名の代」の三つの時代に区分して論じたものである．「骨」は古代における国造・県主のように居地と職務が結びついた血族集団を指し，その職務は家を通じて子孫に受け継がれるものであった．これは684年に廃止され，「職の代」に移る．「職」とは冠位十二階や律令にみられる官職のことである．1185年に源頼朝が六十余州総追捕使に任命されたときより「名の代」に入る．「名」とは封建制度の下の大名・小名の「名」に相当する．つまり武家支配の時代である．このように『大勢三転考』は「骨」「職」「名」の三つのカテゴリーで日本の歴史を区分した．

　従来の編年体（『本朝通鑑』など）あるいは紀伝体（『大日本史』など）という歴史叙述の形に対して，独自な形式をとっている．中世の『愚管抄』や近世の『読史余論』の時代区分が政権交代という視点から時代区分を打ち出したのに対し，『大勢三転考』は政治形態や社会制度というきわめて客観的な制度のありように基づいて時代区分をした．その際，政治制度に規制される土地の所有形態の変化も重視している．そして，古代以来，大きな影響をあたえていた仏教的時代区分（末法思想など）にまったく依存していない．これらは明治時代以降の日本歴史の叙述形態である，いわゆる「文明史」のスタイルを先駆けて提示したものであった．

第 2 章

歴史書の歴史（西欧と日本）

第1節　西欧の歴史書（古典古代）

　ヨーロッパ人は古代ギリシャのヘロドトスのことを「歴史の父」とよんでいる．彼が古典ギリシャ語で書いた『歴史』（9巻）の冒頭にはつぎのような記事がある．「これはハリカルナッソスの人ヘロドトスの調査・研究（ヒストリエー）であって，人間の諸々の功業が時とともに忘れ去られ，ギリシャ人と異邦人（バルバロイ）が示した偉大で驚嘆すべき事柄の数々が，とくに彼らがいかなる理由で戦い合うことになったのかが，やがて世の人に語られなくなるのを恐れて，書き述べたものである」（桜井万里子『ヘロドトスとトゥキュディデス』）．ここには歴史をきちんと記録しておこうとする歴史家としての決意と使命が語られている．ギリシャ人と異邦人の争いとは紀元前5世紀のペルシャ戦争のことである．ヘロドトスはギリシャ人の自由がアジアの専制に勝利したことをペルシャ戦争の意義にあげている．しかし，この著述の最初の2巻はメディア，エジプトなどの今と昔の話が語られる．第3巻になってペルシャ戦争の記述がはじまる．ヘロドトスの『歴史』は素朴で簡明な叙述であるが，脱線も多く，「物語としての歴史」とよばれる．彼は「出来事」が真実かどうかを問わず，「言葉」と「出来事」は同じ意味で真実をもっていることが想定されている．上記に見える「ヒストリエー」（原文は方言のヒストリアー）はギリシャ語の辞書には「調査研究などによって得られた知識」という意味がのっている．彼は諸国を歴訪し調査と研究を重ねながら，歴史叙述をまとめたのである．ここからヘロドトスは歴史叙述の父ともよばれる．しかし，このような知識は博物誌と本質的に変わりない．普遍的根拠によって証明される学的知識とは対立するも

のである．つまり，ここでいう歴史は科学として認められていないのである．

『歴史』の冒頭で，注目すべきことは，ヘロドトスが異民族の文化や習慣に公平な態度でかつ敬意をしめしていることである．エジプト人の暦の計算方法について次のようにのべる．「一年という単位を発明したのはエジプト人であり，一年を季節によって12の部分に分けたのもエジプト人が史上最初の民族である，ということである．彼らはそれを星の観察によって発見したのだといっていた．暦の計算の仕方はエジプト人の方がギリシャ人よりも合理的であるように私には考えられる」．もうひとつ，ギリシャの神々の名前の由来について，ヘロドトスはこうのべる．「ほとんどすべての神の名前はエジプトからギリシャに入ってきた．これは私が自ら調査して確かめたことである」．

彼は伝聞や見聞などで事実を再構成するが，神や夢のお告げがしばしば登場する．ヘロドトス自身も神のお告げを信じている．おごれる者は神の恨みをかって滅びゆくとされ，ペルシャがギリシャに敗れたのも，正義の神の仕業だとする．歴史は神も介在して栄枯盛衰を繰り返す一種の円運動と理解された．「歴史は繰り返す」と信じられたのである．

紀元前5世紀にはヘロドトスと肩を並べる，もうひとりの歴史家がいた．『戦史』を書いたトゥキュディデスである．「アテナイ人トゥキュディデスは，ペロポネソス人とアテナイ人がたがいに争ったいくさの様相をつづった．筆者は開戦開始から，この戦乱が史上特筆に値する大事件に展開することを予測して，ただちに記述をはじめた」（『世界の名著5』）．これはギリシャでアテナイとスパルタが争ったペロポネソス戦争の始まりからその経過を叙述した同時代史であった．つぎのいくつかの記述は歴史家としての彼の面目を躍如とするものがある．「古事を歌った詩人らの修飾と誇張にみちた言葉にたいして信憑性をみとめることはできない．また伝承作家のように，あまりに古きにさかのぼるために論証もできない事件や，おうおうにして信ずべきよすがもない，たんなる神話的主題をつづった，真実探究というよりも聴衆の興味本位の作文に甘んじることも許されない．しかしそのいずれをも排し，もっとも明白な事実のみを手掛りとして，おぼろな古事とはいえ充分史実に近い輪郭を究明した結果は，当然みとめられてもよい」（巻一，21）．「戦争を通じて実際になされた事績については，たんなる通りすがりの目撃者から情報を得てこれを無批判に記述

することをかたく慎んだ．またこれに主観的な類推をまじえることもひかえた．私自身が目撃者であった場合にも，個々の事件についての検証は，できるかぎりの正確さを期しておこなった．しかしこの操作をきわめることは多大な苦心をともなった．個々の事件にさいしてその場にいあわせたものたちは，一つの事件についても，敵味方の感情に支配され，ことの半面しか記憶にとどめないことがおおく，そのためかれらの供述はつねに食いちがいを生じたからである」（巻一．22）．歴史の叙述の仕方と史料批判の率直な見解である．事実の客観的な正確さが彼の史風といえよう．科学的な歴史叙述はトゥキュディデスからはじまったと評価できよう．また，事件の遠因と近因を明らかにしたことが後世の歴史家から高い評価を得た．

　また，トゥキュディデスはのべる．「伝承作者のように，あまりに古きに遡るために論証できない事件や，追々にして信ずべき根拠がない，たんなる神話的主題を綴った，真実探究というよりも聴衆の興味本位の作文に甘んじることも許されない．私の記録からは伝説的な要素が除かれているために，これを読んで面白いと思う人は少ないかもしれない．この記述は，今日の読者に媚びて賞を得るためではなく，世々の遺産たるべく綴られた」．これはヘロドトスに対する批判であった．19世紀に近代的歴史学が誕生する．その際，トゥキュディデスが「歴史家」としての模範とされた．彼の歴史記述には，ヘロドトスのような豊かさ，多方面にわたる広さはない．しかし，19世紀の歴史家にとってトゥキュディデスこそ学ぶべき批判的歴史叙述の体現者であった．これよりさきのルソーも彼の心酔者であった．

　彼の書物ではヘロドトスが想定した神は姿を消し，歴史の因果関係は人間の次元で追求される．「人間の変らざる本性」というものが想定され，過去に起こった事件の似た事件がこれからも起きるだろうとされた．すなわち，歴史は「人間の変らざる本性」のゆえに繰り返される循環史観となる．ヘロドトスやトゥキュディデスに代表される古代ギリシャの歴史観は，「変化するものは価値がない」とするものであった．歴史は変化発展するものではなく，天空や自然の運行のように常に繰り返す循環するものととらえたのである．つまり，近代の歴史家が考えた「歴史は一つの方向に向かって進歩する」ものではなく，「歴史は繰り返す」というのが基本的な考え方だった．しかし，この歴史が循

環するという考え方は，裏をかえせば，このころの人々が時間にあまり重きを
おかなかったことを意味するのである．歴史に関するギリシャ人の低評価もこ
れに連関するものである．

　古代ギリシャの思想では科学あるいは普遍的なものが真の認識であった．歴
史あるいは特殊なものは半認識にすぎなかった．プラトンは特殊的なものは存
在と非存在の中間にあり，これは認識（真知）と無知の中間にある．したがっ
て歴史は認識（真知）ではなく，たんなる意見にすぎないとみなした．アリス
トテレスは，記述としての歴史と創作としての詩のちがいについて，有名な見
解をのこしている．「真の差異は，一方が起こったことを語り，他方が起こり
うることを語るということである．したがって詩は，歴史よりもより哲学的で
あり，より重要である，なぜならば詩はむしろ普遍的なものを，歴史は個別的
なものを語るからである」．この時代から西欧人は歴史より文学に価値をおく
のである．歴史は忘れ難い物語だと考えられた．人物，家族，民族の輝かしい
記録を保存し，これに関する記録を弘めることが歴史の目的であった．ギリ
シャの思想家にとっては「歴史哲学」なるものは，道理に反するもので，とう
てい受け入れがたいものであろう．そんなことを想像すらしないであろう．彼
らの考える「歴史」とは政治史のことである．歴史は政治に関心のある人たち
の関心事だったのである．

　紀元前2世紀にポリュビオスという歴史家がいた．彼は共和政ローマの輝か
しい発展をつぶさに観察する機会に恵まれた．この発展は何に由来するのであ
ろうか．この問いかけの答えとして，彼は『歴史』を書いた．「ローマ人がど
のような手段で，またどうような政治体制のもとに，53年そこそこで，人間の
住む世界のほとんどすべてをその単独支配に服させることに成功したのか．そ
れは人間の歴史に比類ない出来事であり，その理由を知りたいと思わないほど
心の狭い，あるいは怠惰な人がいるだろうか」．

　古代ギリシャにおいて彼ほど歴史の実用性を語る歴史家はいなかった．「過
去の知識にまさる行動の道しるべはない」といい，歴史研究こそが「もっとも
真実の意味で教育であり，政治的経歴のための訓練」であること，また「いか
にして勇敢に運命の変転に耐えるかを学ぶ，最も信頼の置ける，実際に唯一の
方法は，他から蒙った災難を思い起こされることである」としている．そのた

めにも歴史家は正確さを追究しなければならないことを自覚し，「歴史から事
実を取り去るならば，残るものは無益な作り話だけである」と主張した．そし
て，正確さを追究するためにポリュビオスは歴史家に三つのことを要求した．
第一に「回想録や諸文書の勤勉な研究とそれらの内容の比較」であり，第二に
「都市，地域，川，湖，一般的にいって陸海の特徴の調査，ある場所と他の場
所との距離の調査」であり，第三に「政治活動」であった．現代的に言い換え
ると，第一は史料および文献の批判的吟味であり，第二は地形や地理に関する
知見であり，第三は実際の政治的経験の重視であった．後世の歴史家は「あら
ゆる歴史は現代史である」ということばを残したが，この問題意識の先駆けと
なったのが，ポリュビオスということができる．

　そして，このポリュビオスも歴史循環論を信じていた．「これが政体の循環
であり，これが政治秩序の本性であり，それによってさまざまの政体は変化し
移行し，また出発点に戻る．このことをひとたびはっきり理解した人は誰で
も，政体の未来について語る場合に時間の計算で誤ることはあろうが，熱情や
偏見なしに判断しさえすれば，そのときどきの成長度，衰退度，そして来るべ
き形態に関して誤ることはまずないだろう．この見方は，特にローマ国家に関
しては，その成立，成長とその頂点を，また同様にそこからやがて下落に向か
う変化をわれわれにもっともよくわからせてくれる」（林健太郎・澤田昭夫『原典
による歴史学入門』）．

　ローマ時代の歴史書をひとつ．西暦17年にリウィウスが『ローマ史』を書い
た．ローマ時代には倫理的教訓的な歴史書が一般的であるが，彼の著書にもそ
の傾向がつよい．批判精神や科学的方法はみじんも見られない．しかし，その
文体は精彩を放った．彼が『ローマ史』を書いた目的は政情の混乱をもたらし
た道徳の廃退を指弾することであった．「歴史を知ることの利益や収穫はこれ
である．つまり燦然たる記念碑に基づく記録を読み，そこから諸君自ら自身と
国家が，見倣うべきものは何か，そこから出所進退につき避けるべき恥しい行
為は何かを引き出すことである」（『原典による歴史学入門』）と序論で彼の歴史論
を披歴した．

　古代ローマの末期から自由七学科が中等，高等の学校で教えられた．文法
学，修辞学，弁証法（論理学）の三学，算術，幾何学，天文学，音楽の四科で

ある．歴史は修辞学のなかで教えられた．その立場はおそろしく低い．歴史は文学のひとつのジャンルだった．そのため，立証に関しては細心緻密である必要はなかった．

　アリストテレスは学問を理論的なもの，実践的なもの，制作的なもの，の三つに分けた．理論的な学問として神学，数学，自然学をあげ，実践的な学問として倫理学，政治学をあげ，制作的な学問として詩学をあげた．そして学問に理論的学問，実践的学問，制作的学問の順に優先順位をつけた．しかし，歴史が学問にかぞえられることはなかった．

第2節　西欧の歴史書（中世）

　西暦という紀年法は日本でも通用している．紀元前の B.C. とは，「キリスト前（Before Christ）」の略称であり，また A.D. とは「紀元（Anno Domini）」の意味である．イエスの誕生という特定の時点を起点（元年）として，歴史を前後に分けて数えていく年の算定法である．この紀年法がはじめて使用されたのは525年であった．ただし，算定の際に多少の誤差が生じたので，イエスの誕生は紀元前4年ということになった．イエスの誕生後，という考え方には，誕生前ということが含まれる．この紀年法が用いられたのは，ベーダの『イギリス教会史』（731年）であった．西暦はヨーロッパから生まれた独特の時間観念であり，しかも人間救済に関わる宗教的な考え方にささえられたものである．歴史の理解においても，キリスト教は深く根をおろしている．

　4世紀にキリスト教最大の神学者アウグスティヌスが登場する．彼はギリシャ・ローマ時代に全盛をきわめた循環史観に代わる新しい歴史観を提案する．「ギリシャ時代の循環史観では，未来に希望がもてない．希望と信仰は本質的には未来にかかわるものだ」と彼は考え，循環史観をしりぞけた．代わって，「始まりと終わりをもち，ひとつの目標をめざす進行過程としての一種の世界史」を築き上げた．歴史のはじまりは，世界の創造と人間の堕落である．歴史の終わりは最後の審判と復活にほかならない．彼にとっては歴史のはじまりと終わりの出来事が最も重要なことであり，その間に横たわる現実の歴史は「中間時」にすぎなかった．「キリスト教は未来のものを約束したが，この地上

の平和とこの世の平安を約束していない．この世に平和はない．われわれが地
上に求めるものは天上に約束されている」と．彼にとっては，地上の現実の歴
史は本来的な関心事ではなかった．しかし，こうした解釈が生まれたことで，
歴史はひとつの目的に向かって行くものという考え方が導入された．歴史を動
かすものは人間ではなく神だとされた．歴史はギリシャ人の考えた「永遠の回
帰」ではなく進歩ととらえられた．ギリシャ人には疎遠であった未来というの
が歴史の座標となった．

　アウグスティヌスは『神の国』のなかで，天地創造に要した六日（第七日は
安息日）という数字に注目し，人類史をアダム，洪水，アブラハム，ダヴィデ，
バビロン捕囚，キリスト来臨によってはじまる六つの時代に区分した．最後の
六番目の時代は，いつか分からぬキリスト再臨・時代の終末までつづくと考え
た．その後の歴史家はキリスト受難の千年目にあたる1033年に人類は滅亡する
と書いた．いわゆる終末論である．また，アウグスティヌスによれば，歴史は
唯一の神によって唯一の目的に導かれるもので，その点で普遍的である．歴史
の真の出来事は神の国と地上の国との闘争であるという．

　キリスト教は，ユダヤ教を先駆として，ローマ帝国で育ち迫害を受けた．や
がてローマ帝国が崩壊すると，新しいゲルマン人の世界を精神的に支配するよ
うになる．そして，キリスト教の歴史観は，古代末期から中世全体，さらに18
世紀まで，西欧のあらゆる歴史叙述，歴史理論に大きな影響力をもつように
なった．

　時代がくだり，同じキリスト教的立場にありながらも，地上の現実の歴史に
目を向け，それに意味づけをあたえようとする人が現れる．そのひとりが12世
紀のイタリアのヨアキムである．この世の終わりが目前に迫っている黙示録的
な期待から，ひとつの歴史解釈をつくりあげた．キリスト教の三位一体論を下
敷きにして，「歴史はそれぞれの独自の秩序をもつ三つの時代に分かれて展開
した」と見なした．彼によれば，第一の時代は「父の秩序」の時代である．こ
の秩序の担い手は「既婚者」であるユダヤの民であり，彼らは厳しい律法のも
とで労働に従事した．第二の時代は「子の秩序」の時代である．その秩序は
「司祭」によって担われ，学芸と訓練が重視された．第三の時代は「聖霊の秩
序」の時代である．その担い手は「修道士」であり，瞑想と賛美が尊重され

た．この第三の時代がヨアキムの生きた12世紀末からはじまろうとしていた．世俗化し堕落した教会に代わって，「修道士」たちが堕ちゆく世界を救おうという使命をおびることになる．

　13世紀のヴィンセンティウスによると，知識の全体系は「大鏡」という題目で，自然の鏡，教の鏡，道徳の鏡，歴史の鏡の四部に分かれる．最初の二つで学問はほぼつくされ，最後の歴史の鏡は人間の創造から1253年までの世界史を神の導きによる知恵と徳との進歩の状態として示したといわれる．歴史は学問としての扱いを受けていないのである．

　ルネサンスの歴史文学には中世の影響がある．人物，家族，民族の枠を超えて，世界史を視野に入れる枠組みに愛着を持っていた．中世の諸学派では注釈という叙述の具体的な技術が導入された．これによって，歴史物語と史料とが区別され，原典が参照され，本文も掘り起こされ，その解明が可能となった．注釈の技術が実践され，史料蒐集と史料批判に関する論文もあった．

第3節　東洋の歴史書

　タアリーフは「歴史」のことをしめすアラビア語であり，ペルシャ語であり，トルコ語である．もともとの意味は「時についての知識」であった．8世紀ころからは「月日を記すこと」から「過去の出来事を記した歴史書の表題」の意味に使用されるようになった．

　19世紀の著名な歴史家ブルクハルトは「オリエントの歴史記述の無能さは，記述が公的に，すなわち委嘱された人により行われた結果である」と述べた．そこには歴史家の存在が無視されているようで，まるで主体性がない．エジプトでは王の名前や記録はあるが，その記事は物語風で誇張と比喩にあふれていた．エジプトの宗教観念から，文字と記録のすべてのことがらは神の手にあり，歴史叙述は人間の企てるものではなく，史観をもつことは神にたいする冒瀆と考えられた．ただし，「エジプト人の中でも農耕地帯に住む者たちは，世界中のどの民族よりも過去の記録を丹念に保存しており，私が体験によって知っているどの国の住民よりも故実に通じている」（『歴史』）とヘロドトスも感心している．ヘブライ人は『旧約聖書』のなかで「列王紀」という歴史叙述を

のこしたとされるが，これとても一種の編纂物であった．そのため，古代オリエントでは記録はあるが歴史叙述はないと言われるようになった．

　14世紀の北アフリカのチュニスにイブン・ハルドゥーンという歴史家がいた．1380年に『歴史序説』を著した．「歴史は，外面的には政治的事件，諸国家，遠い過去に起こった先例などの報告以上のものではない．（中略）だが，内面的には，歴史は思索であり，真理の探究であり，存在物そのものやその起源の詳細な説明であり，また諸事件の様態とその原因に関する深い知識である．したがって歴史は，哲学に深く根ざしており，哲学の一文脈にかぞえるのが適切である」とまえがきを書きはじめる．「研究者は，いまだに諸国家の勃興や組織に関する諸情況について探究したり，なぜ諸国家が互いに抗争し，あるいは継承するのかを調べなければならないし，また国家の分裂や統合について納得のいくように研究しなければならない」とこの著作の執筆目的を語る．ついで，歴史学の真価，その考え方の評価，歴史家が犯す各種の誤りの指摘，その誤りの起こる理由という歴史理論を書き留める．「歴史学は，無数の資料とさまざまな知識を必要とする．またよき洞察力と実証性を必要とする．それは歴史家を真理に導き，過失と誤謬から守るものである．もし歴史家が，ただ伝達されているということだけで歴史的情報を信じ，慣習のもつ原理や政治の基本的原則，文明の性質，人間社会を支配する諸条件などについて正しく判断せず，そのうえ，直接目撃した人による情報と伝聞による情報と，あるいは過去の資料と現代の資料とを比較して評価しないならば，歴史家はしばしばつまずき，踏みはずし，真理の公道から免れてしまうであろう」と．イスラム世界にとどまらない普遍性と示唆に富んだ，すぐれた歴史書の登場である．

　彼はただ過去の出来事をありのままに記録するのにはあきたりなくて，そのことがらの中にそれによって起こる原因を探し求めた．そして，ひとつのことがらの原因であるだけでなく，他のことがらにも同じように働いている，一般的な原因にまでにさかのぼって調べた．彼はさまざまな国の風俗を見ても，それをただ書き記すだけでなく，もっと突っ込んで，風土の影響が人間の生活におしなべてどういう結果をもたらすか，というところまで見ようとした．また，砂漠の民族のいろいろな遊牧民の生活を見ても，それをいちいち書き留めるのではなく，その中にどんな遊牧民も同じようにたどっている生活の経路が

あるのを見つけ出した．つまり，どんな遊牧民もいちように，遊牧→定住→都市生活→王朝建設→衰退，というプロセスをふんでいることを発見した．ハルドゥーンの時代には，まだ「歴史哲学」ということばはなかったが，西欧人のヴォルテールが18世紀末にこれを提唱する400年も前に，ほとんど同じようなことを論じていたのである．

　「イブン・ハルドゥーンあるいはヨーロッパ最大の歴史叙述家たちにひけをとらない，第一級の天才的歴史家が中国に出現した．章学誠である．中国史学史の上で，彼が成し遂げた主要業績といえば，当時蔓延していた考証過剰（の清朝考証史学）に対する批判的著作である．しかし，彼の業績のうちで普遍的かつ不朽の価値をもつものは，歴史理論・史学方法論・歴史哲学に関する深い考察である」（『中国と日本の歴史家たち』1961年）．こう称えたのはフランス人歴史家ドミエヴィルであった．章学誠（1738年〜1801年）の代表作は『文史通義』（1832年）である．「吾の史学におけるや蓋し天授あり．吾を劉知幾に擬すは，劉の史法を言い，吾の史意を言うを知らざるなり」．つまり，『史通』の著者である劉と自分の歴史の立場の違いを明らかにした．この先人が説いたのは歴史方法論であり，自分が目的としたのは歴史叙述であった．歴史事実を仲介にして経世の意味，天人性命の意義を説き，歴史事象を選別して添削をくわえ，経世の視点から自説を唱えること，それこそが歴史叙述に史意を盛ることなのだ．こう章学誠は訴えたのである．さらにいう．歴史学とはあらゆる社会の現象を扱わねばならない．そのためには従来等閑視してきた『易経』や『詩経』なども歴史の史料になるとした．「六経は皆な史なり」という彼の有名なことばはこれを指すのである．従来の歴史が中央政府の記録ばかりに重きを置いている．これはとても視野の狭いことである．すぐれた歴史を書くならば，たとえば，高級官吏が無視軽蔑している地方役人の事務的な書類も立派な史料になるものだ，と書いた．この章学誠の議論は18世紀にはきわめて進んだ考え方であり，のちにさかんになる民俗学や古文書学の登場を予感させるものである．

　朝鮮半島では1759年に安鼎福が『東史綱目』を書いている．上古時代から高麗時代までの範囲を扱っている．旧来の歴史書が『三国史記』，『高麗史』，『東国通鑑』を書き写したり，引用をしたりしたものであった．これに対し，『東史綱目』はこれまでの正史の間違いを探し出し，厳しく史料批判をおこなって

いる．等閑視されていた『三国遺事』を利用し，古代史に関連した民間人の著述も利用した．文献の典拠を明らかにし，内容の批判を厳しくおこなった．また，1767年からは当時の現代史である『列朝通紀』を書きはじめた．これは既存の歴史家がまったく試みようとしなかったもので，当時禁じられていた朝鮮の歴史を執筆することは危険な作業であった．彼は歴代の各種の著述の論説を抜き出し，そのまま引用する手法を取り入れた．いっさい主観を交えず，「叙して論ぜず」というスタンスをとったのである．安鼎福は朝鮮の歴史学の父とよばれている．

　インドには歴史がないといわれている．古代インドでは記録蒐集の事実はあり，記録文書を司る特定の階層もあり，神々や王たちの系譜も書かれた．ところが，7世紀の『ハルシャ・チャリタ』はハルシャ王を扱った書物だが，王徳の称賛の書であり，ハルシャの治世につては数カ月しか触れられていない．事実より文学的効果を重んじていて，とうてい歴史書と呼べないといわれている．古代インドでは，このように歴史意識はあいまいで，未分化・不分明であった．

　16世紀のインドではいくつかの歴史書が誕生した．アブル・ファズルの『アクバル・ナーマー』（16世紀後半成立）は逸することのできない歴史書である．江戸時代の日本人学者が漢文で表現をしたように，この著作はヒンドゥ語ではなくペルシャ語で書かれた．第1部はアクバルの誕生から祖先のバーブルまでの歴史であり，第2部はアクバルの治世時代の編年史であり，第3部にはその国の諸規則が書きとめられている．この本はヒンドゥ語に翻訳された．1800年に第3部がヨーロッパに知られ，1875年に第1部が英訳され，イギリスにおけるインド研究のひとつの基礎になった．バダーウーニーの『ムンタカブット・タワリーク』は著者没後（1615年）に公けにされた．インド史書の名著とされ，諸王の経歴を述べながら，インド史を俯瞰したものである．カーフィ・カーンの『ムンタカーブール・ルバーブ・ムハンマド・シャーヒ』はインド・ムガール王朝のアウランジーブの治世を綴った歴史書である．序文で歴史家の心得が語られる．「歴史家の本分というものは，忠実であること，利益にあずかろうとしないこと，危害を恐れぬこと，一党に組みし一派を憎んだりせぬこと，既知たる未知たるとを区別せぬこと，誠実のみをもって筆をとることである」と．

第 4 節　西欧の歴史書（近代）

　ルネサンス期の数ある歴史家のなかで現代にまで影響をあたえた人物といえば，16世紀のニッコロ・マキャヴェリである．彼の『君主論』は政治学の古典であるが，その表現の簡潔さと断定の大胆さと格言のような絶妙なフレーズはなんびとをも刺激せざるを得ない．彼のもうひとつの傑作は『ローマ史論』（1531年）である．「歴史は繰り返す」ものであると見なした彼は，古代共和制のローマの歴史に注目した．これをたんに教養としてではなく，現在と未来の改革の手がかりとして学び，歴史学を医学と同じく人間と社会操縦の実用的手段と彼は考えたのである．

　フランスの歴史哲学の先駆者としてジャン・ボタンがいる．彼は『歴史研究法』（1566年）を著し，歴史研究法の最初の著作を公にした．彼は歴史における自然法則の理論を念頭におき，歴史には普遍的な法則があり，人類進歩のプロセスにほかならないと考えた．どんな研究をするにせよ，歴史の研究は必要である．歴史家は利害・関心・愛国心・宗教などによる偏見から自由でなくてはならないと説いた．ボタンは「歴史家の課題は何よりも，政治的な事柄の探究と人間の転回の説明に存する．また完全な方法は，人が国家のはじまり，持続，没落について弁明を行なうことを要求する」と宣言した．すなわち，帝国の起源，繁栄，終末を研究することが彼の作品の特色であり，古代史と現代史との比較を試み，普遍史を分かりやすく把握するために，哲学者と歴史家の見解を対比させている．このボタンの著作に対して意外なところからコメントがある．「ジャン・ボタンは現代のすぐれた著述家だが，『歴史研究法』のこのくだりはいささか言いすぎだと思う．プレタルコスを，ただなにかを知らなかったということを責めているだけでなく，プレタルコスはときとして信じられない，ファブルーズ（ありえない）な事柄を書くとも批難しているのである」（モンテーニュ『随想録』）．フランスの有名な知識人モンテーニュが彼を批難しているのは一驚にあたいする．

　17世紀になっても，歴史は学問のなかで別扱いされるか除外されている．イギリスのフランシス・ベーコンは『学問の進歩』（1605年）で，哲学，文藝，歴

史をそれぞれ人間の理性，想像力，記憶という能力で区別した．歴史には自然の歴史，世俗社会の歴史，教会の歴史，学問の歴史がある．ベーコンは最後の学問の歴史は欠けているという．「歴史は，行動の結末と成行きを，因果応報の理に応じて述べない」とか「行動と事件を整然と，変化とぼしく描く」とか指摘する．こうして，出来事や行為の経過を記述したり再現するとされ，やはり記憶にもとづく記述となる．「理性」にもとづく哲学ないし科学と区別される．さらに人間の知識の一部であっても，「理性」を取り扱う知識すなわち学問ではない．

　フランスのデカルトは歴史を重視していなかった．「どんな忠実な歴史でも，読みごたえがあるものにしようと史実の価値を変えたり増大させたりはしなくても，少なくとも，はななだ平凡であまり目立たない事情はほとんどつねに省かれている．そのせいで，残りの部分は実際とは違って見えるようになる」（『方法序説』）という．デカルトは意識していたか分からないが，これは存在としての歴史と記述としての歴史の問題を論じている．歴史には効用はないことはないが，歴史は不完全で断片的なものにすぎなかった．

　フランスの司教ボシェが『世界史論』（1681年）という三部構成の歴史書を書いた．第1部は「宗教の流れ」と「政治の流れ」に分けつつ，両者を巧みに結びつける簡潔な年代記的な歴史叙述をおこなう．第2部では「宗教の流れ」を扱い，人類創生からユダヤ民族を経てキリスト教の歴史をのべる．第3部ではエジプト，アッシリア，ペルシャ，ギリシャ，ローマなどの「諸帝国」の歴史を叙述する．ここでボシェは摂理史観をとり，これらの諸帝国の興亡はそれぞれ特殊な原因がありながらも，それを通じた神の意志が示されていると見なしたのである．歴史上の事件は，人間の近視眼的な目からすれば，たんなる偶然や運命にすぎないように見える．しかし，確かな信仰の目をもってすれば，この偶然と運命が混じり合った奥に整然とした秩序が横たわっていることになる．この世の出来事は知らず知らずに，神の永遠の目的の達成に協力していると見なされる．近代の進歩史観は，このような中世ヨーロッパのキリスト教的な歴史観を素地として生まれたものである．

　1681年はもうひとつ画期的なことがあった．修道士マビヨンが『古文書論』を刊行したのである．彼は枚挙にいとまがない古文書の真贋を見抜く技法を手

に入れたのである．1681年は「人間精神の歴史においてたしかに画期的な年」
であり，「文書史料が決定的に創始された年」だとマルク・ブロックは称えた．

　18世紀に入ると，ヴィーゴが『新しい学』（1725年）を書いた．世間一般で
は，歴史の知識など怪しいものだと言われていた時代に，彼は敢えてそれを擁
護したのである．彼によれば，「新しい学」とは，「自然の世界」ではなく，
「人間の世界」，「市民世界」，「諸国民の世界」を扱うものである．そのひとつ
に「人間の理念の歴史」があり，それは「永遠の理想的な歴史であり，あらゆ
る民族の歴史はこの理想的な歴史にしたがって狂いなく進行する」ものであ
り，それは文明の過程が常に反復するという，図式を示しているという．この
ことは，ヴィーゴが「神々の時代」，「英雄の時代」，「人間の時代」という三つ
の時代区分を明示したことでも実証できる．「神々の時代」とは厳格な神によ
る政治の時代，「英雄の時代」は神話の時代，「人間の時代」は合理の時代で
あった．つまり，無秩序から秩序へ，野蛮から文明へと進んでいくと理解され
るのである．

　ジョナサン・スイフトは1726年に『ガリヴァー旅行記』を書き上げた．同
年，出版に至ったが，完成版が登場するのは1735年だった．この本の第3編
「グラブダブドリップ渡航記」にガリヴァー（すなわちスイフト）の歴史観が語ら
れる．「私は，特に近代史を嫌悪する人間であった．過去百年間における各国
君主の宮廷で盛名を馳せたすべての偉人を厳密に調べてみた結果，世間の人々
が曲学阿世の徒によっていかに眼を晦ませられたかを，私は発見した．この連
中の筆にかかると，臆病者が絶大な戦功をたて，愚か者が賢明無比な策をた
て，おべんちゃらが誠実さをもち，密告者が真実をもっていたことになってし
まっているのだ．また，いかに多くの純粋無垢かつ有徳の士が，腐敗した裁判
官と，悪意にみちた党派間の軋轢を巧みに操る権力者によって，あるいは死
刑，あるいは流刑に処せられてきたことか．（中略）この島で私が発見したこと
は，逸話集とか秘史とかいうものを臆面もなく書く連中が実に出鱈目で無知だ
ということであった．この連中の手にかかっては，幾多の王が毒をもられてあ
の世にいったことになっているし，唯一現場に居合わせた証人もいないのに，
王と宰相との間に交わされた会話をそっくりそのまま記されていることであ
る．大使や国務大臣の胸の中や机の中のこともお見通しだが，それがきまって

見当違いときているのはご愁傷さまという他はない」（平井正穂訳『ガリヴァー旅行記』）．

　逸話集とか秘史を書く連中とは，原田範行によれば「あたかも事実であるかのように歴史を捏造してきた歴史家を批判したものだが，その根底にあるものは，表層的な歴史記述ばかりで，「世界を仰天させた重大事件の真相」に迫るような歴史書が欠如している」（『ガリバー旅行記とその時代』第8回，NHK出版）ためであった．歴史の叙述，史料の信憑性，解釈の当否，歴史の事実とは何か，など今でも歴史家を悩ます難問をガリヴァー（スイフト）が問いただす．歴史のでたらめさを告発する．ここには歴史を科学だという者はいない．

　フランスの啓蒙家モンテスキューは『法の精神』の著作で知られるが，マキャヴェリと同じ問題意識から『ローマ人盛衰原因論』（1734年）を書き上げた．古代ローマ帝国がなぜ滅んだのか．共和政を放棄し帝政に移行したことが衰亡の原因であったと指摘した．循環史観をもとにして，歴史の因果関係をさぐり，国家を不運から守る警告と指針としたのである．「現代の歴史もわれわれに，かつてローマで生じたことの実例を示してくれている．そして，これがかなり注目すべきことなのである．なぜなら，人間はどんな時代においても同じ感情をもっているので，大きな変化をもたらすきっかけは多様であるが，原因は常に同じであるからである」（同上）と．このころの歴史叙述はギリシャの古典古代の特色を引き継ぎ，歴史循環論が取り入れられた．

　もうひとりのフランス啓蒙思想家のヴォルテールは1756年に『諸民族の習俗・精神試論』の序文として「歴史哲学」を著した．彼によれば，従来の歴史叙述はつまらぬ詳細にスポットライトをあて，神話や伝承を無批判に受容し，うそが多く軍事と政治に偏向していた．一般的な傾向を批判的に正確に書く新しい歴史叙述，すなわち文明史あるいは文化史という哲学的歴史ないしは歴史哲学（この用語は彼の発明）を編み出した．具体的には習俗・習慣にあらわれた，一定の時代の集団の精神，文化の歴史であった．習俗とは政治史の背後にある法制，行政制度，学問（とくに自然科学），芸術，商業，工芸技術，宗教などをさしている．しかし，こうした構想にかかわらず，大部分をしめたのは政治史であり，習俗論の中心たるべき学問，芸術，宗教の叙述は薄くなってしまった．史料批判もおろそかになったところもある．こうした啓蒙史学は（1）抽

象的かつ絶対的な基準を持っていたこと，（2）異なる時代の雰囲気と見解の違いを理解できなかったこと，（3）政治的かつ哲学的な宣伝に熱心であったため，忍耐強い調査や研究を行わなかったこと，などの弱点を持っていた．ただし，ヴォルテールの文明史的叙述はテーヌ，バックルなど西欧の歴史家に受け継がれたばかりでなく，日本の明治期の文明史論にも影響をあたえた．

　ヴォルテールは同書で中国のことを扱っている．中国を旅行したイエズス会の宣教師の記録には，中国文化の古さや高さ，そして孔子の倫理学に深い感銘を受けたことが記されている．「世界で最古の年代記が中国のものであることは議論の余地がない．この中国の年代記は中断することなく続いている．それらは，ほとんどすべて詳細を極めており，いずれも聡明で英知に満ち，いささかも超自然的驚異を混えていない」．中国を発見することで，古典的古代のキリスト教の世界と中国の世界とを鋭く比較することになった．

　マブリーが『歴史の書き方』（1783年）をあらわした．ここでは歴史叙述が叙事詩などと対比され，（1）主題を見失わないこと，（2）長々とした記述を慎むこと，（3）記述の均衡と配列に留意することが記された．17世紀と18世紀の歴史叙述は文芸の一部とみなされ，過去を再現したり史料の発掘や新しい解釈を打ち出すことは必要なかった（小倉孝誠「文庫版解説　ミシュレと歴史学の刷新」）．

　イギリスではヒュームが『イギリス史』（1754年～1761年）を書いている．その冒頭で「私は現在の権力，利害関係，権威，そして民衆の偏見の叫び声を同時に無視した唯一の歴史家である」と豪語した．彼は諸国民の起源を言語，生活様式，習慣などが「文書」，「記録」で確証される範囲を考慮し，これを同様な手法で近隣諸国と比較して，真理が確証されて完全である時代にかぎり「完全な叙述」をおこなうと主張した．歴史は叙述であり，伝説や物語やお話とは異なる．後者は記憶や口伝に基づくが，文書や記録には基づかない．つまり，ヒュームは史料がなければ歴史はないという立場をとっていた．さらに彼の『人性論』（1739年～1740年）には「事実の知識が最初に歴史家に達し得るまえに，それは多くの人の口を通じて伝えられなければならない．そしてそれが書きものに伝えられたあとでも，おのおのの新しい複写は新しい対象であり，それ以前のものとの関連は，経験と観察によってのみ伝えられる」という重要な

発言がある．これは今日の史実の認識論にもつながるものである．イギリスでは経験論が重視されるので，歴史は学問ないし知識の分類のなかで，確実な知識のなかには入らない．歴史はたかだか「蓋然性」の領域内での知識とされる．イギリスで歴史哲学が発達しなかったのは，こうした知的環境によるのかもしれない．のちの1960年に『歴史哲学』を書いたイギリス人歴史家ウォルシュも同書の冒頭で「歴史哲学を書く人は，少なくともイギリスでは，歴史哲学という主題がまさしく存在するのを正当化するところから始めなければならない」と嘆いたのである．

　こうしたなか，フランス人啓蒙思想家ジャン・ジャック・ルソーは『エミール』第4編（1762年）のなかで歴史について批判をおこなっている．「歴史に述べられている事実は，その事実が起こったとおりに正確に描かれたものだとはとうてい言えない．それらの事実は，歴史家の頭のなかで形を変え，かれの利害によって型どられ，かれの偏見によって着色されている．ある事件を経過したとおりに見せるために，読者をその舞台となった場所に正確に連れていくことがだれにできよう．無知あるいは党派性がいっさいのことをつくりかえる．ある歴史的な事実を変えるようなことをしなくても，それに関係のある状況を大げさにつたえたり，手短に語ったりすることによって，その事実にどれほどちがった様相があたえられることだろう．同じものでもちがった観点から見れば，ほとんど同じものは見えないのだが，見る者の目のほかにはなにも変っていないのだ」（今野一雄訳『エミール（中）』）．

　歴史叙述の問題点をみごとに指摘している．ルソーにとっての歴史家の模範はトゥキュディデスであり，「判断せずに事実をつたえている」点を高く評価している．「それについてわたしたちに判断させるために必要な事情を一つも言い落としていない．かれが語るすべてのことを読者の目のまえにおいてくれる．事件と読者とのあいだにわりこんでくることはしないで，自分は姿を消している．人は読んでいるような気がしないで，見ているような気がしてくる」（同上）．トゥキュディデスを過大評価しているが，これは後年のランケの評価と共通する言い方である．

　1773年にヘルダー（彼はドイツにおける歴史哲学の事実上の創設者ともいわれている）が『世界史の講義の綱要』をのこした．「自然における神の啓示」と「人類あ

るいは人間性の力の歴史」とを区分する．後者は「人間の思想や傾向や風習などの変化，進行あるいは減少を，諸民族や諸時代を通じて追跡すること」が主目的であった．これは「あらゆる歴史の核心」であり，「人類の起源」，「この起源からの神の教育」，「世界の奇蹟的な変化」，「諸民族の歴史」に分かれる．

　1793年ころ，コンドルセが『人間精神進歩の歴史』を著した．人間の進歩が無限であることを楽観的に謳い上げ，歴史の進歩に必然であり，過去に起きたものは未来にもあらわれると説いた．コンドルセによる人類の進歩のプロセスは，彼の著書の目次でつぎの10期に分類された．第1期「人間は結合して群れをなしている」，第2期「遊牧民族，この状態より農耕民族の状態への推移」，第3期「アルファベット文字の発明に至るまでの農耕民族の進歩」，第4期「ギリシャにおける人間精神の進歩」，第5期「諸科学の進歩」，第6期「知識（光明）の衰退，十字軍時代のその復興に至るまで」，第7期「西欧の学問の復興期における科学の最初の進歩から印刷術の発明に至るまで」，第8期「印刷術の発明から，科学及び哲学が権威の桎梏をゆり動かす時期に至るまで」，第9期「デカルトよりフランス共和国の成立に至るまで」，第10期「人間精神の未来の進歩について」．この10期である（前川貞次郎訳『人間精神進歩の歴史』）．彼は人間精神の進歩についてとても楽観的である．「自然は人間の能力の完成に対してなんらの限界を附していないということ，人間のこの完成の可能性は真に無限であるということ，この完成可能性の進歩は今後これを阻止するすべての力から独立したものであり，われわれが自然によって投置された地球の持続以外になんらの限界もないということ，などを示すことにある．（中略）もしも人類の進歩を予見し指導し促進する一つの学問が存在するとすれば，人類がなしえてきた進歩の歴史こそ，その根本的な基礎でなければならない」（序論）．具体的な例としてつぎの記述がある．「投槍，棍棒，剣を操る技術によって，貴族が人民達に対してもっていた優越性は，完全に消滅するに至った．この人間の自由とその真実の平等とに対する最後の障害の破壊は，一見，人類を絶滅せしめる脅威を有するかに思われたこの（火薬の）発明のおかげであった」（第7期）．科学の発明が，一方では恐るべき人類殺りくにもつながることを彼は自覚していたが，性善説を信じ，進歩の弊害という問題をそれほど重視はしていない．

　1802年，シェリングがイェナ大学で講演をおこなった．翌年，その内容は出版されたが，日本では1957年になって勝田守一訳『学問論』（岩波文庫）として刊行された．その第10講で歴史学のことが論じられた．「自然と歴史についての普通の考えは，前者においては一切が経験的必然性によって，後者においては一切が自由によって生起するということにある」（『学問論』）．これは後年に試みられた自然科学と歴史学の区別の理論にも似た考え方である．「歴史学は学問であり得るかという問題は，その答えについて何らの疑念をも許さぬように見える．すなわち歴史学そのもの，そしてそれが問題なのだが，学問に対立せしめられるならば，それは明らかに学問たり得ぬ」（同上）．後世のことばで置きかえるならば，歴史学は科学ではないという宣告である．そのため，「学問がますます実用的なものになりつつあるドイツにおいて，撰りに撰って凡庸な頭脳が僭越にも歴史に携わっている．偉大な事件や人物が近視眼的単純な人間の感覚によって描かれた姿は，何という嫌な光景であろう」（同上）と書いたのである．学問は有用性がなければならないという見地にたち，歴史学への嫌悪をあからさまにしたのである．これが19世紀初頭の代表的な学問観であった．

　ショーペンハウアーは1818年に『意志と表象としての世界』を書いているが，歴史学への批判を表明している．歴史は学問ではないと彼はいう．「歴史には学の根本性格，つまり知られたものの間の従属的な関係が欠けており，歴史はその代わりに知られたもののたんなる並列的な関係を示さねばならぬからである．それゆえあらゆる他の学の体系はあるが，歴史の体系は存在しない．したがって歴史は知識ではあるが学ではない．歴史はけっして個別的なものを普遍的なものと媒介して認識することをせず，個別なものを直接に把握し，こうしていわば経験の土台をはいつづけねばならないからである」．そもそも「学」は普遍的な「類」を語るものであるが，歴史は「個体」を語る．「したがって歴史は個体の学であろう，これは矛盾を意味する」．のちに「歴史が学問である」と証明をこころみたヴィンデルバンドやリッケルトとはまったく正反対の見解である．「おしなべて学は常に存在するものを語る．歴史はこれに反してたった一回だけあり，それからもはやないものを語る．さらに歴史は個別なもの・個体的なものを取り扱わなければならないから，歴史は一切のものをただ不完全に中途半端にしか知らないのである」．それゆえ，歴史は学問で

はなく，創作や詩に属するものであるというのである．

　19世紀になると，歴史学が近代的な装いをととのえ，科学的な方法論を確立する．歴史上の事実を認識するための史料批判の技法が発達し，人々の心をとらえるすぐれた歴史叙述が多く輩出した．その先陣を切ったのはニーブールであった．彼は1811年から1823年までに『ローマ史』を著した．「ローマの最初の四世紀の歴史は一般に認められているように不確かであり，かつ虚構である．それにもかかわらずリウィウスがほとんど疑問をいだかず，純粋に歴史的なものとして記載したことを以てかれを批難するのはばかげたことであろう．（中略）われわれは他の異なった歴史の見解，異なった研究をもっているのであって，われわれはローマの最古の歴史を書くことを企てないか，さもなければローマの歴史家が歴史の信仰にまで高めたものの，失敗するにきまっているくりかえしとはまったく異なった仕事を企てるべきなのである」．史料批判をして古代ローマ史の真実と虚構を選りわけたのである．「われわれは詩と虚構をより分け，その虚構から解放されて事実の実相を認識するための洞察に努めなければならない．物語の分離，虚構の粉砕ということで批判家には十分であろう．かれはただ欺く歴史の正体を明らかにしようと欲する．かれは全体の大部分がこなごなになっても，個々の推定を提出することで満足する．しかしながら，歴史家は積極的なものを必要とする．かれはかれの確信の犠牲に供したものの代わりに，少なくとも蓋然性を以て，連関とより信頼しうる物語とを発見しなければならぬ」（『ローマ史』）．

　歴史家は虚構を破壊するだけではなく，それに代わる新しい歴史像を作り上げねばならないのである．彼は起源，神話，民族芸術に深い関心をもっていた．これらの材料を信憑性が少ないという理由で却下することはなく，それらも証拠として採用した．各種多様な史料をいかに分類するかを心得ていた．原典と二次史料を分ける術を知っていたのである．ニーブールは歴史学のなかに「実証的」な批判形態を導入することに大いなる貢献をしたのである．

　近代歴史学の父と称される人物はランケである．はじめ彼は文献学者として世に出たが，勉学時代にたまたま読んだトゥキュディデスの『戦史』を読み，歴史への関心を大いにしめした．さらにニーブールの『ローマ史』をひもとき，「およそドイツ語で書いた歴史書にして私に感動をあたえたものは，この

書をもって初めとす」と深い感動を得た．1824年，ランケは『ローマ的ゲルマン的諸民族史』を書いたが，その序文で「人は歴史に過去を裁き，未来に役立たしむるために同時代を教えるという任務をあたえているが，現在のこの試みはこのような高い役目を引き受けるものではなく，この試みはたんにそれが本来いかにあったかをしめそうとするに過ぎない」という近代歴史学上の名言をのこした．ここに事実の絶対性が確立され，かつ事実にたいする没我的な，客観的な献身が生まれてくる．彼は理想よりも直観を，概念よりも事実を，抽象よりも具体を求めてやまなかったのである．未来にたいする希望とか現在の利害とは関係なしに，ただ「本来いかにあったか」をしめすだけに留まったのである．つまり，ランケが確立した歴史学は純粋認識の歴史学であり，認識至上主義としての歴史主義であった．いっぽう，あらゆる非学問的要素からの歴史学の解放であり，同時に歴史学の限界の尊重でもあった．また，ランケは上記の著作の附録に「近代歴史家批判」という一文を添えた．ここで，事件の叙述の信憑性を，その証言と事件との間の時間的，場所的，人間関係の直接性から判断するという原則を打ち立てた．1824年にもうひとつ重要な論述をしている．「(18) 30年代の断片」である．普遍性の把握に弱いニーブール，個性の把握に欠けるヘーゲル，この両者を総合することがランケの理想であった．また，彼にとっては普遍的関連は個別の自由な発展のなかから厳密な史料批判を通じて帰納的に把握されるもので，ヘーゲルのようにすでに決定された法則としての先験的，演繹的に設定されるべきものではなかった．

　ランケが歴史学に果たした貢献は三つある．（1）歴史学を哲学と文学から独立させ，固有の専門分野として確立させたこと，（2）過去を現在の視点から評価するのではなく，過去は過去自体の規準で評価すべきこと，（3）当時，文献学者が古典文学や中世文学の研究に用いていた手法を歴史研究に導入したこと，である．とりわけ，（3）の文献学の技術を歴史学に適用したことが重要である．ランケ自身は歴史学と自然科学のあいだに論理的構造のちがいのあることを自覚していた．ただ，自然科学の手法と比較するとき，歴史学が史料批判を導入したことが「科学」技術とみなされた．この史料批判の手法を手に入れたことで，歴史学は専門領域として認知されたのである．

　フランスのギゾーが歴史家として世界的名声を得るようになったのは1828年

から3年間にわたった『ヨーロッパ文明史』の講義である．「歴史家は一定の期間，例えば数世紀間にわたり，あるいは特定の国民について，人間精神の奥に腰を据えることができましょう．人間の内部において成就した一切の事件，一切の変形，一切の革新を研究し，叙述し，物語ることができましょう．そしてその果てに達した時に，彼の選んだ国民と時代についての文明の一つの歴史を得るでありましょう．歴史家はまた，これとは別のやり方もできるのであります．すなわち，人間の内部にはいる代わりに，その外部に身を置くこともできます．個々の存在の思想と感情との転変を叙述する代わりに，外的事実，出来事と社会状況の変化とを叙述することができます．文明のこの二つの部分，二つの歴史は相互に緊密に結びついております」（安土正夫訳『ヨーロッパ文明史』）．

近代世界は以前には孤立して存在していた価値ある諸要素を結合したがゆえに優れている，と彼は主張した．ローマ帝国の自治制度，成文法，キリスト教会の高遠な学説と全世界的組織，宗教改革の批判的精神などである．グーチは彼の講義を高く評価し，「彼は平野を高い望楼の上から見るように見渡している．彼の歴史哲学は，神の摂理に対するゆるぎない信念であるが，社会の変化は非宗教的立場で説明されている」（『十九世紀の歴史と歴史家たち』）とした．しかし「個人の影響と事件とのつながりは低く評価され」（同上）たと批判した．

イギリス小説家チャールズ・ディキンズは1854年4月1日号の Household Works 誌に小説 Hard Times の連載をはじめる．「ところで，私が欲しいのは事実なのだ（Now, What I want is Facts）．男女生徒に教えるのは事実だけだ．事実だけが人生のすべてである．これこそ私どもがこどもを育てる方針なのだ．この世には事実以外に必要なものはない」．小説冒頭の主人公グラッドリングのことばである．真実は詳細に宿るという19世紀の実証主義の典型的な考え方をしめした．イギリス人がモットーとする経験主義の考え方にも合致する歴史の叙述法でもある．完全なる正確さに到達しようと思うのは妄想であるが，何事につけても，どうにか容認できる程度の近さに到達することは有益であって，そのために多くの事実が必要とされたのである．西欧世界は「事実探究」の時代にはいった．歴史学もしかり．

一方，イギリス人バックルは『イギリス文明史』（1857年）を著し，自然科学

的実証主義を打ち出した．彼は従来「方法なき素朴」と称されていた歴史学を
科学の地位まで高めようとした．その意図をもって歴史を自然科学と同じく一
般化にもとづく因果関係を探究するものとみなしたのである．事実を積み上げ
る帰納的歴史叙述が伝統のイギリスにあって，演繹的歴史叙述の珍しさが評判
を呼んだのであろう．

　1858年にドロイゼンが『歴史学綱要』を書いた．この本は史料批判を初めて
教科書のように定型化したものである．ベルンハイムの『歴史とは何ぞや』の
先駆をなすものであった．彼の本には自らの歴史観がのべられている．「歴史
の科学は経験的知覚，経験および研究の所産である．歴史的研究にとっての所
与は過去ではない．なぜならばそれらは過ぎ去っているからである．そうでは
なくて，それは，かつてありまた起こったことの思い出であれ，あるいは存在
し，生起したものの遺物であれ，過去の中から今，此処になお過ぎ去らずにい
るものである．（中略）歴史の研究の方法は材料の形態学的性質によって規定さ
れる．歴史的方法の本質は研究しつつ理解することである．（中略）歴史に関す
る知識は歴史そのものである．それは休みなく働き続けながらその研究を深
め，その視野を拡げなければならぬ．歴史的事物は倫理的諸力の中に（自然的
事物が力学的，物理的，化学的等々の「法則」の中におけるように）その真理をもって
いる」（『原典による歴史学入門』）．ドロイゼンは歴史の法則は自然科学のそれと
同質のものと見なしていたのである．しかし，彼はいっぽうで歴史方法論無用
論も唱えている．「一般的にいえば，この種のものは，必然的にわかりにくく
て無益なものとなる．目的そのものがあいまいだからわかりにくく，述べよう
とする歴史学方法論の原則など案じなくても歴史家になれるのだから，無益な
ものとなる」と．

　1858年，フランス実証主義思想家であり文藝批評家のテーヌは「歴史と方
法」を発表した．「歴史の目的は，けっして多数の些細な事実のうちに溺れる
ことではなくして，この主要な力にまで達し，それぞれの世紀のためにこの力
をその公式にはめこみ，公式相互のあいだの関係づけ，公式が次から次へと発
生する必然性に注目し，ついにあらゆるその他のものの生まれてくる遺伝的典
型と根源的状況とを看破することである．かくして初めて歴史は単なる編纂を
脱却して，一つの科学になるであろう」（瀬沼茂樹訳『文学史の方法』）．当時，歴

史と文学は近接的な関係にあり，同じような方法論を用いていたのである．また，彼は歴史学の研究方法と自然科学のそれは異ならないと主張した．

　1850年ころまでの歴史学はいまだ文学のジャンルのひとつであった．大衆はマコレーやカーライルやミシュレなどから歴史学を学ぼうとした．彼らの作品に価値があるのは，歴史の内容よりも形式であり，歴史書が大衆にとって芸術作品と感じたのである．イギリスでは1870年代まで歴史は文学として人々にひろく読まれていた．

第5節　日本の歴史書（幕末明治）

　近代日本の歴史意識に目を転じよう．アヘン戦争（1840年〜1842年）における清の惨敗は，日本の知識人の対外認識をあらたにさせることになった．「無礼不義」のイギリスが「堂堂たる仁義の大邦」である清を破ったのは，どうした理由であろうか．斎藤竹堂は『鴉片始末』を書いた．この「危機としての現状認識」が幕末の歴史認識のはじまりである．『鴉片始末』はアヘン戦争の原因・展開・結果を簡潔明瞭に叙述したものとして知られている．この戦争に対する危機感は民衆レヴェルにも達するが，そこに読本（よみほん）形式の史伝が登場する．嶺田楓江の『海外新話』である．「鴉片煙（たばこ）流毒」，「林則徐命を奉じて広東政務を掌る」などの項目をかかげ，読本の文体を縦横に駆使する．アヘン戦争とイギリスの脅威を国民に流布した．典拠として清の『夷匪犯境録』を利用している．海防に関して幕政を批判することになり，嶺田は町奉行に呼び出され処分を受けた．若きイギリス外交官アーネスト・サトウは両書の重要性を認識し，母国がどのように描かれているか気にかかった．とくに民衆への普及度が高かった『海外新話』を1865年に英語に部分訳し，The Chinese and Japanese Repository 誌に投稿している．

　1853年のペリー来航によって日本人の対外認識は第2段階を迎える．翌年，河田八之助が『海国図誌』の「米国部」を翻刻した．そもそも『海国図誌』は清の役人魏源が林則徐の委託を受けて編纂したもので，世界各国の歴史・政情をふまえた地理書である．現実の危機と世界の情勢に関する情報を当時の日本人は必要としていて，これに対応する『海国図誌』は幕末にあらそって翻刻さ

れた．1862年に箕作阮甫が訓点をつけた『大美連邦志略』が公刊された．この本によって日本の知識人はアメリカ独立宣言や合衆国憲法などを深く知ることができた．その原書は清に渡ったアメリカ人宣教師ブリッジマンが1838年に歴史をふまえたアメリカ地誌『美理哥合省国志略』であった．いっぽう，イギリス人宣教師ミュアヘッドが1858年に『大英国志』を出版したが，日本ではそれをもとにした『英国志』が1860年前後に翻刻された．「英史の体例は中国と同じからず．中国には史官及び起居注，実録を設立して，而して代を易へて史を修し，具に章程有り．泰西諸国（ヨーロッパ）は史官なく，土民は皆国事を記載するを得」とあり，中国と西洋の歴史書のあり方のちがいなどを知ることができ，当時の日本人は西洋史学概説にふれることになった．

　さきに挙げた箕作阮甫は蕃書調所教授方として幕末の外交事務担当の翻訳官として活動した人物である．箕作は西洋諸国の歴史にかなり関心をもち，1848年に起稿した『泰西大事策』の訳述をもって本格的な西洋史研究を開始した．そして，1853年にはオランダ語の歴史書を翻訳して『極西史影』と名付けた．その巻頭には「「ゲンキーデニス」ト云「ヒストリー」ト云二語ハ著大ナル事実ヲ娓々（びび）ト連テ説キ事実ヲ述テ文飾虚誕ノ言ヲ交ヘス其地其時其人ヲ一々記載スルヲ云フ」とあり，実証主義を説く素朴な史学概論をなしている．古代から1833年の現代にわたる西洋史をのべた．かんたんな叙述ではあったが，首尾一貫した西洋史概説はこの本が最初であった．箕作の蕃書調所の後輩で教授手伝出役であった手塚律蔵も，仕事柄，西洋の歴史に関心をしめし，1858年に『泰西史略』を訳述した．原本はオランダ語の歴史書であった．その凡例によれば，その内容は「万国史」となるべきものであったが，「委しく日本支那等の地方に渉ること能はず，是を以て今，泰西史略と題す」と言い放った．オランダ語の歴史書は世界全体を書いたものであったが，手塚は西洋の部分だけに限定してしまった．

　このように幕末には西洋の歴史書の翻訳紹介がおこなわれていたが，オランダ語の Geschiedebis，英語の History，フランス語の Histoire，ドイツ語の Geschichte がどのような訳語として日本語に移し替えられたが検討していこう．オランダ語の辞書である飯泉譲の『譯鍵』（1848年）では「旧話，記録，説話」となっていたが，もうひとつの飯泉譲『和蘭文典字引』（1856年）では「歴

史」となっている．村上英俊『三語便覧』（1854年）では「史」をあて，桂川甫周『和蘭字彙』（1855年）は「縁起」と訳している．英語では堀達之助『英和対訳袖珍辞書』（1862年）は「歴史，記録」をあてる．ヘボンの『和英語林集成』の「和英」版は「来歴，古事，由来，縁起」とともに「歴史」ということばを採用しているが，「英和」版では「歴史」と「記録」のみである．これは初版（1867年），第2版（1872年），第3版（1886年）共通である．柳澤信夫『英華字彙』（1869年）では「史書，史記」となっているが，1871年あるいは翌年に出版された辞書（前田正穀『和訳英辞林』，荒井郁之助『英和対訳辞書』など）のほとんどが「歴史」という見出しを使っている．フランス語では村上英俊『仏語明要』（1864年）で「史，記録」となっている．『法朗西文典字彙』（1867年）では「記録」とあるが，『官許仏語辞典』では「歴史・小説」となっている．ドイツ語でも松田為常『独和字典』（1873年）では「歴史」となっている（佐藤正幸『歴史認識の時空』）．

　このことから，1872年ころから「歴史」という用語がHistoryなどのヨーロッパ諸国語の訳語として定着したといっても差し支えない．しかし，定着した理由を説明するのは難しい．有力なのは，文部省が明治以降この名称を学校の授業科目に定めたとする説である．また，民俗学者の柳田国男は「ラ行子音で始まる言葉が，頗る新鮮なる印象を聴く者の耳に與える」（『柳田国男全集』第24巻）ことを指摘している．それまでの中国型の「史」とは別物で，「歴史」は西洋系の新しい概念であることを強調する意味もあったのではないか．

　ここですこし見方を変えて，幕末・明治初期に来日した外国人たちは日本の歴史にどのような関心を示したかを見てみよう．1863年，横浜で発行された英字新聞のJapan Herald紙に「日本の神話」という連載が登場した．これは『日本書紀』の神代の巻を英訳したものであった．英訳者は当時新進のイギリス人外交官アーネスト・サトウと思われる．彼は1865年にも竹内確斎『絵本太閤記』を英語に抄訳し，明治初年には馬場文英『元治夢物語』（げんじゆめものがたり）と椒山野史『近世史略』の英訳をこれまた横浜の英字新聞Japan Weekly Mailに発表し，その後これらを単行本として上梓している．さらにまた，『日本外史』の巻一から巻四までを英訳し，Japan Weekly Mail紙に公刊している．サトウは当時の日本の庶民が読んでいた歴史書を英訳することで，

日本人の考え方を知ろうとしたのである（拙著『アーネスト・サトウの読書ノート』）．

　明治以降の日本の史学の発展を概観すると，二つの大きな流れがある．ひとつは歴史を実践的な関心に基づいて研究しようとするもので，テーマの選び方にすぐれ，問題史的な取り扱いに長じている．伝統的な日本の史学の性格と内容に否定的な批判を含み，文明開化の流れを形成した，いわば「在野の史学」である．啓蒙史学ともよばれる．もうひとつは歴史事実を客観的に認識することに全力をかたむけ，厳密な史料操作や精細な史実の解明を得意にし，考証史学の様相をおびている．前者の「在野の史学」に対比して「大学の史学」とよぶことがある．

　そもそも啓蒙史学とは18世紀の西欧における歴史的な考え方で，クローチェによれば「啓蒙主義は何よりもフランス精神の所業であり，急進的な，徹底的な，好んで極端に走る，また論理主義的なフランス精神の所業であった」（『歴史（叙述）の理論と歴史』）というが，実際は18世紀のはじめにイギリスではじまり，その世紀のなかばのフランスできわまり，世紀の後半にはドイツに飛び火したものとされている．それから1世紀以上の歳月をへた19世紀後半に日本で流行した歴史書の潮流も「啓蒙史学」ともよばれた．しかし，18世紀の西洋と19世紀の日本の啓蒙史学が良く似ているというものではない．前世紀の啓蒙史学の残影をのこしていた19世紀のイギリスとフランスの史風の影響下に，明治の啓蒙思潮を背景として成立したものであった．

　明治初年の文明開化の風潮にともない「文明史」とよばれる歴史叙述が流行した．これは啓蒙思想の立場からの歴史認識であった．ここでいう「文明史」とは，西欧におけるギゾー，バックル，スペンサーなどの影響のもとに，日本の社会や文明の歴史的流れを把握しようとしたものであった．また，当時のイギリスでは，大陸諸国と違って，大学が歴史理論を軽視していて歴史の指導的地位を占めていなかった．大学で科学的歴史研究のグループが形成されたのは19世紀の60年代になってからであった．旧来の物語的歴史の雰囲気のなかで，バックル『イギリス文明史』は斬新な理論として衝撃をもって受け止められた．年代記的歴史から理論的歴史への転換への大きな役割を果たしたのである．

　そのすぐれた一例として，福沢諭吉の『文明論之概略』（1875年）をあげるこ

とができる．第9章「日本文明の由来」に注目すべき記述がある．すべてこれ
までの日本の歴史は王室の系図を詮索するものか，支配者の優劣を論じるもの
か，戦争の勝敗を話題にするものである．概して言えば，日本国の歴史はなく
日本政府の歴史があるだけである．そして，「教育の事」のなかで，こうした
叙述を「古来これを歴史学と唱えて大切に思うのは何事か，實に訳の分からぬ
ことなり．ここに歴史はない」として，従来の歴史叙述を論破する．無意味な
事実の集積をしりぞけ，歴史の発展に一定の法則性を見出そうとする．この法
則性に基づいて史実を理解することに歴史認識の意義をもとめた．

　これをさらに推し進めたのは，田口卯吉の『日本開化小史』（1877年〜1882年）
であった．田口の史学方法論は経済学と文明史の研究をふまえ，「年代記は歴
史に非ず」との原則をかかげた．「史家の辛苦は，歴代許多の状態を蒐集する
に在らずして，其の状態の本づく所を究め尽すに在るのみ」で，歴史の因果関
係を理法に基づいて説明することに力を尽くした．田口が社会の歴史の研究お
よび記述の際に最も重視したのは，生産と分配の状態であった．彼の活動分野
は経済学と歴史学であったが，後者の仕事として『国史大系』や『群書類従』
の刊行事業があり，近代日本史学の発展に大いなる貢献をした．田口は歴史的
世界の底辺に流れている大きな理論を明らかにする学問として社会学をかか
げ，この社会学の法則をもって歴史を認識しようとしたが，こうした試みは彼
ひとりだけのことではなかった．

　三宅米吉は1886年に『日本史学提要』を著したが，そのなかで歴史を社会学
と結びつける必要を説いている．フランスの社会学の父コントを引き，「今日
に在り歴史を講究する者は，専ら社会学の原理に導かれて之を講究せざるべか
らず．又此社会学の定法を発見するの目的に出でざるべからず」と断ずる．は
たして歴史学が法則を発見する学問であるかどうかは，見解の分かれるところ
である．しかし，明治時代の中期に至って，歴史学を社会科学の角度から規定
し，社会科学的法則の発見を歴史学の目的と断言したことは，きわめて意義あ
ることである．従来の中国流の歴史編纂方法を強く批判し，社会全体を対象と
した歴史を書こうとした．とりわけ，ギゾー，バックルによって発展させられ
た文明史の方法を今後の歴史学の指針だと論じた．さらにその基礎にはコン
ト，スペンサーが開拓した社会学の方法がすえられなければならない．このよ

うな歴史社会学的な観点からすると，歴史編纂のかなめは風俗，法律，技術で
なければならなかった．他方，三宅は歴史の資料は書籍にかぎらず，古代の遺
跡遺物も使用しなければならないと主張した．このような壮大な構想と研究対
象にひきくらべて，あまりに貧弱な当時の日本の学術的文化的蓄積，両者の間
の底深いギャップに三宅はため息をついたことだろう．三宅の方法論にもいろ
いろ問題があるにせよ，また西欧人の理論の直訳に流れたにせよ，後述のアカ
デミズム史学よりもはるかに歴史学の本質に肉薄したといえる．

　そこで，明治以後の日本の歴史学の二大潮流の，もうひとつの流れであるア
カデミズム史学についてのべよう．1875年，国史編纂のために修史局が設置さ
れた．ところが，その方針をめぐっていくつもの問題があった．（1）史料の
収集編纂を主とするか，正史叙述を目指すかの問題，（2）六国史を継ぐもの
だとしても，当面どの時代から着手するかという問題，（3）歴史叙述を行う
場合，編年体と紀伝体のいずれにすべきかという問題，（4）文明史の長所を
どう生かすかという問題，（5）叙述の文体は漢文か和文かという問題，など
難問が立ちはだかっていた．ここには漢学派と国学派の対立があり，前者が勝
利した．結局，正史の史体は編年体，叙述文は漢文と決められた．叙述のはじ
まりは当初六国史の終わりの886年からとされていたが，後醍醐天皇の1318年
からに変更された．南北朝時代を重視することになった．こうした背景から，
重野安繹の「児島高徳」抹殺論や久米邦武の「太平記は史学に益なし」などの
過激な論考が生み出されることになる．

　このアカデミズムの中心は帝国大学（東京大学）史学科である．帝国大学に
は史料編纂所が併置されており，厖大な歴史史料を収集し，『大日本史料』，
『大日本古文書』などの大規模な史料集の編纂をおこなってきた．こうした事
業が帝国大学の歴史家を史料の博捜に重点を置く考証中心の史風に向かわせ
た．実証主義の成立は徳川時代にさかのぼり，清朝の考証学の影響と国学の文
献学的実証主義の精神を母体とするものであった．その学統をつぐものが帝国
大学のアカデミズム史学であった．厳密な史料の基礎のうえに，厳格な認識の
手続きをへて，正確な史実を究明する手堅い技術を確立した．

　帝国大学史学科は1889年に機関誌『史学会雑誌』を創刊した．その第1号に
重野安繹は「史学に従事する者は至公至平ならざるべからず」と題する論説を

のせ，「近頃世上歴史ノ必要ヲ感ジ，論説ヲ種々々雑志ニ掲載スル者アルモ，偏頗ノ説多クシテ公平ヲ失ス．史学ニ従事スル者ハ，其心術ヲ正フスルニアリ．若シ不公不平ナレバ，史学ノ発達ヲ妨ゲ幾多ノ弊害ヲ醸シ，遂ニハ学問ノ目的ヲ達スル能ハザルニ至ルヲ恐ルルナリ」と主張した．これは文明史家の史料の貧弱と認識の手続きのあらさを嘲笑したものだが，アカデミズムの歴史家たちは自分たちの思想的真空状態におちいったことに気づかなかった．史料の収集と史実の判別に注意を奪われ，歴史認識の根本精神を反省することを忘れてしまった．リースの伝えたドイツ史学がランケからその歴史哲学を抜き去った歴史学であったことは，明治期の実証主義史学の無思想性をつちかった．

　日本の近代歴史学の父とされるルートヴィッヒ・リースはランケに直接学んだわけではなく，晩年のランケの原稿の清書をおこなっただけであった．さりながら，リースはランケ史学に共鳴していた．リースは帝国大学の授業で西洋史を講義した．だが，ドイツの大学で彼自身がおこなっていたようには，日本の学生にヨーロッパ史の個別テーマについて学位論文を書くことを求めなかった．テーマを設定しても，日本ではそれに近づく手段が全くなかった．図書館にはヨーロッパ史の刊行史料など何ひとつなかったし，これに関する専門書や歴史雑誌もなかった．ただし，日本とヨーロッパの交渉史だけは日本人が世界の学界に貢献できる分野であった．スペイン，ポルトガル，イギリス，オランダと日本の交渉史は西欧にはほとんど研究がなかった．しかも日本には多くの歴史史料があった．そこで彼は「平戸に於ける英国商館の歴史」などの論文を書き自ら範を示して，学生に東西交渉史の研究を奨励した．

　1889年，イギリス人日本学者チェンバレンが『羅馬字雑誌』に「日本歴史は書き直しを要す」という論説を発表した．「歴史の書き方は開化の程度の異なるに従って違いのあるものなり」とローマ字で書きはじめ，ヨーロッパ流の「歴史批評」が日本の歴史研究，とくに古代史の研究に必要であると訴えた．そして，「第五世紀の初め，すなわち履中天皇のころより朝廷の歴史だけは信ずべきものとして可ならん」と自説を展開する．最後に「古きを破り新しきを容るるには当時開明の政府のお蔭にてすべての学問がヨーロッパ風にならんとするときほど適当なるときあらず」と触れることも忘れなかった．この論説の英語版は2年前の1887年に書かれた．そのまえがきには「この論説は2年前に

執筆されたものであるが，今日刊行できるのは時代のなせる業である」と記されている．つまり，そもそもの英語の原文は1885年に書き上げられていたが，当時はまだ公表をはばかる状況であった．チェンバレンの『日本事物誌』にはこんなエピソードが紹介されている．「私が古代日本の伝説と歴史を批判したことについて，当時の文部大臣の森有礼子爵が私に次のように語ったことがある．『英語でなら何を出版されてもかもいません．英語は学問の言葉で，比較的少数の人びとしか理解できないからです．日本語だと問題は別となります』」．4年前には英語で自説を主張できても日本語での公表が困難であった．しかし，日本歴史の虚偽性に対する批判も1889年には英語でも日本語でも自由にものが言える，つかのまの自由の時代が到来したのである（拙著『ネズミはまだ生きている』）．

　チェンバレンが日本古代史の論説を発表していたころ，ほぼ時を同じくして日本人研究者の間で紀年論争が持ち上がっていた．1888年，那珂通世が「上古年代考」を雑誌『文』に発表した．その論文の骨子は（1）『日本書紀』には紀年の誤りが多いこと，（2）その原因は書紀の編者が辛酉革命にこだわり神武天皇即位を紀元に置いたからである，（3）事実を確かめるには，神功皇后や応神天皇のころは朝鮮の歴史書を，履中天皇以降は中国の歴史書によって考定すべきである，（4）外国の史書と比較することで，上代の年代は怪しくなった，の4点である．これを三宅米吉の提案で，那珂論文の可否を世に問うことになった．中村正直，久米邦武，津田真道，末松謙澄，神田孝平，西村茂樹，西周などの当時の代表的日本人学者に交じって，チェンバレンとアストンがこの論争に参加したのである．後者のアストンは「日本ノ学士達ガ此ノ問題ノ研究ニ着手セラレタルハ甚喜バシキコトニ存候．古事記，日本紀ノ巻首ヨリ第五世紀ニ至ルマデノ間ハ，信用シ難キモノナルコトニ就テ正シキ観念ノ起コラザル間ハ，進歩ハ決シテ出来ザルコトト存候」と那珂の説に賛意をしめしたが，これはチェンバレンも同様であった（拙著『W.G.アストン』）．

　この紀年論争は，数年後の久米邦武の「神道ハ祭天ノ古俗」にかかわる感情的論争に比べると，はるかに理性的で高い学問的レヴェルあり，チェンバレンやアストンにとっても有意義であった．このような開明的な議論が行われたのは，つかの間の奇跡のような出来事であった．やがて日本古代史に関する，と

くに天皇に関わる議論がタブー視される，冬の時代がやってくる．

　1891年，久米邦武の「神道ハ祭天ノ古俗」という論文が『史学会雑誌』第2編第24，25号に発表された．その執筆意図は古代における神道の宗教的位置づけを確定する点にあった．日本人をふくむ古代の未開社会の人びとにあっては，いずれも天に存在し万物を主宰し禍福を人間に下す天神を想像して，これを祀っていた．この天神より地祇を考え出し，さらに人鬼を考案し，ついに物怪を信じるようになった．こうした普遍的な宗教発生論を前提にして，仏教伝来以前の神道とそれに伴う祭祀を論じる．神道には仏教のような宗教性がない．神道には地祇・人鬼を崇拝する習俗はなかった．伊勢神宮は皇室の宗廟でなく宮趾であった．三種の神器は祭天の祭具であった．久米論文は天皇制を批判したものではなく，むしろ安定した基盤の上にそれを位置づけようとしたものであった．アカデミズム史学のなかで，こうような明解な古代神道研究が出現したことに田口卯吉が着目し，これを民間の目にふれる『史海』に転載した．

　しかしながら，久米も田口も近代天皇制イデオロギーと神道の関係の深さを見誤っていた．神道家の佐伯有義が反論した．（1）神道は仏教や儒教とともに人間と社会の倫理性に深く関わるものか否か，（2）記紀神話を歴史から切断するのか，あるいは記紀神話から歴史を展開させるのか，という2点が主要論点であった．久米は後者の論点に答えなかった（この反論が何をもたらすか知っていたので）．久米論文を非難するそのほかの論調から，つぎの諸点が明白になった．（1）国家の大事，軍の機密にならんで皇室に関することは，これを口にしたり筆にしてはいけないことで，歴史家も例外ではない，（2）史料考証と実証においては，たとえ真実のことであっても，国家に害があり利益にならないものは研究すべきではない，（3）歴史教育の目的は，国家の欲する将来の国民を造り上げることであり，歴史教科書もその目的のために書かれるべきである．ここでは久米が属する漢学派が国学派に敗れる結果になった．

第 II 部

史学概論と歴史理論

第 3 章

史学概論と歴史理論の歴史（１）（1870年～1940年）

第1節　1870年～1880年代

▶西　周　　近代的な歴史理論が日本に紹介されたのは明治20年前後であるが，その先駆けとして西周の『百學連環』をあげておきたい．明治３年11月に口述されたものである．「History なるものは古来ありし所の事跡を挙げて書き記し，所謂温故知新の道理に適ふを以て普通とす」とのべている．そして「History 即ち歴史たるものは古今人世の沿革及ひ履歴を主として書き記せしもの」と繰り返した．ここでは History の訳語は「歴史」が使われている．さらに History の原義はギリシャ語「イストーレエン」に由来し，英語の To know（知ること）の意味にとっている．また，出典は不明だが，History is a methodical record of important events, which concern a community of men, usually so arranged as to show the connexion of causes and effects.（歴史は人間社会の重大な出来事の整然とした記録であり，ふつう因果関係を示すためにまとめられる）という英語を引用している（『西周全集』第４巻）．歴史の叙述に「因果関係」を示すことが強調されている．

▶『日本開化小史』　田口卯吉は1877年から1882年の間に『日本開化小史』（６冊）を刊行した．その第４巻（1879年刊行）と第５巻（1881年刊行）には彼の歴史論が披歴されている．『日本書紀』にはじまる六国史などを論じ，これらの歴史書が力を入れているのは「歳月日時の詳密，神祇の祭祀，赤雪白雉の発現」であり，出来事の詳細や珍奇な吉祥などの記述にとどまり，事件の要不要を識別し取捨筆削の規準がない．そのため歴史編纂の重要な問題である事件と事件の関連がまったく明らかにされていない．「要す

るに是等は年表にして歴史にあらざるなり」と喝破した．さらに言う．「歴史
とは事実を記すものなり，故に事実に因りて沿革を示さざるべからず」．ところが，従来の日本の歴史書は「編年の体，即ち年度を以て事実を類別するの文
体行はれて，全く関係なき事実をも年月さえ同じければ之を一文の中に混記せ
り」．これまでの歴史家が丹精を込めたのは，事実の詳細であり，「当時の政事
の有様如何なりしか，人民の情況如何なりしか」をたずねても，これに答える
ものがない．議論を交えず，事件と事件との関係を因果関係で説明する史論体
の文章を採用した．そして「開化の進歩するは社会の性なることを知るべし」
と進歩の必然性を主張した．

▶**福地源一郎**　　　福地源一郎が1881年4月4日付の東京日日新聞に「史論」という論説を書いた．「日本ニ歴史ナシ矣．（中略）歴史ノ華ハ
文学ニシテ，文学ノ實ハ歴史ナリ．（中略）（中国の歴史書が）其實ヲ失フモ其
名ヲ存スルノ據文トナルニ止ラシメタリ．而シテ我国ノ歴史家ハ即チ之ヲ学ブ
モノナリ．悪ゾ其範囲ヲ脱スル能ハザルヲ怪マンヤ．我国ニ在テ實録ナリ，良
史ナリト今日マデ世評セラレタルモノト雖ドモ，王室ノ内史，将門ノ私史タル
ノミナラズ，或ハ其名分ノ世ニ明ナラン事ヲ欲スルガ為メニ却テ其實ヲ遺スニ
至レリ．（中略）其結果ハ単一ニシテ知リ易ク，現因（原因）ハ数多ニシテ知リ
難シ．伏因ハ現因ニ比スレバ復タ衆多ニシテ，且幽穏ナルガ故ニ最モ知リ難キ
モノナリ．（中略）是レ則チ歴史ノ効用ナリ，是レ則チ歴史家ノ最モ苦心スベ
キ所ナリ」（『明治文学全集』第11巻）．歴史と文学の未分離，中国式の歴史叙述
を克服できないこと，因果関係の重要性などを語る．因果関係を論じた点は新
しいが，歴史と文学の同一性にとらわれており，新旧の要素が混在している歴
史論である．

▶**馬場辰猪**　　　1882年12月，馬場辰猪が朝野新聞に「史論第一」（12月23日
号），「史論第二」（12月24日号），「史論第三」（12月27日号）を連
載する．「歴史ハ往昔ノ事実ヲ序（叙）述シ天下後世之レニ拠テ古来ノ経験ヲ
知ラシムルモノナリ」（12月23日号）といい，「吾人ガ古来各国ノ歴史ヲ視レバ
其ノ記スル所ノ者ハ僅ニ其社会一小部ノ事実ヲ記載シタル者ニシテ未ダ曾テ全
体ノ事実ヲ記シタル者有ラザルガ如シ」（同上）であった．また，古代ヨーロッ
パや現今のアジアの歴史の欠点が三つあり，「第一史家ノ学識少キコト第二史

家ガ社会ノ変遷ヲ知ラザルコト第三論理法ニ於テ演繹法ヲ偏用スルコト」（12月24日号）である．そして，第三点を解消するには「帰納法ヲ採択」（12月27日号）すべきことを説いた．馬場の「史論」の意義については，川崎勝「歴史叙述の方法と社会人民――「史論」解題――」（杉山伸也ほか編『馬場辰猪　日記と遺稿』慶應義塾大学出版会）がある．

▶菊池大麓　1884年，菊池大麓が『修辞及華文』を翻訳する．これはチェンバース兄弟の『国民須知』（Information for the People）を日本語に直したもので，そのなかに「歴史文章」の一節あり．「歴史ハ国民ノ時ト共ニ進行シテ止マサルノ現状ヲ写シ出ス所ノモノニシテ記文叙文ヲ相合シテ正ニ詳明ヲ得ト云フヘキナリ」（『明治文学全集』第79巻）．歴史叙述のすぐれたものとして，リッターの地理書，ギゾーの文明史，ミルの著述，ヘロドトスの歴史，グロートのギリシャ史を実例としてあげている．

▶三宅米吉　近代的な歴史理論は三宅米吉の『日本史学提要』（1886年）がその一番手である．日本の国史がその範と仰いだ中国の「歴史編纂法は，春秋，史記，漢書などを手本となし，史書は専ら年代を逐ひ，年月の順序によりて事蹟を叙記する，所謂年代記に外ならざるなり．その編纂の主義は政府及び王室にのみ眼を着けて社会全体には頓着せざれば，今日に於て之を欧米諸国の史書に比べ見る時は，又甚だ不完全」であった．「社会の事蹟は何年何月と時を定め仮落（説）をつけて変遷するものにあらず．数年数百年の間を通じて不知不識に漸遷するものなれば，社会全体の事を記さんには，中国流の編纂法では」不可能である．19世紀のヨーロッパは学問が大いに進歩した時代である．歴史も学者の研究を受けて，その用途が広がり，研究方法も整理された．むかしのように事実を知るだけで満足せず，「種々の方法によりて，過去に続（属）する事蹟全体を尽くし，以て人類開進の大道，社会変遷の法則」を調査発見することを務めた．これは「歴史哲学または歴史理学」というもので，「歴史上の事蹟を論究して，その原因結果を指摘し，事蹟相互の関係を明らかにする学にして，当世紀の始めより史家の好んで唱道する所のものなり」．この見解はバックルの議論から導き出されたものだが，これよりさきにフランスのコントがいる．彼は「実験哲学と称する哲学」を考案した（今日では実証主義とよばれている）．「其説素より実験を尚ぶが故に，社会のことを論ずる必ず歴

史を以て其根拠となさざるべからずとせり」．「歴史哲学」というものを日本の歴史の問題として紹介したのは，この『日本史学提要』が最初のように思われる．その「歴史哲学」という言葉を考案したヴォルテールが注意を向けたのは「風俗，法律，技術」であった．これらを無視すると「社会変遷の眞路を明らかにするを得ざるなり」という．そして「従来の我国史編纂法を全く廃棄して，専ら社会進歩の大眼目に注意し，これが材料たる諸事蹟を選択し，其原因を尋ね，相互の関係を明らかにし，我国社会変遷の大要を示さんとす」と高らかに宣言した．

▶中江兆民　　　1886年6月，中江兆民が『理学鈎玄』を書く．「理学家学術ヲ大別シテ四種ト為シ各々為メニ其宜キ所ノ法式ヲ定ムーニ曰ク眞確ノ学ナリ二ニ曰ク物理ノ学ナリ三ニ曰ク倫理ノ学ナリ四ニ曰ク歴史ノ学ナリ（中略）歴史ノ学ハ往事ヲ講求スルコトヲ主トスルヲ以テ考據ノ法式尤モ宜ヲ得ルト為ス」（『明治文学全集』第13巻）．歴史を科学として認める文章である．

▶東海散士　　　1886年8月，東海散士が『佳人之奇遇』三編を発表する．序に「歴史家ハ人間社会の事を誌す．然れども實事を實叙し偶ま文字を以て之を潤色するに過ざるなり．是故に古今の大家と雖も能く読者をして其昔時に遡り其實地に當るの思をなさしむるもの稀なり」（『明治文学全集』第6巻）とあり．歴史と文学の単純な比較論である．

▶鈴置倉次郎　　1887年に鈴置倉次郎がウイルソン『歴史哲学』（朧曦堂）を翻訳する．

▶宮崎湖處子　　1887年，宮崎湖處子が『日本情交之変遷』を書く．冒頭に「眞成ノ歴史ナキ邦國ニ向ツテ歴史中最モ其眞ヲ伝ヘ難キ夫ノ古代ノ風俗中最陰微ニ属スル情交ノ情態ナル者ヲ叙述スルハ極メテ危険ノ事タルヲ免レス」（『明治文学全集』第36巻）とある．歴史学が信頼されていない．

▶嵯峨正作　　　1888年に嵯峨正作の『日本史綱』が刊行された．例言にはつぎのようにある．「歴史ハ社会ニ関係アル人為ノ事迹ヲ会蒐シテ其原因結果ヲ明ニシ，以テ宇宙間ニ人事ニ関シ一定動ス可ラザルノ法則アルヲ示スモノナリ」．ここで法則科学としての「歴史」を主張したのである．そして，歴史家の役割を論じる．「史家ノ目的トスル所ハ，眼中ニ党派ナク生国ナク，諸国諸党ヲ以テ宇宙ノ一大全国ヲ組成スル分子ト見做シ，広ク世界ノ史上

現象ヲ概括シテ人事ニ関スル宇宙定法ヲ表章シ，以テ夫（か）ノ全国ノ命運ヲ進ムルニ在リ」．文化史の必要性を説いたのである．さらに歴史家には「公正無私」の叙述をすることが求められた．『日本史綱』では，上代，中古，近古，今代の四つの区分で時代を分けた．上代は神武天皇の即位の年から1305年間（645年の大化改新）までで，これを封建時代と名づけた．中古は645年から1180年（平安時代末）までで，これを郡県時代と称した．近古は1180年（鎌倉時代）から1867年（江戸時代）までで，これを武門時代と呼んだ．今代は1867年に始まり継続している．これを王政復古時代という．

▶正岡子規　　1889年，正岡子規が「歴史の教授法」（『筆まかせ』）を書く．「学校に於て歴史の教授を西洋人より受くるに只固有名詞や年月などを記憶せしむることをつとめて大体の変遷を知らしむることに注意せず猶聞く處によれバ日本歴史支那歴史の教授も矢張り事実を重もにするよし聞きぬこハ西洋風なるべけれども余ハ一ツもその可なる處を見出だす能ハざる也（中略）記憶力を養ふて判断力を削らんとするやげに聞えむことにこそ」（『明治文学全集』第53巻）．歴史教育を論じた最も早い時期の発言である．

▶下山寛一郎　　『史学会雑誌』第1編（1889年）に「史学史」という連載が掲げられた．著者は下山寛一郎であり，帝国大学史学科の卒業生であった．その論文の「緒言」はこうはじまる．「史学史は古来より今日まで発達変遷し来れる歴史の思想にして，所謂史論発達史とも云ふべきものなり．（中略）古史家の考案は後世歴史家の基本となり，或は増補し，或は改良し，愈其道を進歩し，以て今日歴史思想の域に至れる者とす．（中略）史学史の史学に必要なるにも拘はらず，今に史学史の一著述なきは，豈に不審ならずや．史学史の未だ世に現はれざるも，史学の幼稚なる為なり．（中略）哲学史を講ずるもの，東洋西洋の二大部門に分つが如く，史学史に於ても亦東西の二大部門に分たんと欲せしが，東洋史学史は其発達見るべきものなく，特に一大部門を設くる必要更に之なきを以て，茲には先ず西洋諸学者に関し，史学の発達を究めんと欲す」．

また「序論」には「如何なる方法を用ゆれば真正の事実を伝ふるを得るや，又如何なる手段を施せば，其事実の原因結果を明らかにするを得るや」とある．史実の真実性と，史実の因果関係を歴史叙述の基本条件とし，「歴史的批

評の原理」を論じた．まず「歴史とは如何なるものを云ふかとの事に付て之を
説明せんとす，皮想より歴史を見れば過去の人事を現すものなりと思惟すべし
と雖，何ぞ過去の人事のみを以て眞の歴史と称すべけんや」として年代記のた
ぐいは歴史とはいわないと明言した．そして「人事多般の実体を能く咀嚼し
て，其中に付き其相関の理を究め，其原因結果の理を明にし，始めより終りに
至るまで，順序正しく一致連絡を得せしめ，所謂人間社会の発展を描き出し，
初めて歴史と云い得る」と述べ，西洋のアカデミックな史学理論を紹介した．

　この文末にはつぎのことばがある．「此史学史は上来記載せる如き体裁に
て，近代の歴史家に至るまで続々掲載の筈なれど，右にては数年も永続し，且
つ常に同一の表題を掲ぐる義なれば，以後は各特別の表題を設け，例へば某氏
の史体を論ずとか，又は某氏の歴史と某氏の歴史との関係とか，又は某氏歴史
の史学発達に関する位置等の如き単立の一篇として，次号よりその最も有益と
考ふる諸篇のみを掲載する事とせり．尤も史学史を完成するは余輩の初志なれ
は例令単立の各篇に起草するも，其各篇の連絡期関（関連）を失はざらん事を
前言すべし」．史学史の意義を十分心得た宣言である．歴史の意義から説い
て，ヘロドトスの『歴史』を紹介するところで筆をおいている．

　下山は1890年に『史学原理第二編』（丸善）を出版している．ゼルフィーの説
を祖述したものとされている．当時の書評にはつぎのように書かれている．
「氏は多年大学に在り，史学の委縮振はざるを歎じ，史学原理の著書なきを憂
ふ．則ち深く史学の原理を究め，歴史編纂の実地を践み，大に得る所あり．功
を積み学を終ふるや，則ち其学ぶ所を著し，其修むる所を録し，先づ此書を公
にす．是れ実に氏が積志を完ふしたるものにして，我邦史学原理の嚆矢なり．
（中略）史学原理第二編は，其名を歴史的批評といひ，亦事実鑑定取捨法とい
ふ．歴史材料原理の後に附し，史体論の先に列す．全篇僅に七十一頁，言を費
すこと二万七千を出ず．歴史的批評の意義，及びその必要を論ずるを以て初め
とし，歴史研究は如何なる材料に憑るべきか，其材料鑑別法如何を明論し，進
んでその材料の種類，引用の当否，小説訛傳の品位，史家の心得等の大要を説
明せり．殊に引用書鑑定法と著者の意志険束の事情とに至りては，最も意を用
ゐたる如く覚ゆ．引用書鑑別法には詳かに前代の著書と後代の著書との関係を
説き，修史者として，当時の文書に溯るの方法と，当時文書の必要とを知らし

め，意志険束の事情には，政治風潮等の史家を険束して，事実を直筆せざらし
むるを慨歎し，普・英の例を羨み，吾邦にも史上にかくの如き険束なからんこ
とを希望せり」（小川銀次郎「評史学原理第二編」『史学会雑誌』第13号）．歴史理論書
だけではなく歴史方法論をかねた著作のようである．下山が史学史，歴史理
論，歴史方法論を志向していたことは注目に値する．書名にある「第二編」の
意味は不明であるが．

▶**山県昌蔵**　　また，山県昌蔵（儒学者山県大弐の孫）も同誌第1編第2号に「歴
　　　　　　史哲学ノ大要」を寄せている．「西洋歴史学上，歴史哲学と云
へる教科あり．此教科は都て詮穿と比較とを以テ史学上に於ける事実の原因結
果を探究する一教科にして，史学研究上缺くべからざるものなり．（中略）従来
史学を研究する者，動もすれば妄信と偏見とに陥り，実事実蹟に就て，其真理
を功究する能はざるもの多し．公平に事実の真理を判定し，史理を以て原因結
果を瞭然たらしむるを必要とす．是れ歴史哲学の史学上に重大の関係を有する
所以なり」と簡潔に説明した．しかし因果関係にこだわり，山形も本来の歴史
哲学の広い意義を理解していない．

▶**リースの提言**　　1890年，日本の近代歴史学の父リースが『史学会雑誌』第
　　　　　　　1編第5号に「史学会雑誌に付て意見」を発表する．翻訳
は小川銀次郎．「已發（既刊）の雑誌三號を見るに，其議論及ひ史学の高尚な
る議論を以て，其功なしと謂にはあらす．この雑誌は，将来勉めて此の如き問
題を掲載すべきや否やを考ふれは，余は甚た疑ふ．何故にこの雑誌は，此の如
き抽象的の議論を重せざる可からざる歟，この雑誌は能く此の如き無形上の理
論を終始掲載し得べき歟，此雑誌は此の如き議論的の問題を掲げて種々の異説
を列ぬると雖，其議論たる僅々数葉の余白を充れは乃ち決するを得べく一応決
したる議論は再び提出問難するの必要もなければ，此の如き議題は漸々盡きる
に至る事はあらざる」．

　リースが批難した『史学会雑誌』の第1号から第3号までの論説は，重野安
繹「史学ニ従事スル者ハ其心至公至平ナラザルベカラザル」，小中村清矩「史
学ノ話」，星野恒「史学攻究歴史編纂ハ材料ヲ精択スヘキ」，久米邦武「時代ノ
思想」，上田萬年「日本歴史教授ノ大要」などである．

　リースの提言をつづける．「歴史編纂法など抽象的議論を掲載してみても，

未だかつて独特な歴史観の持主である独断家の学説を一つも読んだことのない人が，はたして，その記事を愛読し，理解できるでしょうか．日本には歴史の本は多いですが，一定の編纂法により学術的に記述されている本は，まあ無いと言ってよいほど少ないのであります．およそ，普遍的価値をもつ万世不易の本は，非常に明白な理論と，諸大史家の認める一定の学説とによって編纂されたものでなければなりません．現今の日本の有様では，編纂法などに関するこのような抽象的議論は，しばらく延期し，これは後世に譲った方がよいでしょう」(阿部秀夫訳「史学研究に関する意見」大久保利謙『外国人の見た日本3』)．こうして，理論的研究の芽はつぶされ，実証的な論説が主流をしめるようになる．

　リースには *Methodology of History*（史学研究法）がある．第2版が1896年に出ている．「序説」，「初等方法論」，「高等方法論」の3部に分かれる．「序説」は「1 歴史の科学的性格」，「2 歴史の純然たる事実とそれを知る可能性」，「3 歴史データの確実性に対する特別な反論（道徳的信念）」，「4 この科目の範囲と境界」の4節となる．その「序説」の冒頭には「フランスやイギリスやヨーロッパ諸国（ドイツでは最も著しいが）で現在おこなわれているタイプの歴史研究が，科学的性格を有していることは誰もが認めている」とあり，歴史は科学であることを宣言した．ドロイゼンの歴史叙述，ベルンハイムの著書などに言及している．1897年の講義題目には史学科の3年の授業にリースの「歴史編纂法」があるが，その講義録が *Methodology of History* であろう．史学研究法が提示されている．リースの後継者の坪井九馬三は1901年より「史学研究法」の授業をおこなったのである．そもそも，歴史理論の授業は存在しなかった．「ランケから歴史哲学を抜き去って日本のアカデミズム史学が育ったとしてもリースの責任ではない」と金井圓は弁護する（『お雇い外国人17――人文科学』）．

▶岡倉天心　1890年，岡倉天心が『日本美術史』を刊行する．「世人は歴史を目して過去の事蹟を編集したる記録，即ち死物となす，是れ大なる誤謬なり．歴史なるものは，吾人の體中に存し，活動しつつあるものなり．畢竟古人の泣きたる所，古人の笑ひたる所は，即ち今人の泣き或ひは笑ふの源をなす」(『明治文学全集』第38巻)．歴史は過去と現在との対話というE.H.カーのことばを彷彿させるような，歴史の有用性を論じている．

▶ゼルフィー　　　　　ハンガリー生まれのイギリス人ゼルフィー（G. G. Zerffi）は当
　　　　　　　　　　時ロンドンの日本公使館にいた末松謙澄の依頼で *The Sci-
ence of History* を執筆した．英文773ページ，7章から成る大著であった．中
村正直にこの本の翻訳を依頼したが，第1章のなかばで中絶し，これ以降を
『日本史綱』の著者であった嵯峨正作が担当した．『史学』（1888年）と題された
原稿が作成された．しかし，多くの人に読まれたわけではなかった．ゼル
フィーの序文によれば，「先ヅ科学的ニ歴史ヲ論著スルノ理論ヲ掲ゲ第二ニ上
古ヨリ中古ヲ歴テ近代ニ至ルマデ人類発達ノ大略ヲ述べ第三ニ書史ヲ列挙」し
たものであった．歴史理論（第1章），歴史叙述（第2章～第6章），書誌（第7章）
の3部から成立した著作であった．そのうち，史学概論にあたるものは第1章
の「歴史理論」であった．

　まず「歴史」という語の解釈がある．「史ナル語ハ希臘語ノ「ヒストライ
ン」ナル語ヨリ来ルモノニシテ，此一個ノ字中ニ，観察，考究，経験，説話ノ
四件ノ意義ヲ含有セリ」．ここでは History の語源をギリシャ語にもとめてい
る．「史ノ論述スル所ハ，世上有ル所ノ事実（Fact），即チ人ノ做（な）す所ノ
行為（Action）ナリ，ココニ先ヅ史家ノ注意ヲ惹（ひ）ク可キ疑問アリ，曰ク，
各自孤立シテ相連絡スル所ナキ人做（なす）之行為ハ，史家ガ論述ス可キ価値
アルモノナリヤ否ヤト，コノ疑問ハ，遽（にわか）ニ解明シ難キ者ナリトス」．
ここではドイツ語起源の「ゲシヒテ」の議論がなされている．「起きたこと」
と「起きたことの叙述」の問題である．「起きたこと」をすべて叙述すること
が可能かの議論を提起しているのである．「真実は詳細に宿る」と考えは19世
紀の歴史家に共通するところがあり，この問題を一度は通過しなければならな
かった．中国の歴史叙述を手本とした日本人歴史家はあまりこの問題に関心を
払わなかった．

　さらにゼルフィーは「史ハ科学的ニ論述シ得ベキモノナルヤ否ヤ」と歴史の
科学性の問題を問うているが，これを日本人が受け止めるのは数十年先のこと
である．「始代ノ人ハ，小児ノ如クニシテ，粗野ニシテ知覚ナカリシ者，世代
ヲ累積スルニ従ヒ，漸ク今日学術ノ情態ニ至リシナリ」と，ゼルフィーは人類
の進歩発展を信じ，これに疑問を差し挟んではいない．これを未開，半開，進
歩の三つに区分して明治日本の知識人は理解した．そして「歴史家ノ急務」は

歴史を区分することだとし，ゼルフィーは宗教史，文学史，社会史，政治史，法制史，商業史，軍事史，哲学史，各国史の各分野史を提唱した．各国史のところで「東洋諸国ノ書史ノ年代記体（編年体）重ニ発行セシハ，誠ニ悲ムベシ」と指摘した．さらに年代記に言及し，「年代記作者ハ，作史術ノ発達進歩ノ段階ニ於テ，最下層ニ属スル」が，その著作の性質にしたがえば，まったく「客観的」であると断じる．そして，中国の歴史書はほかの東洋諸国に比べると紀年があるなど断然信頼性が高いが，それでも「事実ノ正確ヲ記スニ止マリ」という評価で，「無味無趣ノ事実ヲ発見スルノミ」であった．日本の歴史書に対する言及はなかったが，おそらく同じようなものであろう．また，ゼルフィーは万国史，すなわち世界史の執筆を奨励する．つづいて，歴史書を書く際の心得を説く．「機運ノ定則（Rule of Chance）ナルモノハ，史家ノ最モ信憑スル所ナリ」とか，自由意志の問題とかを問題にする．事件の起こった場所，年代，事情を調べ，推理力をもって公正にその正しい原因や副因，近因，遠因を明らかにすべきだという．史家は最上の裁判官というべき者であるから，根拠のない意見や想像を設けて議論してはいけない．この歴史研究には多くの補助学が必要で，それには地理学，考古学，人類学，系図学，紋章学，貨幣学などがある．また，当時のヨーロッパ諸国の歴史学を概観し，ギリシャ，イタリア，ゲルマンでは万国史（世界史）の著述への志向があり，イギリス，フランスでは個別テーマの因果関係を調べる傾向がある．最後に歴史学は「学問中ノ学問」と確信する．ゼルフィーの著述は当時としてはかなり充実した傾聴に値する議論が多かった．

▶漢土の史体　　このころ『史学会雑誌』（第13号）に島田重礼が「漢土の史体」を書いている．「以上漢土古今歴史の体例なり．蓋し歴史は時勢の写真なれば時世に随て変遷せざるを得ず．昔し編年の体にて，年月を経とし，事跡を緯とし能く写し得たるも，体裁定法ありて，旁通すること能はず．一変して紀伝となり，始め頗る世態の真を写せしも，後世に至ては模型を以て物を鋳るが如く，一の変通あることなし．（中略）今日の時世古と異なれば史体も亦随て変ぜざるを得ず．（中略）されども余は鄙見を以てせば，紀伝の一体は今日に応用するも甚だ不可なきに似たり」．中国の歴史書の形式は時代遅れだと言わんばかりの低評価である．紀伝体にわずかな望みをもっていたよう

である.

第2節　1890年代

▶トルストイ　　　　1893年にはロシアの文豪トルストイの『歴史考究法』を民友
社の記者が日本語に直している. 筆者は現物を未見だが, 実
はこの著作は今日『戦争と平和』の名で知られている名作のエピローグの第2
編にあたるものである. 原作は1865年から1869年のあいだに書かれた. その内
容は（1）史家の人類生活研究についての著者の考察,（2）民族を動かし支
配する力について,（3）歴史的事件を生む力について,（4）権力の意義につ
いての考察,（5）歴史的人物の権力は歴史的事件の原因とは見なしえない,
（6）事件にたいする命令関係及びその依存関係,（7）歴史的人物と大衆との
関係,（8）意志の自由について,（9）歴史の対象　自由と必然の問題,（10）
自由と必然,（11）歴史による自由の定義　法則による理性の定義,（12）歴史
にたいする新旧両見解の争いについて, というものである. トルストイは「歴
史の対象は, 諸民族と人類の生活である」と定義し,「人類はおろか, 一民族
の生活をも, 直接的にとらえ, 言葉でつつむ, すなわち, 記述することは, 不
可能のように思われる」とつづける.「出来事としての歴史」と「記述として
の歴史」の二義性を彼はこう解釈したのである. さらに「どのような方法に
よって個々の人間がその意志のまま民族を行動させたか, またそれらの人間の
意志自体が何によって支配されたか」（工藤精一郎訳『戦争と平和（四）』新潮文庫）
と問うた. そして,（a）国民は個々の人物に指導されている,（b）各国民お
よび人類がそれを目ざして動いている一定の目的が存在する, という結果がで
た.「ギボンからはじめてバックルにいたるまで, 近代歴史家のあらゆる著述
は, 一見意見の不一致や, 見解のあたらしさが見受けられるにかかわらず, そ
の根底には, これらの古い, 避けがたい二つの仮定が横たわっているのであ
る」という. この命題を解くために上記の（2）から（12）までの議論が展開
された.

　最終的な結論として, トルストイはつぎのような見解をしめした.「新しい
法則をくつがえして, 従前の歴史観を保持することはできたであろう. しか

し，それをくつがえさないでは，歴史的事件を人間の自由意志の産物として研究しつづけることは，できないように思われる．なぜならば，もし政治形態の決定，国民運動の遂行が，地理的，人種誌学的，経済学的条件の結果であるとするならば，この政治形態の制定者，または国民運動の扇動者とわれわれに想像されている人々の意志は，もはや原因として検討されるわけにはゆかないからである．しかるに，従来の歴史は，その仮定にまっこうから矛盾対立する統計，地理，政治経済，比較言語学，地質学等の諸法則とならんで，研究をつづけられている」．彼は近代的な学問の成果に反対して，あくまでも人間の自由意思を信じたのである．このトルストイの『戦争と平和』の歴史哲学に関する考察には，バーリン著〔河合秀和訳〕『ハリネズミと狐』（岩波文庫）がある．

▶北村透谷　　1893年4月，北村透谷が「文学史骨」をまとめる．「人間を記録する歴史は精神の動静を記録するものならざるべからず，物質の変遷は精神の次に来るものなるが故に，之を苟且にすべしと云にはあらねど，眞正の歴史の目的は人間の精神を研究するにあるべし」（『明治文学全集』第29巻）．思想史研究の必要性を説いている．

▶坪内逍遥　　1893年10月ころ，坪内逍遥は『史劇論』を書いた．おもな内容は明治の演劇論であるが，そのなかで当時の歴史叙述の状況が語られている．「正史の其實頗る信憑すべからざる記事に拘泥し，概して党派又は國教の往々偏狭なる批判より成れる想像憶測の史論もしくは人物論に執着し，以て無味乾燥なる史的事件を連絡無く，且つ平淡非詩歌的人物の外相のみを殆ど叙事的に其間に点綴する如きは，そもそも末なり．（中略）史学の発達は，今尚ほ幼弱なり，就中，我が国の史学は，未だ襁褓の裡にありといひつべし．今の所謂正史を目して，真の過去事相の叙記とせんは，軽信速断の甚だしきものなり」（『史劇論』）．「襁褓の裡」とは，赤ん坊をくるむ布の中という意味であり，当時の日本の歴史叙述はいまだ未熟で頼りないものであった．18世紀ヨーロッパのスイフトやルソーのように，19世紀の日本の文学者も当時の歴史叙述をあまり評価しなかったのである．

▶ヴィンデルバンド　　1894年，新カント学派（西南ドイツ学派）の哲学者ヴィンデルバンドが『歴史と自然科学』を発表する．「経験的科学のあるものは現実的生起の恒常不変なる形式を考察し，他のものは同

じく現実的生起のそれ自身において規定された一回的内容を観察する．前者は法則科学であり，後者は事件科学である．前者の場合には法則定立的であり，後者の場合には個別記述的である．自然科学と歴史科学の対立と言ってよい」．歴史学は一回かぎりの出来事を個別に記述する学問であることを論証した最初の論文である．日本語訳は篠田英雄訳『歴史と自然科学』（岩波文庫，1929年）がある．

　ちなみに，新カント学派の哲学者は学問の間に優劣をつけることはせず，それぞれの学問には同じ価値があるという姿勢で学問を分類したのである．新カント学派と同じ時期の活動していたディルタイは科学を自然科学と精神科学に分類した．精神科学とは「精神・心を探究対象とする科学」を意味するのではなく，「歴史的—社会的現実を対象にする諸科学の全体」を意味した．精神科学は「理解」をその固有の方法とした．心理学，歴史学，社会学などの，自然科学に属さない，歴史的あるいは社会的なコンテクストに依存する学問すべてがこれに含まれていたのである．

▶ヘーゲル　　1894年にヘーゲルの『歴史研究法』上下巻を渋江保が和文に訳している（渋江は森鷗外『渋江抽斎』の登場人物）．渋江の訳本は未見だが，1837年刊行の原作で，現在，『歴史哲学』の名で親しまれている最初の翻訳本である．このころに紹介されているのは一驚にあたいする．今日の岩波文庫版の目次をしめすと，つぎのようになる．序論（一般的序論，世界史の地理的基礎，世界史の区分），第1部「東洋の世界」（概観，シナ，インド，ペルシャ），第2部「ギリシャの世界」（ギリシャ精神の諸要素，美的個性の諸形態，ギリシャ精神の没落），第3部「ローマの世界」（概観，第2次ポエニ戦役に至るまでのローマ，第2次ポエニ戦役から帝政まで，帝政時代），第4部「ゲルマンの世界」（概観，キリスト教的ゲルマン世界の諸要素，中世期，近世）となる．

　この本のなかで，ヘーゲルは（1）根本的歴史（資料的歴史），（2）反省的歴史（一般史，実用的歴史，批判的歴史，専門的歴史），（3）哲学的歴史（歴史哲学）の三つに分けた．また，序論の第一編の文末に歴史的出来事と歴史叙述のことが書いてある．「ドイツ語の歴史（Geschichte）という言葉は，客観的な面と主観的な面とを統一していて，resgestae（出来事，事件，なされた—もの）を意味するとともに，historia rerum gestarum（出来事または事件の記録，なされた—もの）を

も意味する．すなわち，歴史は出来事（das Geschehene）であるとともに，また歴史物語（Geschichtserzahlung）（歴史の記録 Geschichtsbeschreibung）でもある．われわれは，この二つの意味の統一を単に外面的な偶然性以上に意味をもつものと見なければならない．すなわち，歴史的物語は本当は歴史的な行為や出来事と同時に現れるものと見なければならない」（武市健人訳『歴史哲学』上巻，岩波文庫）．20世紀末から話題になる「歴史＝物語り論」の先駆的記述である．

▶**坪井九馬三（1）**　1894年，坪井九馬三が「史学について」（『史学雑誌』第5編第1号）を発表する．「余輩の云ふ史学とは，本邦・支那・安息・高麗の諸国に行ハれたる史官の記録学を謂ふに非す．又希臘羅馬に盛なりし私撰の記録学を謂ふにも非す．其名を東洋に於て史，西洋に於て「ひすとりあ」と謂ふと雖も，素是れ慣用の語のみ，其本原の意義ハ七十年以前に既に消失したり．世輩の今日之に付与せんとする意義は，実に晩近科学の発達分科する大勢に誘ハれ，西洋学者の脳裏に浮み出てたる考案なるに過す．是を以て洋の東西を問わす，史学定義に関する論多々たるハ尤千萬の事とす」（同上）．

▶**山路愛山**　山路愛山が1894年4月29日付と同年5月1日付の国民新聞に「歴史の話」を書いている．「歴史家は古文書をかつぎ出さなければ其本文を遂げない如くに思って居るものである．（中略）若し歴史を書くの目的が一事，一件の實否をたしかむると云ふ様なる小さなことにあるのではなく，国民の生活とか，社会上の大変遷とかを書き表わすに在るならば，なにもそんなに，精出して古文書の詮索をしなくても，他に材料はいくらでもある．（中略）源平盛衰記，平家物語，太平記などと云ふ本はウソばかり書いてある本として大層に攻撃されたが，しかし私は其中にウソより誠の部分が多いと思ふ．（中略）歴史の目的は事実の詮索ばかりではないのです．此国民が如何に成長し，如何に発達したるかと云ふ大体の事を観察するのも歴史家のすることです．（中略）眞の善ひ歴史は決して書斎にばかり立籠って居る人には書けません．本ばかり読んだとて世間の実際に通ぜねば其人の歴史は死んだ歴史になります」（『明治文学全集』第35巻）．歴史理論ではなく，歴史の方法論を論じたものである．古文書ではなく，評価の低い太平記などの史料的価値の再検討を迫っている．

▶田口卯吉　田口卯吉が1895年11月 9 日付の『東京経済雑誌』第799号に「歴史は科学に非ず」を寄せる．「英国の歴史家のバックルが，歴史は科学にしやうとして熱心に書いた英国史がございます．此事が心に浮びまして，歴史は科学ではないと云ふことは予て考へて居ましたから，其意見を述べる積りでございました．（中略）私が茲に科学と申しますのは英国で云ふ「サイエンス」――日本で俗に云ふ学問，学問と云ふものはどう云ふものかを先ず極めて，歴史は其学問と云ふものではないと云ふことの趣意を述べなければならない．（中略）第一は自然の有様を其儘書現したものが第一種の学問，之を叙述学と名つけて居ります（地質学，本草学，解剖学など）．第二は自然の作用を説明する学問，例へば天文学，物理学，化学，経済学，社会学，心理学斯う云やうなものである．説述学と云ふ名を附けて置きました，で私の考へでは学問と云ふものは此二つの外ないと思ふ，航海学，測量学，鉱山学，医学，銀行学，財政学斯う云ふやうなものに使ふ，是は英語で「アップライト，サイエンス」と申しますけれども，然し寧ろ術である．（中略）歴史は叙述学と説述学に属するか属しないか，斯ふ考へると歴史はどちらにも属すべきものでないと私は思ふ，抑も学問と云ふものになりますと第一に原則の普及と云ふことがなければならない，第二には原則に順序を立てて置かなければならぬ，第三に原則が単純でなければならぬと云ふことがあらうと思ふ」（『明治文学全集』第14巻）．

　日本人で歴史が科学かどうかを論じたのは，この田口の論説が最初のものである．彼の科学の分類は独特である．ヴィンデルバンドやリッケルトの唱える人文科学という考え方がまだ日本に届いていなかった時代のことである．

▶後藤寅次郎　1895年に後藤寅之助（宙外）が『史学綱要』を書く．東京専門学校（早稲田大学の前身）の講義録であるが，凡例には「余は此の篇を著すに当たり重もに英国の博士ゼルッヒー（ゼルフィー）が『史学』に拠れり」とあるという（太田昌二郎「史料編纂所一百年記念日講演」『東京大学史料編纂所報』第 4 号）．

▶浮田和民　1897年に浮田和民『史学通論』が刊行されている．この浮田の本は近代中国における最初の史学理論書である梁啓超の『中国歴史研究法』（1922年）の種本となっていることは特筆すべきである．梁は浮田

の『史学通論』を日本語から中国語へ翻訳することで，欧米の歴史理論を知ったのである．ただし，梁の著作の第 2 章「過去之中国史学界」は独創的のものとして評価されており，中国の歴史批評の傑作である劉知幾『史通』，鄭樵『通志』，章学誠『文史通義』の記事を巧みに活用している．

▶1898年の歴史学界　1898年 4 月に建部遯吾が「歴史の研究を論ず」（『早稲田学報』）を書いた．まず「歴史の観念」を歴史，歴史哲学，人文史，社会学の順に論じ，「歴史の種類」では政治史，美術史，産業史，風俗史，法制史といった区別すべきではなく，総合史を目指すべきとし，「歴史研究の方法」については科学的研究が妥当であり，「歴史研究」には特別な研究方法を立てるべきだとする．その方法とは（1）歴史哲学的論議，（2）考証的論議，（3）国粋的論議，（4）覧古的議論だとした．最後に「歴史研究の事業」として（1）学問と人生との関係を明らかにする，（2）学問体系における歴史学の立場を明らかにする，（3）歴史の研究法を明確にする，（4）歴史の体系の有無を吟味し大系もしくは綱領を明瞭にする，ことを掲げた．

▶セニョボス　1897年，フランスの歴史家セニョボスとラングロアは『歴史学研究入門』を書いた．その後，歴史学研究方法に関する古典的名著として高い評価を受けている．比較的早い時期に日本にも紹介され，村川堅固・石沢発身共訳『ラングロア，セーニョボー氏　歴史研究法綱要』として1902年に東京専門学校出版部から刊行された．しかし，抄訳で原注も欠けていたことから，あまり普及はしなかったらしい．完訳本が1942年に高橋巳寿衛訳『歴史学入門』（人文閣）として出された．残念なことに出版が第 2 次世界大戦中だったため，ほとんど知られていなかった．不運な著作であった．まぼろしの書物であったが，やっと1989年になって八本木浄訳『歴史学研究入門』（校倉書房）が決定版として登場した．

　「歴史は史料で作られる．史料とは，むかしの人間が残した思想や行動の跡である．直接，間接にも跡を残さなかったり，明白な跡を残したとしても，それが消えてしまった思想や行動は，すべて歴史から失われる．なにもなかったと同じである．途方もなく長い人類の歴史も，史料がなければ，永遠に知ることはできない．史料に代わるものがないからである．史料がなければ歴史がない，ということである」．徹底した史料主義の歴史研究である．そのため，彼

らの歴史研究法は文献史料に限られている．『歴史学研究入門』の目次をみる
と，第1編「予備知識」（史料発見法），第2編「分析作業」（文献学的考証，解釈批
判），第3編「総合作業」（歴史構成，事実のグループ分け，構成的な推論，叙述）とあ
り，あくまでも文献操作の方法論のみを論じている．金石学，古文書学，文献
学，紋章学を歴史研究の「補助学」と認めているが，大きな比重を占めてはい
なかった．そして，この「補助学」は研究のテーマによって重要性が変化する．

　彼らは断言する．「必要なすべての文書を収集し，それを利用するに必要な
手続きを完了すれば，批判的歴史学の仕事は終わったも同然である」．これは
19世紀の歴史家が共通にもっていた史料信仰の典型であった．そのなかで史料
に対する「必要な手続き」の議論は傾聴すべき価値がある．「歴史家は著者の
すべての先験的記事を信用してはならない．それが虚偽でも過誤でもないと信
頼できないからである」とか「史料の中で一致しない記事に出会うまで懐疑を
延ばしてはならない．疑うことから開始しなければならない」と「方法的不
信」から出発することを説いている．しかし，文献以外のたとえば考古学など
は彼らの眼中にはなかったようである．実際，ラングロアは，歴史の執筆とい
う冒険をおかさず，「歴史文書の単なるモンタージュにしかすぎない講義」に
自らを限定したといわれている．

▶ベルンハイム　　ドイツ人歴史学者ベルンハイムは1907年に『史学入門』を
著したが，さらに前作の大著『史学研究の方法』（1889年初
版）の1908年版の内容の一部を圧縮追加して，1920年に『史学入門』の改訂版
を作成した．その2年後の1922年に早くも日本語版の坂口昂・小野鉄二共訳
『歴史とは何ぞや』が出て，これが1935年に岩波文庫に入った．ベルンハイム
の『歴史とは何ぞや』は第1章「史学の本質および職能」，第2章「史学の作
業領域」，第3章「史学の研究手段（方法論）」の3部から構成され，のちに日
本人歴史家が執筆する「史学概論」の手本になった．しかし，そもそも歴史の
方法論を述べた著作であるのに，『歴史とは何ぞや』という日本語タイトルは
純粋な歴史理論書であるかのような誤解をあたえるものである．「歴史をどう
やって書くか」という歴史方法論は教えても，「歴史をどのように考えたらよ
いか」という歴史理論は日本にはほとんど入ってこなかった．このことがその
後の日本の歴史研究を方向づけたといっても過言ではない．

　ベルンハイムは第1章のはじめに「歴史」という言葉の二義性にふれたあと，歴史認識がいかに発展したかを示すために，3段階の歴史叙述を提唱した．まず「物語風歴史」，つぎに「教訓的あるいは実用的歴史」，さいごに「発展的あるいは発生的歴史」の3種類である．このプロセスは日本の歴史では「物語」→「かがみ」→「史学」と発展したと日本人歴史家は主張した．ベルンハイムは「物語風歴史」の実例としてヘロドトスの『歴史』を，「教訓的あるいは実用的歴史」の見本としてトウキュディデスの『戦史』をあげた．「発展的あるいは発生的歴史」の段階に至って「歴史的知識は真に一個の科学となった」と語り，「それぞれの歴史現象はどういう風に生成してその時代にそういうものになったか，またそれがいかに作用したかということ」が問題化された．第2章では，まず歴史は精神科学に属し，素材と認識方法によって自然科学から区別されると語る．自然科学の概念や法則が歴史に適用されるのは例外的であるとの主張をする．言いかえると，歴史学は徹頭徹尾「歴史認識」という目的をめざす「科学」である．「因果関係」は自然科学のそれと違い，人間がたんに「外的原因」によってだけでなく，むしろ「内的原因」によって活動すること，つまり「精神的因果関係」を認識することが大事であると主張した．一方，歴史学を補助する学問として，人文地理学，人類学，社会学，政治学の一般補助学のほかに，言語学，古文書学，紋章学，古銭学などの特殊補助学といった周辺科学との協調の必要性を論じる．第3章では実践的な歴史学の方法論が提示される．史料の由来研究，史料の種類（伝承と遺物）をかかげ，口伝史料としての伝承（歌謡，伝説，逸話，流行語，ことわざ）と文献史料（金石文，系譜，年代記，伝記，回想録，新聞など）と遺物（言語，風俗，制度，産物，統計記録，記念物など）に分類する．さらに史料の真偽，史料分析，事実確認などの史料批判の具体例を語る．最後に歴史叙述の重要性を強調する．

　しかし，ベルンハイムは現場の歴史学者でもあったため歴史哲学の問題に深入りすることを好まず，逆に歴史哲学が実際の歴史研究に介入することをさけようとした．歴史哲学と歴史研究は「それぞれの限界を守りながら，相互の補助学としての価値を認めかつ利用すべき」であると考えた．ここには一種の健全さとともに，ベルンハイムの議論の不十分さがあった．

　この点に関して羽仁五郎につぎのような批判がある．「ベルンハイム史学な

どの旧時代の歴史概念でも，批判ということをいいはするが，それは主として史料考証の批判とか文献批判とかいうことだけで，もっと根本的な批判という思想がない．ベルンハイムの『歴史とは何ぞや』を見ても，第1章の「史学の本質」やその第3節「史学の概念」や，歴史の本質を考えているところに，まったく批判の思想がない．「史学の価値と効用」を考えているところにも，史学の本分が批判にあることがまったくわからず，あたかも史学は「教える」ことを本分とするものであるかのように述べている．第3章「史学の研究手段，方法論」において，かろうじて「歴史的批判」の概念が出て来るが，これは「史料学」のことで，あくまでも文献批判とか史料批判とかいう程度のことにかぎられ，歴史の概念および歴史学の本質として歴史的批判の思想がなく，批判の最高使命の意識がない」（「歴史および歴史科学」『羽仁五郎歴史抄』）．

▶文化科学と自然科学　1898年，リッケルトが『文化科学と自然科学』を発表する．自然科学と歴史学の普遍的な論理的区別を明確に認識した最初のひとりはショーペンハウアーだった（1818年）．しかし，これは歴史の科学的性格を否定するための議論だった．その後，ヴィンデルバンドは自然科学を「法則定立」の科学と規定して，歴史を「個別記述」の科学として区別した（1894年）．ただし，リッケルトは自然科学も法則を発見するだけではなく，経験的な概念の構成にも関わると主張した．歴史は科学であるかという議論はヨーロッパではすでに1880年代よりはじまるが，セニョボスやベルンハイムが歴史方法論の著作を書いたのは，歴史が科学であることを証明するためのものでもあった．

　この議論が日本で受容されたのは，1897年からのべ3年間続いた「歴史哲学」論争が早いが，1899年に井上哲次郎が史学会の総会での講演（『史学雑誌』第10編第5号）は「歴史が科学か」を扱った最初のものといえる．ただし，その重要性はこの時点では気づかれず，本格的なものは1900年の内田銀蔵の『史学雑誌』での連載や1913年の西田幾多郎の論文からであろう．リッケルトの本の日本語訳は岩波文庫版がつとに知られている．翻訳は原書の第7版（1926年）であり，訳者は佐竹哲雄と豊川昇である．

▶歴史哲学論争　1897年から足掛け3年にわたり，図らずも『史学雑誌』ではいわゆる「歴史哲学」論争がはじまった．ことのおこり

は第 8 編（1897年）第 3 号に「今後の史学会」に無署名の記事が掲載され，「材料蒐集，個々事実の調査は，学者をして沈着槇密ならしめ，放瞻なる臆断の厭ふべく，空疎なる史論の斥くべきことを深く暁得せしむる」利点が実証的研究には存在するが，瑣末な議論におちいり，歴史の大綱を忘れているとの批判が上がったことである．そして「精緻なる特殊的考証と相伴ひて，根抵あり基礎ある総合的研究，科学的精神を以てせる摯実なる推理的考察が我が史界に健全なる発達を為さんことを希望す」と論じた．歴史の理論研究の必要性を訴えたのである．

　翌年の第 9 編（1898年）第12号にこれまた無署名（編集委員）の「歴史に対する俗評」で「人生の原則を発見するとか，社会発達の原理を探求する」ことを歴史研究の本質とみなす従来の見解に反論がなされ，さらに「歴史の哲学はもはや歴史の範囲を超えて哲学に属する」と宣言した．そして，歴史の哲学は「歴史事実を多少の根拠として哲学を受理するもの，すなわち歴史事実の上に人知の基礎を立てるもの」だと定義した．いっぽう，史学の範囲は「世界の大陸にあらわれたる社会の中に事実上証明せらるべき過去の現象を研究し，一定の傾向を包含することを知る」ことであり，それで満足すべきであると論じた．

　これが契機となって，第10編（1899年）誌上で歴史哲学者と歴史研究者との間で論争がくりかえされた．争点は歴史哲学が歴史の領域に入るか否かという点であった．

　先陣は歴史哲学者の坂田厚胤の「歴史哲学の為めに辦す」（第10編第 1 号）である．冒頭，坂田は「歴史の哲学は史学の領域内に存する」と反駁する．彼の歴史哲学の概念は「多少歴史的事実を基礎として大袈裟なる概括論を出し，空漠な議論を試みる」ヘーゲルなどではなく，ゼルフィー，モンテスキューらの「事物間の必然的関係」を追及する「歴史の科学」をさした．歴史の専門家ならば歴史をたんなる記述と考証の学問にとどまらず，事件の因果関係の研究を自然法によってすべきで，その歴史哲学は史学に含まれるものである．

　これに対して無署名（編集委員）は「歴史の哲学につき坂田君に答ふ」（第10編第 2 号）という反論を書いた．この編集委員によれば，哲学は知識の基礎の上に立つものであり，さらにその上に立つものは哲学以外のものである．この立場から編集委員は坂田が「歴史の哲学を以て歴史の科学と同一のもの」と考

えたことに異議を唱え，「歴史の哲学」と「歴史の科学」を区別した．坂田の
いうものは「史論」ないしは「歴史の理論」であって，これならば歴史の領域
内に属するものと認めた．「歴史の哲学」は哲学のものだというのである．

　第10編第3号にはこれに対する，坂田「再び歴史の哲学に就て」と河合弘民
「歴史の哲学論に就て史学雑誌記者に質す」という反論が掲げられた．坂田の
結論はつぎの五つである．（1）歴史の哲学という歴史理論は，既知のもので
あり，私がかってに新たに造語したものではない．（2）歴史の哲学は歴史の
理論の研究であり，歴史事実の上に人知の基礎を立てるものである．（3）歴
史の哲学は歴史の理論の研究であるが，私が哲学という言葉を乱用していな
い．哲学には広狭の二つの意味がある．私は広い意味にとっている．（4）私
は哲学を理論の意味に解している．歴史哲学をひとつの科学ととらえている．
（5）私は歴史哲学を狭義の哲学とはみなしていない．ひとつの科学であり，
歴史に存在する自然法を発見するものである．

　河合弘民も「歴史哲学は歴史の領域内にあり」とする見解をとる．「史学の
責務は過去の諸現象を集めて一大事実をなし，この真相を探る」ことであり，
つねに「その全体を洞察するべき」ものである．ひとつの枯れ木やひとつの灰
にこだわるべきではない．この悪弊は史学を「死学」にするものである．細か
い事実関係の考察にこだわる考証史学を批難したものである．

　無署名（編集委員）は「論戦に就いて」という小文を書き，「坂田君の土を捲
て重ねて来る其勇称するに湛えたり河合君の所信を披歴して滔々数千言を費す
快なる哉」と坂田，河合の両者を称えている．熱のこもった論戦のようすが伝
わってくる．

　第10編第4号に「再び歴史の哲学につきて坂田厚胤君に答ふ」と「歴史の哲
学につきて河合弘民君に答ふ」という回答を編集委員が書いた．まず前者に回
答する．（1）Philosophy of History を直訳して「歴史の哲学」いう造語をつ
くったが，これを「史論」として用いるのは賛成しない．また，Natural phi-
losophy を「自然哲学」といわず「物理」としたり，Chemical philosophy を
「化学哲学」と訳さず「理論化学」とするのには理解に苦しむ．（2）帰納的に
歴史の哲学が何者かを考え，その結果として歴史の哲学は「史論」だと断定し
ているが，その意見には反対である．歴史の哲学が歴史事実に基づき説を立て

るところは「史論」に似ているが，これをもって歴史の哲学は「史論」だとするのは短兵急な議論である．（3）坂田は哲学には広狭の二つ意味があるとするが，学術上では誤りを犯す可能性があり認められない．つぎに後者に答える．編集委員が下した「歴史の哲学」の定義を河合が問うたが，それはその道の元祖であるヴォルテールのものであり，ベルンハイムも同じ趣旨をのべている．

　この論争を横眼でみていた哲学の大家である井上哲次郎が史学会の総会で意見を述べた（第10編第5号）．その要約はつぎのとおり．歴史は人類の経過する過去の事実である．過去の事実は無限であるが，これを研究するだけでは科学とはいえない．（1）史的事実は反復できない．科学の研究は原因結果の関係性にある．（2）史的事実には人間の意思が予想されるが，自然の出来事には意思がない．（3）史的事実は実験することができない．（4）史的事実は個別を明らかにすることはできるが，普遍を明らかにすることは難しい．科学はこれと反対である．（5）歴史はたんに過去の出来事を研究する．科学は過去・現在・未来の因果関係を研究する．よって，歴史は科学ではない．井上はヨーロッパでの論争を知っていたのであろうか．リッケルトが『文化科学と自然科学』を出した同じころに，井上が「歴史は科学ではない」と述べていることは注目に値する．

　最後に河合弘民が「史学雑誌記者に答ふ」（第10編第7号）を投じて，編集委員が「歴史の哲学に就いて河合弘民君に答ふ」（第10編第8号）を書いて，とりあえず論争を終えた．こうしたなか，哲学者の井上哲次郎は「歴史哲学に関する余が見解」（第10編第8号，同編第9号）を著したが，その要旨は第10編第5号とほぼ同じであった．

　歴史哲学者の優勢のうちに議論が推移したが，歴史研究者からの反論が提示される．歴史界の重鎮である坪井九馬三は「今や史学界は，材料蒐集の時期にありて，過去事実の明なるもの幾くもな」いので，「理論的講究を以てするが如きは少しく早計に失すべき」（第5号）だと断じた．今は事実発見の時代であり，理論研究はまだ早いというのである．「編纂法などに関するこのような抽象的議論は，しばらく延期し，これは後世に譲った方がよいでしょう」（「史学研究に関する意見」）という恩師リースのことばを思い出したのか．さらに第6号では「考証的研究の傍には，幾分か推理的要求を満足すべき論理の発見」す

る理論研究は「史界の反動的傾向」と見なされた．このさなか，歴史哲学の雄であった坂田厚胤は早死してしまった．歴史哲学の議論を深める好機は失われ，歴史学と哲学の間の溝が深まっていった．そして，日本の歴史学は理論より事実の研究が優先されることになった．同じころ，スイスの歴史学者ブルクハルトは「歴史哲学無用論」を唱えている．彼は1897年に他界しているが，没後に出された遺稿集に有名なことばがある．「歴史哲学は半人半馬で，形容詞において矛盾を犯すものであるといる．なぜならば歴史はすべての並列を許すことで，それは非哲学あり，哲学は序列をつけることで，それは非歴史だからである」（『世界史的諸考察』）．日本での歴史学者による歴史哲学の研究の萌芽になる可能性があったわけだが，このときはその芽はつぶされたかたちになった．

▶箕作元八　　1899年，西洋史を研究する箕作元八が「ランケの歴史研究法に就きて」（『史学雑誌』第10編第6号）を発表する．「ランケは，歴史の研究法三段あることを明らかに認めて居りました．第一段が考証的研究と申しまして，個々の事実を正確に取調べて，其真相を明らかにすることで，御座ります．第二段の研究法で，之を連結的研究法と申します．則ち考証的研究法に依りて，確定したる史実を取りて，之を同時代の史実と対照し，原因結果の繋がって居る所を発見するので御座ります．第三段則ち最後の研究法は，哲学的研究法と申しまして，前の二段の研究法に依りて得たる所の結果を総括して，其間にある真理を発見するので御座ります．（中略）歴史家の備ふ可き資格は，精励，公平の外に想像の力が必要であります．史実及ひ其連絡の真相を正当に観破する所の所謂史的活眼のことであります．（中略）歴史は天則を発見せざるとすれば，科学ではないと．科学といふものを，左様に狭く見れば，そんな理屈もあらう．総括を為し真理を発見するを科学と云はば，歴史家は科学者でないとは言はれぬで御座りましょう」（同上）．

第3節　1900年代～1920年代

▶内田銀蔵　　1900年，内田銀蔵は『史学雑誌』の第11編第5号（第1回），同編第7号（第2回），同編第8号（第3回），同編第10号（第4回），同編第12号（第5回）に「歴史の理論及歴史の哲学」を計5回書いている．内

田は坪井とは反対に「抽象的な議論」(「史学研究に関する意見」) の時がきたと思った.

　内田は第1回の冒頭に「歴史の理論と云うは, 即ち歴史の科学とも称すべきもののことであります. 歴史の学問は, もと専ら一々の史的事実を取り調べ, 之を記述するを主として居ったことでありますが, 別に史的事実に関する理論的研究がなければならぬと云ふ考が生じて参りました」と論文執筆の意図を述べている. そして, 「従来存在する所の記述歴史の外に, 歴史の一般の理論即ち厳正に歴史の科学とも称すべきものを成立」させることの必要性を訴えたのである. さらに歴史学と自然科学の関係を論ずる. 「歴史の学問は其の研究の対象の性質上よりして自然科学などとは余程趣の異ったものでなければならぬ」のであるが, これをもって「概括し推論し一般に就き理論的研究」を志向すべきではないというのは間違っていると断じる.

　内田の論文が掲げられた翌号の第6に新見吉治の「史学管見」が登場した. はじめに「史学に志すものにして, 歴史とは何ぞ, 史学とは何ぞや, との如き根本的概念に対して一定の見地を有せず, 又此か研究を忽諸に附するが如き, 斯学に忠なるものと云ふべからず」と歴史研究者の心構えを述べる. 転じて, これまでの歴史論争をふりかえる. 「歴史哲学の議論, 一たび本誌に出でてより, 歴史及び史学の概念的研究の気運開けたるは余輩の大に慶賀する所なり. 然るに此の論戦の当事者たる坂田 (厚胤) 学士の遠逝は斯学の為に痛恨の至りに堪へず. 内田博士は本会の例会に於て, 歴史体系論を講せたり. 余は学士が, 歴史理論の研究の忽にすへからさるを説かれしは, 大に賛成する所なれども, 之を以て歴史方法論と区別せられしに至りては, 聊疑なき能はず」という (この議論に関して第3回の文末で, 内田はこう反論した. 「学士は史学即歴史研究と云はれたれとも, 史学即史的事実の研究なるも史学即歴史研究法と云ふことは出来難いのでありませう. 歴史理論と歴史研究法との区別に就きて学士の再考を希望する」と).

　「内田学士は歴史攻究法は, 材料蒐集, 考証, 記述の三部より成ると云ひ, 歴史理論は, 攻究法にあらずといはれたれども, 余は史学即研究法を考証, 歴史理論, 記述の三部に分たんとす」と反論した (この文言について内田は新見に訂正を求めている. 「学士は余輩が歴史攻究法は材料蒐集, 考証, 記述の三部より成ると云ふたやうに思って居らるるものの如くであるがそれは相違致して居ります. 余輩は先の講演に

於ては，歴史研究法の教ふべき事柄の一班を申しましたが，それは材料蒐集，考証，記述の三部より成るとは云はなかったことである」と）．

　内田は第2回の文頭に「歴史科学と称すべきもの，即ちこれにいわれる歴史の理論は，哲学組織の一部分を成すべきものではありませぬ．哲学系統の中に存すべきものではなくして，記述歴史（歴史叙述）と共に広き意義における史学の中に包括せらるべきものである」と発言する．史学理論は歴史学者がやるべきもので，従来，不当に哲学の領域とされたものを，史学に取り戻そうとしたのである．第3回では「歴史理論と社会学其の他の近似諸学との関係」を論じた．そして歴史理論は（1）民族経歴論，（2）国民経歴論，（3）社会団集経歴論，（4）氏族経歴論，（5）個人経歴論，の五つからなると提示した．それゆえ，記述歴史（歴史叙述）はこの五つに対応して，民族史，国民史，種々なる社会団集の歴史，氏族史，個人史（学術的伝記）となると主張した（内田は上記の区分に「種々なる社会団集」を追加したことを新見に感謝をしている）．第4回では，この五つのほかに「なお種々なる特殊の社会現象の歴史が存在すべき」だとして，政治史，法律史，道徳史，宗教史，経済史，文学史，美術史などをあげている．これに関してはすでに理論研究をなす政治学，経済学，法理学，宗教学が成立していると指摘する．第5回は民族経歴論がテーマであった．これは人類学，人種学，民族心理学（神話，言語，文学など）とは異なるものである．その詳細は説得的ではないが，比較史ということか．

　内田は上記の「歴史の理論及歴史の哲学」のほか，「歴史研究の目的」，「歴史の研究に就きて」，「史学と哲学」などの論考を著したが，これらは後に『歴史の理論』（河出書房，1942年）として集大成された．彼によれば，歴史の要点は3点あり，（1）時が経過するにしたがって人事が進んで行く．その成り行きについて調べること，（2）実際に起こった場合について，いちいち証拠を吟味して調べること，（3）人事を断片的なものと考えず，原因結果の連鎖あるものとして調べること，としている（「歴史の研究に就きて」）．しかし，歴史の理論の研究は，一向に発達していないと嘆く．この研究の必要性を唱える人は少しあっても，これに専念する人はいない．「史学家は一般に専ら特殊事実の調査を務め，記述歴史（歴史叙述）の完成に其の全力を注ぎ，一般史的事実に関する理論的研究に至りては，概して暫く度外に措いて居る」（「歴史の理論及歴

史の哲学」）のが実情であった．ともあれ，歴史は哲学と文学との関係が深いが，どちらにも属さない独立した特殊科学である．また，歴史哲学（これは哲学者が研究するものか）と「歴史の理論」は別物であるとし，歴史家が専心すべき「歴史の理論」も歴史研究法の一部ではなく，研究法を学んだ後に，それに基づき究めるものとした．その歴史理論の体系は民族経歴論，国民経歴論，社会集団経歴論，氏族経歴論，個人経歴論の五つに分けられた．残念ながら，内田の発言自体は意義あるものだったが，彼の意に反して事態は変化しなかった．

▶時代区分論　　いっぽう，内田は時代区分論にも貢献した．「近世」という概念を初めて導入した歴史家であった．「現在を中心と致しまして，時の相去ることの遠い近いの上から立てました分け方でございます．すなわち近世とは今という時を起点として，それに近い時代を指す訳である．いつからいつまでを近世とすべきかということは，西洋の歴史の場合，支那の歴史の場合，又日本の歴史の場合におきまして，それぞれ別々に考えますことが必要でございます．（中略）日本歴史におきましては，近世はいつからかと申しますると，今日では先ず普通に江戸時代を指すということになっております．明治以後は別に最近世と申す方が一層適当でござりまする」（『近世の日本・日本近世史』）．しかし，近世の「時間」以外の概念や江戸時代を近世とするのが適当であるという理由は述べられていない．

　そういう意味では，原勝郎の「中世」の時代区分も疑問が多い．彼は『日本中世史』（平凡社東洋文庫版）を書いたが，その目次を見ると，巻一「鎌倉時代前紀」として，第1章「平安時代の文化の概観」，第2章「藤原時代の風流」，第3章「天慶承平以後の東国の状況」，第4章「院政」となっている．鎌倉幕府の創設は第4章の文末に置かれている．これだけを見ると，中世は平安時代の中期からはじまる，との印象を得る．序文を読むと，冒頭に「従来本邦の歴史を編述するもの上代に詳密にして，中世以後を叙すること簡略に過ぐるもの多し」とある．この理由からすると，六国史の最後までが古代で，六国史の叙述が尽きる時点から中世が始まることになる．ところが，数行あとの記述になって「鎌倉時代より足利時代を経て徳川時代の初期に於ける文教復興に至るまでの歴史は，本邦中に於ける暗黒時代」が出てくる．これは明らかにヨーロッパの歴史三分法（古代・中世・近世）が念頭にあり，それを無批判にあては

めたものにすぎない．しかもヨーロッパ中世がゲルマン大移動の4世紀からは
じまるのに対し，どうして日本の中世が始まるのが12世紀末なのか，この800
年にもわたる時間のズレの理由は何であるのか，まったく説明がない．つま
り，内田の「近世」も，原の「中世」もたんなる第一印象にすぎない．

▶登張竹風　　　　　　1901年7月，登張竹風が「フリイドリヒ，ニイチェ」（『帝国文
　　　　　　　　　　学』第7巻第7号）を発表する．ニーチェ没後の翌年の作品で
ある．「二　歴史論」と題するもので，ニーチェ『反時代的考察』の第2編
「生に対する歴史の功罪」（1874年2月刊行）を手短に要約したものであった．
ヨーロッパで盛んであった歴史主義を痛烈に批判の矢を放ったものであった．
文末でつぎのようにいう．「吾人の人文と何等の関係なき史的事実を探究して
得々たる歴史家は，独逸の歴史家に非ずして，吾國の歴史家に非ずや．未来を
達観せむとして過去の歴史を研究しつつある，大なる歴史家を吾学界に求むる
ことを已めよ．藝術として讀むに足るべき巧妙な歴史を，吾歴史家に求むるこ
と勿れ」（『明治文学全集』第40巻）．当時の日本に歴史主義が到来していたかは
疑問であり，登張の日本人歴史家に対する批難が的を得ているかは疑問であ
る．

▶坪井九馬三（2）　　　1903年，坪井九馬三が『史学研究法』（東京専門学校出版
　　　　　　　　　　部）の初版を公刊した．東京専門学校，つまり現在の早
稲田大学の講義用テキストとして使用されたと思われる．ベルンハイムの『史
学研究の方法』（1894年初版）の影響を受けている．さらに同『史学入門』も参
照して，1910年ころに第2版を上梓した．著者が所有するのは1926年に刊行さ
れた第3版であるが，その目次はつぎのようになっている．第1部「総説」
（序論，歴史の種類，史学の定義，史学の区分），第2部「史料編」（史学の材料，史学の
補助学科），第3部「考証編」（総論，外部の批判，内部の批判，史料の整理），第4部
「史論編」（総論，解釈，綜合，復活，史学の根本条件，理論史学）の四つの部門から
構成される．さらに，第2部にある「史学の補助学科」として，言語学，古文
書学，地理学，年代学，系譜学，古泉（銭）学をあげる．これはまさにベルン
ハイムの著作の完全コピーである．ただし，坪井はベルンハイムの理論考証の
ほとんどを省略してしまった．

　末尾には「理論史学」という項目がある．坪井の主張にしばらく耳をかたむ

けよう「史学の研究方針は科学的でありまして，とるべき手続きは自然科学の
例に倣って居ることでありますので，何分理論史学の問題に対しましたは，現
今の史学は思ふやふに口が利けぬのであります」．史学は自然科学の方法を敷
衍しているが，理論史学はそうした方法論とは違うものであると理解したので
ある（ヨーロッパでは歴史学と自然科学が因果関係論などで決別したとも知らず）．「今日
の史学の程度におきましては理論史学は論ぜずとも可なるものでありまする．
(中略) 史家と致しましては，これに至りません途中に，まだまだ研究すべきこ
とが山の様にありまするので仲々此まで手が届きません」．歴史理論の議論よ
りも現今は実証研究が大事とした逃げ口上である．そのため「理論史学は名称
の通り，専ら哲学の方面より哲学者が研究してくらましたことで，その研究方
針は哲学的でありまする．(中略) 史学がこの程度まで進んで居らぬのに拘ら
ず，一足飛びに大建築をつくるられようと思われるからの気早い了見から来る
のでありましょう」とのべている．歴史理論は哲学者に任せたものと考え，歴
史学者は完全に思考停止をしてしまったのである．そのため坪井九馬三の『史
学研究法』はまさに方法論のみの著作となり，歴史理論は欠如してしまった．
これはさきに紹介した「歴史哲学」論争を横目でみていたからである．

▶内村鑑三　　　1903年，内村鑑三が「基督教と世界歴史」を発表する．「歴史
　　　　　　　は之を純粋科学として見ることは出来ません．之に多くの誤解
があり，錯雑のあることは誰も承知して居ります．歴史学と称して之も学であ
る以上は天文学，物理学と同一類の学であると思ふのは大なる間違でありま
す．学でありますけれども精密なる学ではありません．即ち天秤を以て量り，
試験管を以て試すことの出来る学ではありません．然しながら精密なる学でな
いとて，歴史は少しも頼るに足らない学であると言ふことは出来ません．歴史
は少なくとも世界の大勢を示す学問でありまして，即ち眞理を大袈裟に書き
綴ったものであります」(『明治文学全集』第39巻)．歴史は純粋科学（自然科学）
ではないが，広い意味の科学であると表明している．人文科学という概念はま
だ知らなかったようだ．

▶武島羽衣　　　1906年２月，武島羽衣が『日本文学史』を書く．総論でつぎの
　　　　　　　ように歴史にふれている．「そもそも過去の人民と時代とを知
らむには，それに對する歴史あり．されど歴史の説くところは政体の変遷と

か，主権の推移とか，社会の治乱とか，人物の生死とか，主として社会の外面上の事実に止りて，その外面上の事実の動機となり，原因となる内面的の活動，則ち當年の国民が思想感情の如何を描破するにいたりては，大に缺けたるところありといふべし」（『明治文学全集』第41巻）．この時代の歴史叙述の欠陥を指摘している．

▶**末松謙澄**　1906年8月，末松謙澄が「歴史研究法に就きて」（『史学雑誌』第7編第8号）を発表する．「東洋では支那日本などを見渡しますに凡そ歴史は如何に書くべきものであるか如何に研究すべきものであるかと云ふことを論ずる者が少なかった．勿論資治通鑑を見ますと史論と云ふものがあるが，此史論と云ふものは歴史を如何に研究するか，如何に書くかと云ふ議論ではない．又議論の骨子はどこにあるかと云へば歴史的の観察よりも寧ろ或一種の道徳論を蓄へて其道徳論の標準に合ふか合わないかと云ふ風な議論を立てて居る様な次第である」（同上）．道徳史観の克服を訴えている．

▶**黒板勝美**　1908年に黒板勝美の『國史の研究』（岩波書店）が出た．この本は好評を得て，1913年に改補再版が刊行され，1931年に至り「総説」，「各説上」，「各説下」に三分冊されて『更訂　國史の研究』と名乗った．そのうちで黒板の「史学概論」といえるものは「総説」の部分である．目次は第1章「叙説」，第2章「補助学」（言語学，古文書学并記録の研究，歴史地理学，年代学，系譜学，考古学），第3章「國史の編纂著述」，第4章「時代史と特別史」（時代区分，地方区分，事物区分，人物区分），第5章「國史の範囲」（國史の年代，國史の舞台），第6章「國号と民族」，第7章「余説」となっている．『國史の研究』は歴史の方法論を詳しく述べたもので，その点では実用性に富んでいる．ことに，第3章は日本史学史として精彩を放っている．ただし，歴史理論とよべるものはほとんどない．ベルンハイムの亜流の著作である．

▶**阿部秀助**　1908年から翌年にかけて，阿部秀助が「現代の史風」（『史学雑誌』第19編第3号，第5号，第8号，第20編第6号）を発表する．「革命党の理論如何彼等と歴史経済学派との間には何等関係する處なきか，換言すれば当今の史学と経済との間には何等密接の関係なきか」を，（1）過去に於ける史風の変遷，（2）現代の史風，（3），史学と経済学（4）結論，に分けて論じた．経済史理論の先駆的紹介ということになる．阿部の経歴をたど

ると，1900年に東京帝国大学に入り，卒業後の1905年7月に召集され，日露戦争に従事しているときに上記の論文を書いた．その後，慶應義塾大学に招かれて理財科で教鞭をとった（土肥恒之『西洋史学の先駆者たち』）．

▶夏目漱石　　　1908年，夏目漱石は『ホトトギス』第11巻第7号に「創作家の態度」を書いて，歴史に言及している．「歴史的研究に対して批難したいのは，ちと哲学者染みますが，斯う云ふ事であります．凡ての歴史は与へられた事実であります．既に事実である以上は人間の力でどうする事も出来ない．厳として存在して居るから，此点に於て争ふべからざる真であります．然しながら是が唯一の真であるかと云ふのが問題なのであります．言葉を改めて云ふと人類発展の痕跡はみんな一筋道に伸びて来るものだろうかの疑問であります」（『漱石全集』第16巻）．歴史の二義性には言及しているものの，歴史必然論については素朴な思いつきにすぎない．その点では1915年の森鴎外の歴史論の方が含蓄が深い．

▶西田幾多郎　　　1913年に西田幾多郎が「自然科学と歴史学」（哲学雑誌第28巻第319号）を書いた．「学問は大別して，規範学と経験学との二つに分けることができる．規範学といふのは，例へば，論理学，倫理学，美学の如き学問である．経験学といふのは，経験的事実の学問である．此種の学問は之を二つに分けることができる，一つは自然科学であって，一つは歴史学である．自然科学といふのは，我々の経験的事実の間に於ける因果の関係を明にする学問である．歴史学は之に反し，何処かに於いて時間上一度起つた出来事を明にする学問である．普通には，自然科学のみが経験学即ち科学であると考へられる．因果関係を支配する一般法則を明にすることが科学の定義であるかの様に考へられて居る．斯くの如き考から見れば，唯一の事実を明にすることを目的とする歴史の如きものは科学と称することはできない．（中略）歴史と称すべきものは，単に時間的順序に従うて，事実を蒐めたものではない．或一つの個性に基いて，事実を綜合統一したものでなければならぬ．歴史の目的は或一つの人物とか，事件とか，時代とかいふものの個性を現すことにあるのである．（中略）自然科学者は経験的事実を出来るだけ一般化することによって，その目的を達することができ，歴史家は之に反し出来るだけ之を個性化することによって，その目的を達することができるのである」．この西田論文にはド

イツ西南学派のヴィンデルバンドらの影響がみられる．自然科学と歴史学との区別を明らかにし，歴史学は「事実を一個性の発現として，個性によって統一しようとするものである」とした．ここで注目したいのは，因果関係を明らかにできるのは自然科学であって，歴史学ではないと言っていることである．歴史の科学性が疑問視されているのである．

▶森鴎外　　1915年，森鴎外が『心の花』第19巻第1号に有名な論説「歴史其儘と歴史離れ」を発表する．「わたくしの近頃書いた，歴史上の人物を取扱った作品は，小説だとか，小説でないとか云って友人間にも議論がある．（中略）わたしは史料を調べて見て，其中に窺われる「自然」を尊重する念を発した．そしてそれを猥に変更するのが厭になった．これが一つである．わたしは又現存の人が自家の生活をありの儘に書いて好いなら，過去も書いて好い筈だと思った．これが二つである（中略）わたくしは歴史の「自然」を変更するのを嫌って，知らず識らず歴史に縛られた．わたくしは此縛の下で喘ぎ苦しんだ．そしてこれを脱せようと思った．（中略）兎に角わたくしは歴史離れがしたさに山椒大夫を書いたのだが，さて書き上がった所を見れば，なんだか歴史離れがし足りないやうである」（『森鴎外全集』第26巻）．従来，森鴎外のこの言説については多くの議論があるので，ここでは何ものべないことにする．

▶折口信夫　　1920年12月，「零時日記（II）」で折口信夫が歴史を語る．「歴史は，論理で規定することは出来ない．歴史批評に概念をふり廻す人は，何処まで行っても，演繹を続けて居るばかりである．歴史は常に，そんな批評とは没交渉に，やにさがって居るのである」（『国学院雑誌』第26巻第12号）．1924年のマイヤーの見解にどこか似ている．

▶リース　　1922年にリース著〔坂口昂・安藤俊雄共訳〕『世界史の使命』（岩波書店）が公刊された．日本の近代歴史学の父リースの史学概論である．12の章152ページから成る「本編」と24の項目114ページある「備考」の2部立てである．「本編」は第1章「歴史考察の原理」にはじまり，世界史の考察があり（第3章～第5章，第8章，第10章），歴史学とほかの学問との関連を述べている（第2章，第6章，第7章，第9章，第11章，第12章）．世界史はどうように書かれるべきかを論じた部分と史学方法論を考察した部分に分かれる．「備考」

は「ゲシヒテといふ言葉の意義」を冒頭にすえ，「歴史研究法」，「史料学」な
どのコラムを集めたものといえる．たとえば，「歴史研究法の目指すところ
は，疑問の立て方と，手のとどく限りの材料の状態にある」といっている．ま
さしく，19世紀歴史学の史料主義を語る一節である．

▶丹羽正義　　　　　1923年，丹羽正義が『歴史学概論』（中外出版）を書いた．西
　　　　　　　　洋の研究をふまえた，本格的な歴史理論書をめざしたものとい
える．丹羽は序文でつぎのように語る．「まず歴史概念の確立を試みて，進ん
で一独立科学として確立を企て文化科学と歴史学の別を明確にするを務め，こ
こに歴史学の如何なるものかを反省した．次いで歴史学的認識の意義を考察
し，進んで歴史学の研究方法を論じた」（概要）．目次はまず緒論，第1部「歴
史学の批判的確立」，第2部「歴史学の研究方法」，結論に大別される．緒論は
第1章「近世科学の史的概観」，第2章「科学の批判的考察」，第1部は第1章
「歴史の概念」，第2章「智識の問題」，第3章「経験的実存」，第4章「経験科
学」，第5章「歴史学」，第6章「歴史学的認識の意義」，第2部は第1章「方
法の問題」，第2章「所与としての経験的実存の確立」，第3章「解釈」，第4
章「把捉」，第5章「叙述」となって，結論にいたる．「歴史は科学である」
（第1部第5章）と明言し，歴史と芸術のちがいに言及して「対象についていふ
ならば芸術は特殊に於ける普遍，有限に於ける無限を取扱ひ歴史は之に反し個
性的なものを取扱ふ．芸術は直観の特殊に於ける無限を叙せんとし歴史は現実
の特殊を普遍の形式概念に於て叙せんとするのである」と定義づけた．いっぽ
う，「歴史学に於ては何等法則的関係が存しないのである．歴史学に法則的関
係の存せず従て之が研究を含まざるは学的方法論的形式によってでなく学的仮
定の性質に基くものである」（同上）とも言っている．参考文献にはヴィンデ
ルバンド，バートラント・ラッセル，西田幾多郎，桑木厳翼，リッケルト，田
邊元，ベルンハイム，劉知幾，章学誠などの名前があがっている．「哲学上の
思想は西田幾多郎，田邊元先生に依り，歴史学に関しては桑原隲蔵，内藤虎次
郎の教示にまち」（序文）と言うから，京都学派の影響を強く受けた著作とい
うことになる．内田銀蔵のことにふれられていないのが残念である．内田が道
を開いた歴史理論の道はそのあと丹羽以外の後学の人物があゆんでゆくことが
なかったようにみえる．やはり日本人歴史家は理論が苦手で，史学方法論や実

証研究の道に進んでいったのである.

▶**マイヤーと**　　1924年にマイヤー著〔上村清之助・安藤俊雄共訳〕『歴史の理論
　ウェーバー　　及方法』（岩波書店）が出版されている. マイヤーは冒頭で
「歴史は何等の体系的な科学ではない」という. そして「歴史研究法なるもの
の統一性が, 歴史の科学に一個のまとまった体系をあたえうるものと信じよう
と欲するならば, それは謬った幻影であろう」. きわめつけは「実際私自身,
長年にわたって歴史研究において歴史法則をかつて発見したこともなければ,
それをだれか他人の研究の中で見出したこともない」である. 彼は方法論や歴
史法則すら拒否する職人気質の歴史家であった.

　マイヤーのこの著作に対して, 19世紀的科学観を克服しようとしたマック
ス・ウエーバーからの反論の『文化科学の論理学の領域における批判的研究』
（1906年）がある.「歴史は“概念”や“法則”と“何の関係もない”学問である
から“歴史的”研究は“科学的”研究とは何ら質的に違ったものである, と
いった先入見を固めるのに少なからず寄与してきたのである」とマイヤーを批
判する. ウェーバーの反論は祇園寺信彦ほか訳『歴史学の方法』（1998年）と
して講談社学術文庫に入り, さらに両人の言い分を合わせたものが, 森岡弘通
訳『歴史は科学か』（みすず書房, 1965年）となった.

　古代史の権威マイヤーと著名な社会科学者ウェーバーによる論争は, 歴史研
究の基本的な問題を扱い, 後学の人々に豊かで奥行きの深い示唆をあたえる.
増田四郎も『歴史学概論』（1966年）で, 歴史認識の原理的問題でつねにふり
かえるべき論争だとしている.

▶**ブラウン**　　　1924年にブラウン著京口元吉訳『歴史哲学概論』が刊行さ
　　　　　　　　れた.

▶**津田左右吉**　　1929年, 津田左右吉が「歴史の矛盾性」（『史苑』）を発表し
　　　　　　　　た.「歴史は未来に向かって進んでゆくものを過去としてな
がめねばならぬ. 未来に向かって進んでゆく生活が過去になった時, いひかえ
ると生活が生活でなくなった時, はじめてそれが歴史の領域に入るのである.
けれども, 歴史の取扱ふものは生活でなければならぬ. だから, そこに矛盾が
ある. 問題はこの矛盾から生ずる.（中略）歴史家の第一の任務が叙述にあり描
写にあるとすれば, この第二の任務は反省であり考察であって, 従って, かれ

は主として心理的であるが，これにはいはば論理的な面がある．（中略）歴史は
決して恣意なきもの放漫なものではない．知性のはたらく範囲の内に於いて
は，そこに論理の法則があり，看取せられた歴史的事実の制約があって，それ
に背くことは許されない．（中略）歴史を概念化し抽象化することを以て史学の
本色とするが如き考へかたは，余の見るところとは一致しないものである．史
学は一般的法則を求めるようとする意義に於いての科学ではない．歴史はその
本質として，過去の生活の過程を，特殊なる生活の過程として，具体的な姿と
して，意識の上に再現するものである」（『津田左右吉全集』第20巻）．津田は法則
を探究する科学の存在を否定はしないが，終生，歴史の法則的理解を拒否した．

▶野々村戒三　1929年に野々村戒三が『史学概論』（早稲田大学出版部）を書
いた．ベルンハイム，ラングロア，セニョボスなどに学び，
野々村は「序言」でこう語る．「真実を蔽わず，虚偽を語らざる事，是が修史
の第一義であらねばならぬ．ボーダンも「歴史，即ち実録なり」と，云って居
るのである．奈何にして此の目的を達成する事が出来るか，山なす史料を鑒
（かん）別し，それらを基礎として，社会的存在としての人間活動の進展を闡
（せん）明するには，どんな方法に依らなければならぬか．是の如き実際問題に
答ふる所のもの，それが歴史方法学である」．ここでいう「歴史方法学」がこ
んにちの歴史方法論である．野々村の本は前編「原理論」と後編「方法学」の
2部立てに成っている．前者は「史学の概念」，「歴史認識」，「歴史の分類」，
「史観の変遷」を語る．歴史理論である．後者は「歴史方法学」，「史料学」，
「史料批判学」，「総合」，「表現」を論じる．史料操作を詳述するが，「歴史哲
学」と「歴史叙述」にもふれる．大学の教科書としては問題点を満遍なく執筆
されているが，叙述に濃淡があり，ややバランスを欠いている．

第4節　1930年代

▶柳田国男（1）　1930年，柳田国男が『明治大正史世相篇』（朝日新聞社）を
上梓した．この作品が成功作であったかどうかは，ここで
は問わない．ただ，その冒頭で柳田は自ら意識した訳ではないが，「事実とは
何か」という歴史学への本質的な疑問をぶつけた．「これだけ繁多に過ぎたる

日々の記事ではあるが，現実の社会事相はこれよりもはるかに複雑であって，新聞はわずかにその一部しか覆っていないということである．記録があれば最も有力であるべき若干の事実が，偶然にこの中から脱しているということであった．新聞は決して前代の史官のように，伝うるに足る事蹟の選択はしないのだが，それでも生活の最も尋常平凡なものは，新たなる事実として記述せられるような機会が少なく，しかも我々の世相は常にこのありふれたる大道の上を推移したものであった．そうしてその変更のいわゆる尖端的なもののみが採録せられ，他の碌々としてこれと対峙する部分に至っては，むしろ反射的にこういう例外の方から，推察しなければならぬような不便があったのである」（『柳田国男全集』第26巻）．文字では表現しきれない「事実」をどのように扱うべきかという疑問である．

▶**西田直二郎**　1932年，西田直二郎が『日本文化史序説』（改造社）を書いた（1978年に講談社学術文庫に再刊された）．目次は第 1 編「文化史研究の性質及び発展」と第 2 編「日本文化の展開」に大別される．後者は古代文化から明治文化までの事例を叙述したものである．西田の文化史論が述べられているのは前者の第 1 編である．その内容は第 1 講「文化史と歴史学」，第 2 講「文化史研究の発展」，第 3 講「日本に於ける文化史研究の発展」である．第 1 講には西田の歴史理論が提示され，第 2 講と第 3 講はすぐれた史学史が描かれている．

　「歴史家は過去の事件を漏れなく知るべしとの要求はその研究の対象論からきている．歴史事実が意味によって考えられ，それによって知ること，あるいは意味によって統一せられた歴史の世界というは，事件なり，事象そのものをさしたのではない．歴史家にとっては過去に消え去った事象を，その事件の関係者，その時の見聞者よりも委曲に知ることはできないことに属する．後代の歴史家が，過ぎにし時代の事件を，直接に関与せる人々，その時代の人々の記録によって事の由を繹（たず）ねることはそれらの人々よりも，なお多く知るためではない．いかなる博捜多読な歴史家でも事件については，さらに多くを付加するいかなる権利も有せない．しかし歴史家がなお多く知るものありとするのは，事件そのものについてではなく，事件の関係についてである．歴史家は史料によって過去事実を観るのではなく，事実の関係を明らかにしているに

あるといってよい」（「文化史と歴史学」）．歴史の研究は事実の捜索ではなく，因果関係を知ることだとする文化史研究の真髄を表明したのである．しかし，日本の現状はヨーロッパ諸国に比べ40年近く遅れているとも指摘した．「我国では文化史研究は，すでにその声を聞くこと久しい．しかし近時日本の文化史研究には，理論なり方法なりに，なお欧州の史学界にあって三，四十年前に論じ尽くされたものを新たに繰りかえしているを見ることがある」（「文化史研究の発展」）．

▶歴史学の発達　1932年には『研究評論　歴史教育』第7巻第9号が「明治以後に於ける歴史学の発達」という特集を組んだ．その目次をみると，日本史の社会経済史，思想史，宗教史，政治史，法制史，外交史，教育史，美術史，歴史地理学，日本考古学，民俗学，東洋史の先秦時代史，漢南朝時代史，唐宋時代史，元代史，明代史，清代史，朝鮮史，満洲蒙古史，西域史，南海史，東亜考古学，西洋史の明治30年代以前，明治30年代以後，といった個別史はきわめて華やかな内容が盛り込まれていた．しかし，歴史理論や史学史には項目すら立てられていない．大類伸が「西洋史学発達の回顧と展望」のなかで，「史学研究の一般的方法論や，史学の理論に関する方面では，西洋史研究者が我国の史学研究上に寄与した功績は少なくない，又西洋学者の歴史研究の態度，方法及びその成果を紹介することに依て，本邦史界を刺戟し指導した功も忘れられてはならない」とのべているものの，具体的な著作への言及がない．

▶ブイコフスキー　1934年に西雅雄の翻訳でロシア人歴史家のブイコフスキー『史学概論』（白揚社）が公刊された．原本は1931年の刊行である．マルクス主義を背景にもつ書物である．「歴史研究の技術の問題に関する専門的な著作および体系的な教科書はほとんどない」と著者は冒頭で嘆いているが，ラングロア，セニョボス，ベルンハイムは先達として敬意を払っている．ロシア革命を経ているが，「しかしマルクス主義的に熟考され且つ仕上げられた歴史研究の方法学はまだ作られていない．かかる文献はまだ今後作られるべきものだ」とも言っている．素直な物言いである．序論に引き続き，第1部「歴史研究の技術」と第2部「歴史的批判」から成っている．マルクス主義の歴史観を前面に出したものではなく，結論として，ラングロア以降の著作を越えるものではない．

▶今井登志喜　1935年に今井登志喜の『歴史学研究法』（東京大学出版会，1953年に改訂版）が出て，この種の研究法には一定の形ができあがった．第 1 章「歴史学の方法論」，第 2 章「歴史学を補助する学科」，第 3 章「史料学」，第 4 章「史料批判」（外的批判，内的批判），第 5 章「総合」，第 6 章「方法的作業の一例」の目次をいちべつするとベルンハイムの手法に準拠していることが分かる．ただし，第 6 章は今井のオリジナリティが発揮されている．天文17年 7 月19日に武田信玄が小笠原長時を信州塩尻峠に撃破した戦いをテーマにして，第 1 章から第 5 章までに学んだ史料操作と歴史叙述を実践する．ただし，「史料の提供する史実は断片的であり，そのままではなおなんらの連絡がない素材である．これを因果関係において連絡し，有機的な全的の経過発展の形に構成するのが，ここにいう歴史的関連の構成であり，綜合の作業の中心である．それは，史実の関連の把握によって過去の史的発展を思想の中に再現するのである．而して史実を連絡させる手段は，推理であるが，それは厳密に科学的推理でなければならない」．このランケ流の客観主義の権化をもってしても，その連関に歴史家のイマジネーションの機能が働かざるを得ないのである．

▶柳田国男（2）　1935年，柳田国男が「国史と民俗学」（『岩波日本歴史講座』）を発表する．目次は第 1 章「史学の成長力」，第 2 章「国史と教育」，第 3 章「記録文書主義」，第 4 章「記事本末体」，第 5 章「単独立証法」，第 6 章「伝説の史的意義」，第 7 章「信仰と文芸」，第 8 章「道徳律の進化」，第 9 章「義理人情」，第10章「結論」となっている．

　「在来の専門家は永い慣行によって，歴史は文字で書いたものに依るの他，知ることの出来ぬ知識だと思い込み，又さういふ定義を掲げて居る人も幾らも有るやうだが，之に対しては然らば文字以外の証拠に基づいて，探り究められた過去は何だときいてもよし，或は又現在も眼に一丁字無く，文字の有る旅人にも訪はれなかった土地の住民には，歴史が無いと言へるかと尋ねてもよいのだが，是は明らかに誤って居るのである．史学は往古にも現代にも，決してしかく究屈なる埒内に籠って居ない」（第 3 章）．史料主義を批判し，歴史の「事実」とは何かを問うている．「気になるのは，近世最も盛んであった起源論の濫用が，今に歴史家の所領の如く看做されて居ることである．事物の始まりが

古いと聴いて，それなら大丈夫ともう安心してしまひ，中途の変化をも尋ねず，又は名と実との乖離を気にかけようともせぬ風は，ただ時代の考察に疎慢だといふだけで無く，起源そのものの理解にも不親切なことであるが，初期の史学は斯ういふ点ばかりに力を注ぐ嫌ひがあった」（第4章）．歴史主義に対する批判である．1930年の『明治大正史世相篇』以来いだいていた歴史学への懐疑である．

▶ウェーバー　　　1936年，ウェーバーの『社会科学方法論』（原本は1904年刊行）を富永祐治と立野保男が翻訳し，岩波文庫に入った．論点のひとつは，自然科学の法則的認識方法を文化科学に適応できるか，ということであった．論敵のマルクスが歴史の法則性を重視し，社会発展を「自然史過程」とみなしていることへの反論でもあった．ウェーバーはリッケルトなどのドイツ西南学派の考え方をさらに精密化したのである．ウェーバーは言う．歴史上の事実は無限にある．それをすべて認識することは不可能である．歴史認識は事実のすべてを認識することではなく，一定の視点から「知るにあたいする」ものを選び出し，これを論理的に秩序づけることである．そのため，歴史認識は一面的で，また相対的なものである．視点が変化すれば，歴史像もまた変る．歴史は時代とともに書きかえられるので，普遍的な歴史法則は存在しない．

　セニョボス，ラングロア，ベルンハイム，坪井，今井などが同じような歴史研究法を提唱しているが，その議論の核心は史料批判であった．これは現在でも歴史学の基本作業となっている．史料を書いた人物がうそをついていないか（内的批判），あるいはその史料はにせものではないか（外的批判），などの調査をおこなうのである．また，歴史学を補助する学問をいくつか数えているが，19世紀の歴史家たちは，心理学や経済学や社会学といった若い学問に取り囲まれて，殿様気分でいられた時代であった．しかし，100年近く経った現在では，こうした学問も大きく成長し，とても補助学などといっていられない状況になっているのである．

第 4 章

史学概論と歴史理論の歴史（２）（1926年〜1970年）

第1節　昭和戦前期

▶クローチェ　　時代は少し戻って1915年，ドイツ人歴史家クローチェが『歴史叙述の理論と歴史』を著した．1923年に英語版 "History. Its Theory and Practice"（『歴史―理論と実際』）が上梓されたが，訳題も適切ではなく翻訳も完全を期したものではない．日本語版は1926年に羽仁五郎の翻訳で単行本が出た．戦後になると，1952年に『歴史の理論と歴史』として岩波文庫の一冊に入り広く普及したが，これも訳文に難がある．林健太郎のアドヴァイスによって書名を変更したとのことであるが，1926年版の『歴史叙述の理論と歴史』のほうがふさわしい．英語の「ヒストリオグラフィ」(Historiography)，ドイツ語の「ゲシヒツシュランブンク」(Geschichtschreibung) という言葉は日本人にはなじみのうすいものである．「歴史叙述」と訳されることが多い．ただし，歴史叙述という行為をしめすのではなく，叙述された歴史を指す．歴史学は歴史理論と歴史叙述のふたつの面がある．理論と方法論は科学としての歴史学の成立に必要なものであるが，歴史叙述によってはじめて自己の存在を主張できるのだ．

　クローチェの本の目次を追っていくと，第1部「歴史叙述の理論」，第2部「歴史叙述の歴史」に分かれ，書名通りの内容になっている．「すべての真の歴史は現代史である」というクローチェの有名な言葉は，第1部の冒頭にある．つまり，クローチェの言わんとするところは，過去の事実をそれ自体で存在するものとして見るのではなく，現代の研究者が現在の関心に基づいて注視・研究することで構成されるものであることである．第1部では，歴史と年代記

録，「普遍世界史」の批判，「歴史哲学」の理念的成立と解体，事実の選択と時代区分，などのテーマが論じられている．いわゆる「歴史理論」そのものである．その一例をあげると，「普遍的歴史学の批判」では，たとえば H. G. ウエルズが『世界小史』でおこなったような世界史のはじめを宇宙の誕生から説き起こすことに批判の矢を向けている．また，「歴史哲学」は，事実を収集しこれを因果関係と結びつける実証主義とは矛盾するものだと指摘する．第 2 部はこうした諸議論を受けたあとの，歴史叙述の歴史である．ギリシャ・ローマ時代，中世，ルネサンス，啓蒙主義，ロマン主義，実証主義，と時代を追って歴史叙述の実際を論じている．歴史家が歴史を語るときの視点や枠組みについて検討し，歴史叙述のあり方が歴史的にどのように変遷したかを論述している．

▶三木清　　　　1932年，哲学者の三木清が『歴史哲学』(『三木清歴史哲学コレクション』，書肆心水) を著した．これよりさきの1930年，彼は地下の日本共産党に資金を提供した疑いを受け，治安維持法で検挙され，11月まで刑務所に拘束されていた．釈放されたのち，思想面でも生活面でも苦境に立っていた．こうした状況で『歴史哲学』が書かれた．彼のこれまでのマルクス主義の歴史哲学的基礎づけを評価していた人びとから，「マルクス主義から」の方向転換と位置づけられ，きびしく批判された．三木はすでにクローチェのことを知っていたようである．

　『歴史哲学』の目次は第 1 章「歴史の概念」，第 2 章「存在の歴史性」，第 3 章「歴史的発展」，第 4 章「歴史的時間」，第 5 章「史観の構造」，第 6 章「歴史的認識」となっているが，当時注目されたのは，第 5 章の歴史観の問題であった．

　三木清は言う．「史観は各々の歴史叙述のうちに含まれ，これをその根底に於て規定しているところのものである．歴史科学的研究の後にその結論として初めて打ち建てられた一般的原理というが如きものでない」．ここでいう「歴史科学的研究」とは暗にマルクス主義をさしているが，三木清は史観とはマルクス主義がすべてではないと主張している．「それはもと個々の研究の結論を総括し概観せしめる一般的命題ではない．史観とは歴史科学にとってかような結論であるというよりもむしろそれの前提である．史観は個々の科学的研究によって影響され，それを通じて科学的な形態に形作られるに至るのであるけれ

ども，その根源に従えば，決して科学的研究の結果初めて出て来るというもの
でなく，それに先行し，それに対し予め一定の方向を指定するところのもので
ある．それは歴史家にとって自覚されぬ無意識的な前提としてはたらいてい
る」（第5章）．

　1930年代以降，日本ではマルクス主義の歴史観が無視できない存在となっ
た．史的唯物論，歴史の段階的発展論など比較的分かりやすい歴史観が歴史家
の心をとらえた．この影響はこれから半世紀近くつづくことになる．

　三木の歴史用語を語るとき，「ロゴスとしての歴史」，「存在としての歴史」，
「事実としての歴史」の三つの用語がよく知られている．前の二者はヘーゲル
の「主観的歴史」と「客観的歴史」を読みかえたものである．難問は「事実と
しての歴史」である．彼の説明によると，現在のわれわれにあたえられている
過去の総体だという．クローチェの見方に重なり，歴史＝物語り論にもつなが
るものである．

　三木はべつのところで「歴史叙述は一方において存在としての歴史を模写す
る関係を通じて客観的存在によって規定されるとともに，他方において，歴史
的意識によって規定される関係を通じて主体的事実を表出する」と言ってい
る．まさに哲学的なむつかしい言い回しである．ここで問題なのは「歴史を模
写する」ということである．三木はラングロアの歴史方法論を読んでいたので
あろう．ここではまったく同じ見解である．しかし，歴史の記述はいかなる意
味においても模写ということはありえないのである．史料に何の解釈をくわえ
なくとも，おのずから歴史を語ってくれるという19世紀以来の史料崇拝にとら
われている．

▶『学生と歴史』　　　1940年，河合栄治郎編『学生と歴史』（日本評論社）が上
　　　　　　　　　梓された．目次を読んでみると，当時の第一人者ばかり
が登場しており，充実した内容となっている．第2部では当時の新進気鋭の川
崎庸之，旗田巍，野原四郎，小此木眞三郎，林健太郎が参加している．第1部
「歴史学」，第2部「各歴史の特性」，第3部「歴史の考察」に大別されるが，
それぞれ歴史理論，史学史，歴史哲学に対応するテーマである．序文には河合
栄治郎「歴史への関心」，第1部には，狩野亨吉「歴史の概念」，羽仁五郎「歴
史及び歴史科学」，今井登志喜「歴史研究法」，大類伸「歴史に於ける諸学派」，

第2部には，津田左右吉「日本歴史の特性」（検閲当局から削除を命じられ，これは脱落している），川崎庸之「日本の歴史家」，旗田巍「東洋史の特性」，野原四郎「支那の歴史家」，小此木眞三郎「西洋史の特性」，林健太郎「西洋の歴史家」，第3部には，高坂正顕「歴史哲学概論」，務臺理作「史観」，木村健康「歴史に於ける自由と必然」，安倍能成「歴史の意義」という論説がある．

　狩野論文の冒頭に「歴史」という語に関する注目の記述がある．「支那の古い時代には歴史といふ語はない．唯史とばかり呼んでいた．このことは史記から明史に至るまでの歴代の正史は云ふに及ばず，主なる史書に使用していないのを見て推知すべきである．明末になって，俗間一二の書物の表題に此語を使用したのが抑もの始ではないかと想はれる．其中の歴史綱鑑補（1610年刊）といふ本は万歴年間に袁黄といふ学者が書いたとなっているが，此本を我国で寛文三年（1663年）に翻刻し，爾来相当に行はれ，明治の初年までも読まれたものである．此本からでも気付いたものか，徳川時代に歴史と二字を連ねたものに，元禄年間刊行の巨勢彦仙の本朝歴史評註があり，享保年間編成の松崎祐之の歴史徴がある．しかし甚だ稀に見る程度のものであったが，維新後流行り出し，文部省で学校の科目に此名を採用するに至り忽ち全国に普及し，終に三尺の童子の口にも上る親しき語となった．その反響が支那まで達し，今では我国と同様に使っている」（「歴史の概念」）．この論文については青江舜二郎『狩野亨吉の生涯』（中公新書）の第四編第二章「六 歴史の概念」を参照．

▶河合栄治郎　1940年，河合栄治郎自身も『学生に与う』（日本評論社）を書いている．彼は歴史家ではなかったが，同書の「歴史」の項目にはすぐれた歴史論が展開されている．文化科学としての歴史，学問としての歴史学が成立する事情，などが語られる．難解な歴史主義をつぎのように明解に説明している．「「どうして」そうなったかを問う，「生成」の事の理解が必要である．物の由来生成を検討する思想を歴史主義と称するが，発展の概念は歴史主義を生ずるに至った．法制史，政治史，経済史，社会史等々の特殊歴史が，法律，政治，社会等について生じたが，単にこれらのものを対象とした法則定立の学問に満足しないで，その生成を問わなければ承知ができなくなって，一度は法則定立の否定にまで走って，各学問の分科に歴史学派なるものが生じたくらいである」．

▶樺俊雄　　　戦争中の1943年に樺俊雄の『歴史哲学序説』（理想社）が刊行され
た．自らこの書物の全体を貫いているのは「歴史主義」だと宣言
している．目次は第 1 章「歴史と歴史哲学」，第 2 章「歴史的存在」，第 3 章
「歴史的認識」，第 4 章「歴史的時間」，第 5 章「歴史観の諸類型」，第 6 章「歴
史理論の歴史」から成る．歴史主義を謳っているので，歴史研究者の琴線にふ
れるものが多い．歴史主義自体の限界があるものの，きわめて冷静かつ客観的
な内容には敬服させられる．

「歴史とは勝義（広義）においては歴史記述すなはち「書かれたる歴史」では
なく，まず現実，すなはち「出来事としての歴史」であるから，歴史記述の問
題をそのまま歴史の問題に潜入させることは許されぬはずである」（第 1 章）．
「それ（歴史）は多くの文献学主義的歴史家や文献至上主義者が考へるやうに単
に史料ことに文書が直接表現するところのもののみによって決定されるといふ
ものではない．むしろ文献が直接表現するところの意味の背後に溯って，その
文献の表現する過去の事象が歴史的世界において如何なる客観的な意義を有す
るかを探求するところに，はじめて歴史の認識が成立するのである」（第 1 章）．
「歴史哲学なる概念はその発生および発展において一定の社会的状況に制約さ
れている．それゆえ歴史哲学の概念を考へるに当っても，それを制約している
社会的状況を顧慮し，それを通してその本来あるべき意味を把握せねばなら
ぬ」（第 1 章）．「歴史哲学と歴史学との不即不離の関係を確認することこそ最も
必要なことである．歴史哲学の側については，それが超越主義的傾向に陥るこ
とより救ってそれの真理に具体性を保証することができるであろう．歴史学の
側について云へば，文献をもって生ける歴史と見誤る如き文献主義の傾向より
引き戻して，正しき軌道に復せしめることに役立つであろう」（第 1 章）．「われ
われ（日本人）が歴史と称ぶ場合には歴史記述を指しているのがつねである．
これはわが国語では本来史といふ文字が書き記されたもの，すなはち記録とい
ふ意味をもっているからである．ドイツ語では歴史の二つの意味を区別するの
に Historie と Geschichte といふ語をそれぞれ歴史記述と歴史的存在とに当て
いる．歴史の哲学的解明をするに当って，歴史的存在の解明から着手すること
が当然であるやうに見える．歴史的存在がまづあって，つぎにこれについての
歴史記述がなされるからである」（第 2 章）．「歴史家にとっては歴史的事実の探

求だけが問題なのであって，歴史的事実を如何に認識し，把握するかといふやうな歴史把握の一般的原理といふやうなものは哲学者の思辨的考察の構成物ではあっても，決して歴史研究にはなんら係りあうるものではないと，かう彼等は主張するでもあらう」(第5章)．「歴史主義とは歴史の流れのうちに内在して歴史を把捉する立場である．過去における偉大な業績や行為はそのままの姿で尊敬し模倣するに値することであり(記念碑的歴史)，また過去において生ぜる事柄はそれの生起せる際の事情の意義をなんら考慮することなく，保存し尊重するに値することである(古物的歴史)と考へられるのである．(中略)歴史記述の方法としてこの歴史主義が現れた場合には，それが文献主義と容易に結びつくこともまた自明であらう．歴史主義にとっては文献そのものがすでに過去の存在として解されるのであって，現在的総合に基いて解釈し直されるといふが如きことは考へえられぬのである」(第5章)．戦中の著作とはいえ，今日の歴史家が傾聴・再考すべきことがらが多い．

　樺俊雄は1967年に『歴史と歴史主義』(理想社)を書いている．目次は第1章「歴史主義の理論と発展」，第2章「ディルタイと歴史的理性」，第3章「トレンチと歴史主義」，第4章「ヘーゲルと世界史」，第5章「歴史的意識」，第6章「歴史主義とその批判」である．彼は歴史主義を19世紀のドイツの反合理主義的思想傾向と規定する．20世紀になって批判の対象になったが，第1次世界大戦を境に批難の意味を欠くことになった．新しい歴史主義がトレンチ，クローチェらによって確立したと主張した．あくまでも歴史主義を擁護する立場である．樺にはブルクハルト『世界史的考察』(櫻井書店，1948年)の翻訳がある．

▶歴史主義　ここで，このころの時代によく使用される歴史主義について説明しておく．歴史主義にはじつに多様な概念がある．はじめは人間がつくったもの(歴史)とそうでないもの(自然)を区別するための概念であった．言いかえれば，歴史主義とは自然主義に対する対立概念であった．19世紀の後半になると，この言葉は一般に広く用いられる用語になった．そこで，歴史主義にさまざまな定義がなされるようになった．これを大別すると，(1)世界観としての歴史主義，(2)方法論としての歴史主義，に分かれる．前者の議論では，今日の出来事は歴史的な発展において理解できるものである

から，人間に関する学問はすべて歴史から出発しなければならない，ということになる．後者の議論では，歴史における法則性を問題にせず，人間の自由と創造性に関して突発的で予想不可能な要素を強調する学問観をとる．自然科学の論理とはまったく異質の論理ということになる．

▶『国史と民俗学』　1943年，柳田国男が『国史と民俗学』（六人社）をまとめた．目次は（1）「自序」，（2）「国史と民俗学」，（3）「郷土研究の将来」，（4）「郷土研究と郷土教育」，（5）「歴史教育の話」，（6）「史学と世相解説」となっている．（2）については1930年のところで述べた．このときの序文はこうなっていた．「少年の頃から私は歴史が好きだったので，是に何とかして民俗学の方法を結び付けたいと思って，色々と世話を焼き，又時々批評がましいことも言って居る．（中略）大東亜圏内の大小の国々は，歴史は古いけれども記録は新しく，中には今日になるまで，まだ史料といふものの無い民族すら多い．彼等の指導に任ずる人々が，正確なる彼等の歴史を書かうといふ場合にも，我々の学問（民俗学）の態度と方法とは，何等の但書も無く又もっと有効に，役立つであらうと私は信じて居る」（自序）．史料がなければ史実を認めない歴史学の欠点を補うために，歴史学と民俗学との融合を主張した．同書の第2版は1948年に出たが，その序文は戦前のものとは違っていた．「この巻頭の一文を世に公けにした頃には，国史を経典のやうに解したがる人がまだ日本に多く，学問の方法は其制約を受けて，むしろ働き過ぎる者を嫌ふやうな傾きさへあった．斯んなことをして居てよいのだろうかと内々の不安を抱く者がもう少しづつ出来て居た時代である．さういふ人たちに力を附け，知識の閉鎖の悲しむべく，反動の更に気づかはしいものなることを，心づかせようとしたのが一つの目的であって，単なる民俗学の疎明としては，この本は聊か行き過ぎて居る」（第二版自序）．あいまいなものの言い方であるが，本心は歴史学と民俗学のしっかりとした融合をふたたび訴えたのである．1976年の石井進「史料論」を参照．

▶大類伸　1944年，西洋史概説やルネサンス研究で知られる大類伸が『概論歴史学』（生活社）を書いた．「歴史の学問は不変と変化，静と動との二面に即して人事を考察する学問である」と言い，普遍と個別の二元論から歴史を捉えようとしている印象がのこる．第1部「歴史学の諸問題」と第2

部「歴史研究法」の 2 部構成である．前者は史学史，後者は史料操作を論じている．第 2 部の最後に「歴史叙述」の問題が掲げられているが，それほどの重要性や説得力が感じられない．要するに「歴史理論」というバックボーンのない著作である．

　これよりさきの1942年，大類は『現代史学』（弘文堂書房）を執筆している．「何の為に歴史を学ぶか．それは人生に対する理解を深め，さうして文化の進展を更によく導かんが為めに外ならない」といい，しかし「歴史とは『複雑』の代名詞である」という．論理性の低い概論であるが，文末の第 7 章「本邦に於ける西洋史学の発達」のみは具体性があり精彩にあふれる．目次は第 1 章「教養としての歴史研究」，第 2 章「西洋歴史思想の性格」，第 3 章「政治史と文化史」，第 4 章「現代歴史観と精神史」，第 5 章「歴史に於ける自由と運命」，第 6 章「最近西洋史界の動向」，第 7 章「本邦に於ける西洋史学の発達」である．

第 2 節　終戦直後～1960年

▶岩崎武雄　　　哲学者の歴史哲学として無視できないのは，戦後間もない1947年に書かれた岩崎武雄の『歴史』（『岩崎武雄著作集』，新地書房）である．その目次は第 1 章「歴史的意識」，第 2 章「歴史認識の理論」，第 3 章「歴史構造の理論」，第 4 章「理論的立場の限界と実践的立場」，第 5 章「歴史的立場の超越」となっている．この本は全編「特殊性（個別性）」と「普遍性（一般性）」を論じている．ことに第 2 章では，歴史的特殊性を構造的にとらえるリッケルト，逆に歴史的特殊性を構造ではなく対象そのものをとらえようとするディルタイを批判した．第 3 章では歴史的普遍性を重視するヘーゲルを批判した．岩崎の目的とするところは，「歴史的特殊性」と「歴史的普遍性」とをそれぞれ重視する「歴史認識の理論」と「歴史的構造の理論」という従来からの歴史哲学の批判的考察であった．歴史における「特殊性」と「普遍性」を調和できなかったことは歴史哲学者の怠慢であり，二つを調和する実践的立場を提案する．岩崎の主張は後掲の林健太郎の『史学概論』に取り入れられた．

　ちなみに，岩崎は1966年に『哲学のすすめ』（講談社現代新書）をまとめている．このなかに「歴史学」に言及した記事がある．「歴史家の任務は，過去の

歴史をそのあるがままにとらえることにあります．過去の歴史は，現在のわれわれとは関係なく，すでに生起したものですから，それは事実として客観的に存在しているものであり，歴史家は主観的偏見を去って，事実がいかにあったかを究明すればよいわけです．歴史学というものは，歴史家自身の世界観とか哲学というものとは無関係であるべきです．（中略）歴史的事実の確定ということが歴史学においてどんなに重要な意義をもつものであっても，それだけが歴史学の仕事ではないことはいうまでもないことです．歴史学はさらに進んで，歴史的出来事のあいだの因果的な連関を明らかにしなければなりません」．この見解は19世紀以来の歴史主義の見解を表明したものである．

▶『**必 然・偶**
　　然・自由』　　1950年，津田左右吉が『必然・偶然・自由』（角川新書）を発表した．目次は第1章「必然と偶然と自由と」，第2章「歴史の指針の多様性」，第3章「偉人」，第4章「国民生活の形態の変革」，第5章「再び必然について」，第6章「余説」となっている．「歴史の進むみちすじが一つしかなく，後の事態が必然的に前の事態から導き出される，といふ考へかたが，おのずから人の意志，その自由なはたらき，ならびに人の道徳的任務を，認めないことになる．（中略）社会構造が経済生活によって形づくられたものであり，さうして，さういふ社会構造がすべての国民生活を規定するものであるやうに，考へることが流行しているが，政治も宗教も道徳も，家族，村落およびその他の社会関係も，或はまた文藝や学問も，その根本は，人の生活のいろいろの側面として，経済の側面とは別の要求から生まれたものであるから，これらがみな経済生活によって生じたもの，そのために存在するもの，またはその基礎の上に成り立っているもの，とするのは，人の生活の事実に背いている．（中略）歴史の科学的研究といふことを宣伝し，歴史の必然性といふうことを主張している人たちの考へかたでは，歴史は人の生活の過程であることが忘れられているやうに見える．（中略）ある仮説にもとづいて史料を解釈し，さうしてその解釈によって仮説の真実であることが証明せられたやうに思ふことである．現実の政治または社会についての或る主張をもっているものは，この錯覚に陥ることが多いのみならず，意識的にかふいふ方法を用い，それによって，その主張の正当なることを証明しようとさへする．唯物史観を固執する人たちが日本の歴史について，いっているのを見ると，かふいふしかたによ

るものが多い」（第2章）（『津田左右吉全集』第20巻）．マルクス主義歴史観にことごとく反発する．

▶史学理論と史観と史実　1951年の史学会『史学雑誌』の回顧と展望号で榎一雄がつぎのようにのべている．楽観的な展望にみえるが，上からの演繹的な歴史観をいさめたものともとれる．「史学理論や史観を探究し，歴史の発展を把握する上に確かに必要である．しかし理論から史実が生れ，歴史が構成されるのではない．史実から理論が帰納され，歴史から理論が抽象せられるのである．史学理論は史実の裏づけを得て始めて万人に納得される．史実は探究者の史観に綜合せられて始めて大系づけられる．こうした常識的な論理が理解せられ受入れられて「豊かな実り多き」史学の建設の必要が意識されるようになったことは，確かに戦後の我が史学界の一つの成長であり，前進である」．

▶歴史とは何か　1952年，津田左右吉は「歴史の学に於ける「人」の回復」（『心』）を発表する．この論考で「歴史とは何か」を考察している．津田がかかげた定義はつぎのとおり．（1）生活は時間的に進行するもの，過程をもつものだ，（2）人が何ごとかをするのは，現在の状態を変えることだ，（3）生活は断えず動いていて一刻も静止していない，（4）どんな一言一行でも生活の変化によって，或はその他の道すじによって，そのはたらきをかならず後の生活に及ばす，（5）断えず動いている生活は一刻ごとにそれぞれの特異な姿をもち特異なはたらきをするので，二度と同じ状態にあることはない，（6）生活を動かしてゆくものは心のはたらきだ，（7）人の生活は一つの生活であるが，それには多方面がある，（8）人は孤立して生活するものではないから，一言一行も他人との，また集団との，交渉をもつものである，（9）人の生活は歴史的のものであり，人は民族または国民としての長い歴史のうちに生活している，（10）生活は自己の生活である，しかしそれは，物質的精神的社会的自然的ないろいろの力といろいろのことがらがはたらきあって生ずる環境のうちに於いて営まれる．「生活」という言葉を多用しているが，「歴史」と読み替えても意味は通じる（『津田左右吉全集』第20巻）．

▶史学は科学か　1953年，津田左右吉が「史学は科学か」（『史観』）を発表した．「近ごろ我が国では歴史の科学的研究といふことがいはれている．歴史科学といふ名の用いられることもある．史学が科学であると

いふのは，どの意義で科学の名を用いるのかが，問題になる．（中略）今さら歴史科学といふ名称を用いたり，歴史の科学的研究といふを主張したりするのは，意味の無いことである．（中略）唯物史観によって歴史上の事実を歪曲した種々の主張が，その方面では歴史科学もしくは歴史の科学的研究と同じ意義のもののやうにいはれている．しかしこれもまた正しい意義での史学ではない」（『津田左右吉全集』第20号）．津田のマルクス主義歴史学に対するアンチテーゼというべきか．

▶岸本昌雄　　　1953年には岸本昌雄『歴史哲学』（理想社）が刊行された．歴史的世界の存在とその認識がテーマとなり，前者ではディルタイ，後者ではマックス・ヴェーベルが考察対象となった．しかし，歴史学の理論はもとより方法論の提言はあまりないようである．

▶石母田正と　　1954年，石母田正が「歴史叙述と歴史科学」（『理論』第26号，
　津田左右吉　　第27号）を発表する．『必然・偶然・自由』（1950年）で歴史の発展法則を拒否した津田左右吉に対し，石母田は「歴史現象の背後にある法則と必然性を探究することは，あらゆる歴史的諸科学の協力のもとに歴史学がおこなわなければならない第一の仕事である」とした．いっぽうで，諸法則は歴史的現象＝偶然を捨象した抽象的なものであるが，歴史叙述においては偶然の存在を生かす必要があると主張した（『石母田正著作集』第12巻）．

　　一方の津田左右吉の主張はふたつある．第一は歴史を合理主義的に論理的に考察することに反対する．史料を徹底的に研究することにこだわり，これは論理的に行うことに徹した．第二に「歴史は発展を意味し，発展には変化がなければならぬ」という．ただし，「発展」の説明はない（門脇禎二「津田左右吉」永原慶二他編著『日本の歴史家』）．

▶グーチ　　　　1955年，林健太郎と林孝子の共訳によるG. P. グーチ『近代史学
　　　　　　　　史』（吉川弘文館）が刊行された（原本は1952年刊行）．1971年には『十九世紀の歴史と歴史家たち』（筑摩書房）と改題されて筑摩選書のひとつに入った．「近代歴史学の誕生と生成を，歴史情況と個々の歴史家たちへの周到な目くばりと平衡感覚をもってヴィヴィドに描きだした史学史のスタンダード版」と選書の帯にあるが，実質的には実証史学の歴史家たちを詳述した作品である．27の章からなり，ルネサンスやフランス革命から筆を起こし，ニーブ

ル，ランケはもとよりドイツ，フランス，イギリスなどの歴史学の進展がよどみなく叙述されている．日本の1950年代に顕著になったマルクス主義歴史学を意識した訳書でもある．

▶「昭和史」論争　　1955年の暮，遠山茂樹・今井清一・藤原彰共著『昭和史』（岩波新書）が発売された．翌1956年3月，この著作に対し，亀井勝一郎が「現代歴史家への疑問」（『文藝春秋』1956年3月号）を公刊した．亀井は「『昭和史』を通読したが，また現代歴史家の欠点を，これほど露出している本もない」とのべて，その理由をあげている．（1）この歴史には人間がいない，（2）個々の人物の描写力も実に貧しい，（3）戦争史であるにも拘らず，そこに死者の声が全然ひびいていない，（4）ソ連の参戦という重大事実に対してなぜ批判を避けたのか，ということを指摘している．この批判に対して，遠山は「現代史研究の問題点」（『中央公論』同年6月号）を書き，反論をのべている．歴史は文学的描写ではないにしても，人間の描写に関しては文学と共通するものがあり，この点については文学に学ぶものがある．人間のいない歴史はないのだから．しかし，「歴史学は文学ではないという大切な原則」がある．「現代史についての批判・討論は，科学としての歴史学を守り発展させるために，相互批判を通じて協力しあえるような広場を作り出す」ことが重要だとした．遠山のいう「科学」とは，マルクス主義の唯物史観そのものである．同じ『中央公論』6月号に和歌森太郎が「歴史の見方と人生」を書き，亀井の論説にコメントしている．「歴史学は，過去を過去として，その時代の立場で解明する」ものであり，その時代の人物を現在の「一般に通じるものとして抜き出し，これと対決するのは非科学的である」と難じ，「遠山氏たちの『昭和史』をひもといて，これは落第の書物だときめつけるは」迷惑だと断じて，遠山を弁護している．亀井が問題にしたのは歴史家の心構えであって，遠山や和歌森が歴史学の理論を問題にしたので，この点で議論がかみ合わなかったのかもしれない．

▶マルクス主義の隆盛　　1956年の『史学雑誌』の回顧と展望号にこのころのマルクス主義歴史学の隆盛を伝える矢田俊隆の記事がある．「ソ連共産党20回大会とそれ以後における変化である．（中略）マルクス・レーニン主義の理論そのものに疑いの目が向けられはじめたことである．

現在わが国の歴史学でマルクス主義が大きな力を持っていることを思えば，このことはまことに重大である．マルクス主義の歴史理論（唯物史観）については，すでに数年前から強い反省が加えられてきたが，マルクス主義史家の多くは，このような反省をマルクス主義にたいする誤解もしくは認識不足にもとづくものとして，自己の立場に基本的な変更を認めなかったように思われる」．

▶**歴史科学と唯物論**　　1956年，石母田正は「歴史科学と唯物論」（『講座　歴史』第1巻）を発表する．1954年の「歴史叙述と歴史科学」の続編とされている．マルクス主義歴史学と実証主義歴史学の方法論的対立が強調されているが，正しい関係を構築できなかったと自己批判する．彼は，実証主義歴史学は不徹底な唯物論であり，科学性を徹底させれば弁証法的唯物論に到達すると提言する（『石母田正著作集』第12巻）．彼の周囲からは「性急な自己批判」とされた．

▶**マルク・ブロック**　　1956年，マルク・ブロックの『歴史のための弁明』（岩波書店）が讃井鉄男によって日本語に翻訳された（原本は1949年刊行）．全体の3分の1ほどが未完だという．副題には「歴史家の仕事」とある．冒頭に「パパ，歴史は何の役にたつの，さあ，僕に説明してちょうだい」という有名なことばがある．歴史の社会的有用性を質問したのだが，ブロックはこれに対して正面から説明ができず，歴史学の方法論を語るだけにとどまった．ブロックはアナール派の旗頭ともいうべき存在である．そこで「歴史を考え，歴史を実際に研究する悪しきやりかたの批判的な評論」（フェーヴル）をおこなったのである．批判の対象となったのは19世紀以来の実証主義や歴史主義であった．目次をあげておく．第1章「歴史　人間　時間」，第2章「歴史的観察」，第3章「批判」，第4章「歴史的分析」，第5章「歴史における因果関係」である．その後この翻訳本は今日までつづくロングセラーになった．2004年に『新版 歴史のための弁明』（岩波書店）が松村剛によって翻訳された．1968年のリッターの項を参照．

▶**史学史の必要性**　　1957年にマルクス主義歴史学者の石母田正のつぎの文章がある．「史学史は，学説史や研究史と一応区別して考える必要があろう．（中略）ここでは史学思想・歴史観・歴史意識の発展を法則的にとらえることが中心である．この側面と学説史・研究史的な側面とが統一

され，さらに歴史叙述の歴史もふくまれたとき，史学史がはじめて歴史学の一
部として成立したことになると考える．しかしこれは見透しだけであって，現
在の歴史学ではそのための用意も学問的蓄積もまだまだ不十分である」（「日本
史学史序論」『戦後歴史学の思想』）．

▶柳田謙十郎　1957年に柳田謙十郎の『歴史哲学』（創文社）がでた．「まえ
がき」にその執筆目的が書かれている．「今までわが国でか
かれた歴史哲学は，そのほとんどすべてが観念論の立場からかかれたもので
あった．そこでは歴史を深く「解釈」することはなされたが，そこから未来へ
の見通しと行動の指針をうることはほとんど問題にされなかった．歴史哲学は
歴史的実践からはなれた観想の学であったのである．（中略）従来の歴史哲学の
欠点をおぎない，どこまでも実証主義リアリズムの精神によって歴史の本質を
つかみ，ただ歴史を解釈するというにとどまらず，われわれの祖国を正しく繁
栄させ，世界に平和を，そして人類に幸福をもたらそうとするあらゆる歴史的
実践に，何らかの意味において行動の指針となることを期したという点にある
といってよいであろう」．1960年の日米安全保障条約の改定に反対するグルー
プに属する著者のアジテートともとれる執筆目的の表明である．

　その歴史的実践にもとづくための目次はつぎの通りである．第1章「歴史的
認識」，第2章「歴史的法則」，第3章「歴史的空間」，第4章「歴史的時間」，
第5章「歴史的主体」．第1章では「歴史とは何か」と「歴史記述と歴史学」
という伝統的テーマにつづいて「史観の問題」がとりあげられる．実用主義史
観，宗教的史観，観念論的史観，歴史主義，実証主義を論じ，唯物史観に及
ぶ．「唯物史観は歴史をただ解釈する立場に立って研究するものではなくこれ
を変革しようとする歴史的認識の必然性をみとめるものである」という．「歴
史哲学」を論じた節でも「歴史学においても正しき史観の確立ということが，
いかにこの学問の真の発展のために重要であるかは現代の観念論者，あるいは
実証主義歴史家などが考えているよりもはるかに深いものがあろう」と力説す
る．こうした前提に立って，第2章では歴史的法則について熱く語る．「生産
力と生産関係との照応」，「土台と上部構造」，「社会の階級性と階級闘争」など
の項目を論じる．第3章「歴史的空間」につづく第4章「歴史的時間」では
「停滞する時間と循環する時間」，「進歩する時間」，「革新する時間」と進化論

的に時間が推移するという．進歩主義史観の典型である．第5章では歴史的主体として「階級」，「プロレタリアート」，「民族」を挙げ，それぞれを論じている．著者は直接には表現していないが，総じてマルクス主義まるだしの『歴史哲学』である．しかし，1980年代のソ連崩壊に見られる社会主義の衰退とともに，この種の歴史哲学に有効性は失われていった．

▶上原専禄　1958年には上原専禄の『歴史学序説』（大明堂）が公刊された．この本は第1部「歴史学の概念」と第2部「歴史学の諸問題」に分かれ，歴史学の総論と各論から成っている．後者はランプレヒト，封建主義，マックス・ウェーバーなどに関する個別論文である．史学概論にあたるのは第1部である．「歴史学とはどういう学問か」を明らかにするためには，「歴史学の概念」，「歴史学の研究課題」，「歴史学の研究方法」を知らねばならないことを強調している．この時代の歴史学の興味深い問題として，歴史主義とマルクス主義歴史学の対立がある．「歴史学のこうした法則科学化の動向に対しては，19世紀の90年代以来，「歴史主義」の立場に立っている歴史家たちの側で，強い反撃の態度がとられるようになり，近代歴史学の学問伝統と認識志向を意識的にまもろうとする態度が明らかに示されるようになった．その反撃の動機のうちには，法則科学的認識志向に対する純然たる理論的・方法論的批判の要素だけではなく，そうした認識志向と深くからみ合っている社会観に対する社会的・実践的反発の契機が含まれていた場合がしばしばあった．特に，マルキシズム歴史学に対する批判の場合は，そうであった．「歴史主義」の立場に立っている歴史研究者たちは，その反撃の過程においても，歴史的現実を個性的なもの，1回限りのものとしてとらえようとする伝統的な認識志向を，歴史学のいわゆる「方法」として鋭く自覚するにいたったのである」．この見解は当時主流であったマルクス主義歴史学からの目線である．

▶『歴史学と歴史教育』　1959年，津田左右吉が『歴史学と歴史教育』（岩波書店）を上梓した．目次はまず第1部「史学に関する諸考察」，第2部「現在の歴史教育に関する諸問題」に大別される．歴史理論に関する第1部には第1章「必然・偶然・自由」，第2章「歴史の学に於ける「人」の回復」，第3章「史学は科学か」，第4章「歴史の矛盾性」などが再録されている．

▶「歴史学の発達と現状」　1959年，国際歴史学会議日本国内委員会が『日本における歴史学の発達と現状』（東京大学出版会）をまとめた．日本史・東洋史・西洋史の各分野史の状況が報告されているが，そのなかに「史学理論」と「史学史」の項目がもうけられた．「史学理論」を書いた林健太郎の冒頭の断言が印象的である．「近代以降日本において独自の史学理論が生まれることは少なく，史学理論家として特に傑出した存在もなかった．ただ西洋の史学理論に対しては常に深い注意が払われ，その方面における新しい出版物は直ちに紹介されるのが常であった．そこで行われている史学理論はほとんどすべて日本に知られており，そのあるものについては熱心な祖述者があり，またそれを日本の史実に適用して発展させようとする試みも存在した．しかし総じて，純粋な理論，史観の上においては日本の史学界が世界に貢献したところは極めて少ない．この傾向は根本的には戦中・戦後の時代においても変りはない」．

▶林健太郎　戦後の史学概論を代表する著作は，林健太郎の『史学概論』（有斐閣）である．1953年に初版が出て，1970年に改訂版が刊行された．名著の誉れが高く，長い間全国各地の大学の史学概論の授業で使用されたロングセラーであった．彼の「はしがき」の言葉は歴史家の本音をはからずも語っている．「歴史家はとかく理論的な問題を論ずるのが不得意であることによるが，具体的なテーマを持って研究に従事している者にとつてはその方面の本を読むだけで手一杯であって，歴史学そのものの論議については，その重要性は認めつつもなかなか勉強する暇がないということによるものである．そこでいきおい歴史の本質に関する議論は歴史家ならぬ社会科学者や哲学者によって多くなされており，それらの仕事から歴史家は常に多大の裨益を受けている．しかし他方において，それらの人によってなされる歴史論はとかく歴史の実際の研究から背離しがちであって，しばしば歴史家からの反発を招いている」（『史学概論』）．前出の歴史哲学者樺俊雄の『歴史哲学序説』の表現に対応する歴史家林健太郎の回答といえようか．そして，「歴史哲学というものは今日では既に具体的な歴史の研究とは一応縁のない別箇の学問になっているので，歴史哲学そのものに余り深入りすることは歴史家にとって必ずしも必要なことではないであろう」（同上）ともいっている．

　目次を掲げておく．第 1 章「歴史及び歴史学の語義」，第 2 章「歴史学の対象とその範囲」，第 3 章「歴史学における批判的方法」，第 4 章「歴史の研究と歴史の叙述」，第 5 章「歴史事実と歴史の理論」，第 6 章「歴史理論としての地理的環境論」，第 7 章「歴史理論としての発展段階説」，第 8 章「唯物史観の諸問題」，第 9 章「歴史法則に関する一般的問題」，第10章「歴史法則に関する結論的考察」，第11章「歴史における個別性の問題」，第12章「歴史における人間性の理解」，第13章「歴史における個別性と一般性」，第14章「歴史認識の主観性と客観性」．1970年の新版には「戦後歴史学の課題」が追加されている．

　第 1 章ではヒストリアやゲシヒテなどの歴史の語源を説明した．第 2 章では歴史学の対象はあくまでも人間の歴史であることを強調する．第 3 章ではベルンハイムやラングロア，セニョボスを紹介して，史料学と史料批判を論じる．第 4 章ではベルンハイムによる歴史叙述の 3 段階区分にそって歴史作品を通史的にみるが，その区分には多少の疑念を感じている．第 5 章ではカントの認識論を強調し，個々の事実をつなぐ，その裏にある真の事実を見る作業の必要性を説く．第 6 章ではヘルダー，ヘッケル，バックルらの歴史理論の中心に地理的環境をおく説を紹介する．ただし，この理論は歴史理論には適用できないと論じる．第 7 章ではランプレヒトらの経済的要因を重視する説を紹介するが，これも歴史理論には適用できないとする．第 8 章では唯物史観を高く評価する．唯物史観は（1）生産を経済行為の基礎とし生産様式に基づく段階論で，（2）段階の変化を必然的な発展ととらえる動的な史観であり，（3）行動の理論となるとした．ただし，歴史的事実にそぐわない説もあり，学問が政治に従属してしまう危険性がある．第 9 章では第 6 章から第 8 章までの議論を整理し，すべての歴史事実をひとつの法則で説明するのは不可能であると指摘する．第10章では前章の議論をさらに展開する．歴史における単一の法則を否定し，主要法則と副次的な法則の重要性を認めることを説く．また，歴史の必然性には自然の必然性よりもはるかに蓋然性の性質をもつという．第11章ではヴィンデルバンド，リッケルトの個性を強調する学説を紹介する．第12章では「精神的諸科学」という枠組みを唱えたディルタイを中心に紹介する．第13章ではマックス・ウエーバーの歴史理論を紹介する．彼の「理念型」はあくまでも理想像であり，それに完全に合致する事実はない．第14章では（1）クロー

チェ，トレルチの歴史哲学，（2）唯物史観，（3）プラグマチズム，の歴史認識の主観性を考察する理論を紹介した．主観性とは個人の主観ではなく社会性をもつという指摘である．たとえば，現代とは特定の意味をもつ「歴史的現代」ということになる．

　1991年のソ連崩壊によって日本の歴史学界では唯物史観が急激に説得力を失ってしまうが，林健太郎が『史学概論』を書いたころは，マルクス主義歴史学と社会経済史学が確固たる地歩を固めていた時代であった．

▶日本大学のテキスト　石田幹之助と肥後和男の共著で日本大学から『史学概論』が出た．大学の史学科の新入生の歴史学への入門書としては好適なものである．前半の第1分冊・第2分冊（1952年ころ執筆）は東洋史の権威石田幹之助が，第3分冊・第4分冊（1970年ころ改訂）は日本古代史の重鎮肥後和男が担当した．前者の第1章「序説」（史学研究法とは何か，史学研究法の大綱），第2章「史料」（史料とはどういふものか，史料の分類，史料の保存と整理），第3章「史料の批判」（外的批判，内的批判，史料批判の実例）はベルンハイムの理論と今井登志喜の手法に従っている．史料批判の実例として，東洋史の「創建清真寺碑」，日本古代史の仏教伝来の記事（日本紀）の二つをあげている．後者の第3分冊（第1章～第4章）は前者の第2章と重複するところがある．ここまでは「史学研究法」というべきものだが，第4分冊は「史学概論」に値するものである．第5章「歴史における時間」，第6章「場所」，第7章「歴史における人間」（発展するもの，個性の問題，共同するもの），第8章「政治史と経済史と文化史」，第9章「史観」（宗教史観，精神史観，環境史観，唯物史観）がその内容である．

▶チャイルド　1960年にねずまさしによってV. G. チャイルドの『歴史とは何か』（平凡社世界教養全集）が紹介された．原著は *History*（1947年）である．「社会と学問と歴史」，「歴史の秩序とは何か」，「歴史の書き方の跡をたずねて」，「神学と魔術の考え方」，「自然論の考え方」，「歴史は比較する」，「歴史は創造する」の7つの章から成る．著者はイギリスの合理的考古学者と称され，もともとは考古学に関する著作が多い．

　彼の歴史に対する見方をフレーズを書き連ねていく．「人類の歴史の過程をつらぬく秩序というものを明らかにすることが，歴史家の務めでなくてはなら

ない．（中略）歴史秩序に関する諸学説に再吟味をくわえて，どんな種類の秩序
が歴史のなかにおいて本当に発見できそうであるか，またその研究方法が有用
でありうるか，ということを示すことが，われわれの目的である」（「社会と学
問の歴史」）．「初めのうちの「歴史書」は，記録された業績を魔法の力で永久的
のものにする，という意図のもとで書かれた奉納碑銘や碑文にすぎなかった．
それからまもなく「年代記」が書かれるようになった」（歴史の書き方の跡をたず
ねて）．「文書の大部分は歴史の資料であったとしても，そのうちのあるものは
歴史そのものであるか，すなわち社会が記念するに値すると認めるような事件
の記録であることを語っている．歴史記述の伝統は，これらの文書のうえに，
またそのなかかから徐々にきずかれてきた」（同上）．「年代記作者でも歴史家
でもいっさいの事件を記録しようと試みたところで，できるものではない．あ
りあまる事件のなかから，注目すべきものと思うものだけを選択せねばならな
い．その選択はすこしは歴史家自身の心理状態に左右されるが，概して伝統や
社会の利害関係によってきめられる」（同上）．「歴史家がある事件を，注目す
べきものとしてえらびだす方法は，いつも過去の要因に規定されているが，そ
の結果は一定していない．支配階級が交替するにしたがってその利害関係も変
るからである．選択方法も歴史記述法自体の伝統から影響をうける」（同上）．
「年代記は「どういう事件が行われ，何年に起こったか」を記録するものだ
が，歴史となると，「事件の理由や原因をも」明示しなければならない．事
実，歴史というものは，単なる時間的連続以上にひとつの秩序をもつはずであ
る」（神学と魔術の考え方）．「歴史というものが，もし前もって定められたレール
にのって進むものではなく，進みながら同時に道をこしらえてゆくものだとす
れば，そのいきつく終点を求めるということは，当然むだなことになる」（歴
史は創造する）．

第3節　1961年〜1970年

▶カ　ー　　　1961年，E. H. カーはケンブリッジ大学で歴史理論に関する一連
　　　　　　の講義をおこなった．やがて，これが活字化されて『歴史とは何
か』という名著が誕生した．早くも翌年には清水幾太郎による日本語版（岩波

新書）が発売されている．歴史への入門書であり，かつ奥行きの深い著作で
あったので，これまで半世紀以上にわたって読み継がれている．この本は第1
章「歴史家と歴史家の選ぶ諸事実」（原題は The Historian and His Facts となってお
り，清水訳の「歴史家と事実」では十分に意味が通じていない），第2章「社会と個
人」，第3章「歴史と科学と道徳」，第4章「歴史における因果関係」，第5章
「進歩としての歴史」，第6章「広がる地平線」の六つの部分から構成される．

　カーはまず歴史と年代記を区別した．彼がこうした対立軸を立てたのには，
「事実」を尊重していた19世紀の古典的実証主義への批判があった．歴史は過
去を理解し解釈し，ものごとの原因やはじまりを分かりやすい用語で説明する
こころみであった．一方，年代記は出来事の間を連関づけようとするこころみ
をまったく欠いた，出来事の単なる目録作りであった．年代記作者はひとつの
ものごとが次のものごとへと続くことを示すだけで満足するが，歴史家はひと
つのものごとが他のものごとを引き起こす様子を論証しなければならなかっ
た．もちろん，起こったことを確証するのは歴史家の大事な部分であるが，そ
れは他のあらゆるものごとが拠りどころとするものでもあった．しかし，歴史
家のほんとうに大切な仕事は，その基礎の上に建てられた説明と解釈であっ
た．入念な調査と事実の正確さは歴史家になるための必要条件ではあるが，そ
れだけでは十分ではない．年代記作者にとっては事実とは過去に起きたことで
あった．しかし，それは歴史家が論証の一部として取り上げ，使うようになっ
てはじめて歴史的事実となった．カーの表現によると，「歴史家が扱っている
事実の研究を始めるに先立って，その歴史家を研究せねばなりません」という
ことである．また，カーの有名なことばに「歴史とは歴史家と歴史家が選ぶ事
実との間の相互作用の不断の過程であり，現在と過去との間の尽きることを知
らぬ対話」というのがある．つまり，歴史的な原因や潮流は，それが歴史家自
身が生きた時代の社会にふりかかる問題への対処に役立つときになってはじめ
て，年代記作家とは対照的な歴史家にとって，関心がもたれるようになるので
あった（平田雅博他訳『いま歴史とは何か』（2005年），喜安朗ほか『立ちすくむ歴史』
（2012年）を参照）．

▶ポパー　　　1961年，ポパーの『歴史主義の貧困』（中央公論社）が久野収と市
　　　　　　　井三郎によって翻訳された（原本は1957年刊行．2013年に岩坂彰訳の新

訳が日経 BP 社から出版された）．目次は第1章「歴史主義の反自然主義的な見解」，第2章「歴史主義の親自然主義的な見解」，第3章「反自然主義的な見解への批判」，第4章「親自然主義的な見解への批判」である．この本の内容については著者自身が「はじめに」で要約しているので，これを列記したい．（1）人間の歴史の道筋は，人間の知識の成長に大きく影響される（この前提が正しいことは，科学的観念をはじめ，人間の観念の中に，単に何らかの物質的な発展の副産物しか認めない者でさえ，容認せざるをえないはずである），（2）合理的または科学的方法により，私たちの科学的知識が将来どのように成長するかを予測することはできない（この主張は，以下に概説する考察により，論理的に証明される），（3）したがって，人間の歴史の将来の道筋を予測することはできない，（4）このことは，理論物理学に対応する歴史の社会科学である理論歴史学が成立不可能であることを意味する．歴史の発展に関して，歴史的予測の基盤となりうる科学的理論というべきものはありえない，（5）それゆえ，歴史主義の方法の根本的目的は，誤って構想されている．歴史主義は破綻する．ポパーの著書の背景は彼の本の表紙裏の献呈の辞に暗示されている．〈歴史的運命の不変の法則というファシズム的，共産主義的信念の犠牲となったあらゆる信条の，あらゆる国の，あらゆる民族の無数の男たち，女たち，子どもたちを偲んで〉と書いてある．

▶内藤智秀　1961年に内藤智秀が『史学概論』（福村書店）を書いた．「歴史学の発達は，自然科学的進展に伴わなかったから，歴史の発展性の存在に対してさえ，疑いを懐くものがある．近代の世界史的過程を通じての歴史の進歩を認めることは，躊躇せざるを得ないというのである．（中略）運命的感情の変遷の内にこそ，個人主義的思惟から歴史的思惟への決定的転換が表現されていることを発見する．ここにこそ経験的記述的な性質のものの上に立つ歴史学の使命があると思う」．ここに著者の歴史家としての立場の表明がある．歴史の進歩や合理性や法則性を信じ，歴史学を人文科学として捉えている．目次はつぎのとおりである．「歴史の認識」，「歴史の法則性」，「歴史の定義とその変遷」，「史学史」，「史学方法論」，「歴史教育論」の各章を立てている．

▶ヒストロジー　1961年にはヒストロジー（歴史叙述）に関しても優れた成果があった．ロンドン大学の W. G. ビーズリーと E. G.

パーレーブランクの共編による *Historians of China and Japan*（中国と日本の歴史家たち）（Oxford University Press）が公刊された．これは Historical Writing on the People of Asia というシリーズの「インド，ペルシャ，セイロン」編，「東南アジア」編につづく第３弾である．目次をみると，ルーン「古代中国の年代記と歴史概念の成長」，ハルセウ「漢代の歴史叙述」，ヤング「中国の正史叙述」，W. フランケ「明代の各種記録」，H. フランケ「13，14世紀の民間の歴史叙述」など中国の歴史書に関する論説が10本，ロビンソン「六国史」，ロビンソン＆ビーズリー「11～14世紀の歴史叙述」（栄華物語，大鏡，今鏡，水鏡，増鏡，吾妻鏡，愚管抄，神皇正統記），ビーズリー＆ブレッカー「江戸時代の歴史書」（徳川実記，本朝通鑑，大日本史，読史餘論，古史通，日本外史），沼田次郎「重野安繹と史料編纂所」，バートン「現代の日本人経済史学者」（熊澤蕃山，本多利明，内田銀蔵，遠山茂樹，羽仁五郎），ボクサー「1500年～1800年の西洋人のアジア論」（ヴァリニアーノ，メンドーザ，マルティーニ，フロイス，ロドリゲス，ケンペル，ティティング），ハドソン「イギリス人の日本関係著作」（プラット，アストン，ブリンクリー，マードック，サンソム，エリオット）と日本の歴史書に関する論説が７本寄稿された．末尾にはラティモア「モンゴル社会史」の論説が掲載された．いささか啓蒙的な論文集であるが，「歴史叙述」に向ける西欧人の関心の高さがうかがえる．

▶歴史小説論争　1961年には歴史に関するさまざまな著作が上梓されたが，奇しくもこの年には「歴史小説」論争がおこった．ことのはじまりは，小説家の大岡昇平が投じた「蒼き狼は歴史小説か」という一文であった．発売当時絶賛されていた井上靖の『蒼き狼』が歴史小説に値するものかどうかの議論であった．「歴史小説にするためには，井上氏は『蒼き狼』の安易な心理的理由と切り張り細工をやめねばならぬ．何より歴史を知らねばならぬ．史実を探るだけでなく，史観を持たねばならない」（大岡昇平『歴史小説の問題』文藝春秋）．これに対して井上靖は「自作「蒼き狼」について」という文章を公表して，つぎのように反論した．「私は氏の歴史小説というものに対する考え方を，ひどく窮屈なものに感じる．氏の考え方からすれば，私が史実と史実の中に自分を入れて行ったところはすべて，氏から独断的な非歴史的なものとして指摘されることになる．私にはそうした作者の解釈が歴史的事実の間

に介入して来ることが，歴史小説の成立をさまたげる根拠となるとは考えられない」（井上靖『歴史小説の周囲』講談社）．かつて森鴎外は「歴史其儘と歴史離れ」（1915年）という一文を書いたが，大岡昇平もまったく同じ題名でこれを論じている（網野善彦編『日本の名随筆・歴史』作品社）．ここで論点となったのは，歴史小説における史実変更の許容度であった．当時の歴史家は歴史小説に寛容であり，史実の変更にはあまり神経をとがらせなかった．1973年にこの論争が再燃した．歴史家の和歌森太郎が朝日新聞に「史学者の立場から」投稿したのである（和歌森は1956年の「昭和史」論争にも参加した）．しかし，井上の立場に沿った平凡な議論だったため，「文学者の立場から」の大岡の反論にあっけなく退散してしまった．その翌年，歴史学者の菊池昌典が「歴史小説とは何か」を雑誌に連載した．そこで以前の井上・大岡論争が取り上げられた．「大岡がいいたいのは，史実にもとづいたイマジネーションの限界と節度ということであろう．そのイマジネーションは，たえず，その歴史的背景と歴史を構成する同時代の風俗，習慣など，あらゆる絆によって規制されなければならず，それと無関係な歴史小説は，そもそも歴史小説とはよべないといいたいのであろう」（菊池昌典『歴史小説とは何か』筑摩書房）．フィクションと事実の扱いの論争だったが，この問題がその後の歴史小説や歴史書にどれほど取り入れられたかは疑問が多い．さらに1975年に大岡は森鴎外の『堺事件』を荒唐無稽のフィクションだとして厳しい批判を浴びせ，歴史小説におけるフィクションの乱用をいさめた（『歴史小説論』岩波書店）．

▶由良哲次　　　　1962年には由良哲次の『歴史哲学』（理想社）が出た．歴史の特質を時間，個別，意志の三つの面から考察したという．「歴史とは何ぞや」という問題を論究し，歴史の「時間」について詳細に省察をくわえたものである．目次に「歴史的経験とその問題領域」，「歴史の本質と歴史学」，「歴史的意識と時間性」，「自然時間と歴史的時間」，「歴史的時間における主観性と客観性」，「歴史的時間の構造と現在」，「生産的時間と根源的意志」，「歴史における始原と進展」，「歴史における世代と時代」などのテーマがならぶ．

▶岩波講座　日本歴史　　1963年，『岩波講座　日本歴史』（岩波書店）の別巻1が公刊された．目次は（1）尾藤正英「日本における歴史意識の発展」，（2）岩井忠熊「日本近代史学の形成」，（3）北山茂夫「日本

近代史学の発展」，（4）遠山茂樹・永原慶二「時代区分論」，（5）松島栄一
「歴史教育の歴史」，（6）家永三郎「戦後の歴史教育」となっている．1960年
代の歴史学の水準をあらわすスタンダードな論考が揃っている．（1）の尾藤
論文では冒頭で歴史意識の説明があり，ここでは思想史としての史学史を取り
扱うことを表明している．『古事記』，『日本書紀』，『愚管抄』，『神皇正統記』
など歴史意識を論じている．（2）の岩井論文では主として明治・大正期が取
り上げられている．文明史，史論史学，アカデミズムの成立，文化史の課題を
検討している．（3）の北山論文は1920年代から1941年ころまでの日本の歴史
学界の状況が語られる．ブルジョア自由史学，唯物史観，ファシズム下の日本
史学の項目がならんでいる．（4）の論文では，遠山が時代区分の根拠と問題
点を論じ，永原が近代以前の時代区分を提示し，ふたたび遠山が近代と現代の
線引きを検討した．（5）の松島論文では維新以前，明治期，大正・昭和前期
の歴史教育の諸相が叙述される．維新以前では六国史から江戸時代の歴史書が
検討された．明治期では学制から明治末年の国定教科書と南北朝正閏問題まで
が論じられた．大正・昭和前期では主として『尋常小学国史』などの国定の歴
史教科書が対象となった．（6）の家永論文では文字通り戦後の歴史教育の問
題点が指摘される．『くにのあゆみ』，社会科歴史，学習指導要領，入学試験な
どが批判の対象となる．

▶田中美知太郎　1963年には日本哲学界の重鎮である田中美知太郎の編集に
よる『歴史理論と歴史哲学』（人文書院）が公刊された．こ
の本は「講座　哲学体系」というシリーズの第4巻にあたるものであった．Ⅰ
歴史学の遺産，Ⅱ現代における歴史学の諸傾向，Ⅲ歴史哲学の諸問題，の三部
構成である．当時のそうそうたる第一人者たちが寄稿している．第1部は史学
史の叙述であり，「中国の歴史思想」（宮崎市定），「日本の歴史思想」（上横手雅
敬）のほか西洋の歴史思想にも言及されている．いずれもかなりレヴェルの高
い研究論文といえるもので，歴史思想の問題提起をしている．第2部では「精
神史としての歴史学」（西村貞二）や「現代史の叙述」（中山治一）の論考が注目
される．第3部には「世界史の問題」（林健太郎），「近代歴史哲学の批判」（神山
四郎），「現代歴史主義の批判」（田中美知太郎）などの鋭い考察がある．ここの部
分が本来の歴史理論を展開している．執筆者たちの学問的追究がかなり発揮さ

れている.

　その一例として，冒頭論文の宮崎市定「中国の歴史思想」をあげておこう.
内容は（１）緒言，（２）史料の問題，（３）理解の問題，（４）評価の問題，
（５）表現の問題，（６）近時の歴史思想，に分けられる.「確実な歴史事実の
認識には確実な史料が必要である. ある意味からいえば，歴史学とは史料に歴
史事実を語らせる学問であり，全然史料におんぶした学問である. だから歴史
学とは何かという問題は，何を史料に使い，その史料をどう使うか，という問
題に還元されるわけである」（緒言）.「歴史を如何に理解すべきかという問題
は，歴史学の専門家と非専門家とではその受け取り方がちがう. というのは一
般の人にとっては歴史事実は始めからそこにあった自明なもので，与えられた
ものとしてそれをどう理解するかだけが問題なのであるが，歴史の専門家に
とってはそうではない. 歴史学者にあっては先ず自分で史料から歴史事実を汲
みとり，造りあげることから取りかからねばならぬのである」（理解の問題）.
「史料は無数にあり，そこから理解しえた歴史事実も亦無数にあるが，さてそ
の中で何が重要か，それがどれほど重要かという評価の問題も，歴史の専門家
とそうでない他の学者との間にやはり受取り方の相違がある. 専門家でないな
らば，一度理解した歴史事実に基づいて独自の価値判断を下せばそれでよいの
であるが，なまじいに歴史の専門家であると，事実の理解の仕方には幾様もあ
ることを知っているので，評価は理解と関連させながら行わなければならな
い」（評価の問題）.「歴史学の成果を公けにするとき，それを如何に表現するべ
きかの問題は密接に，理解の問題，評価の問題と関係している. 歴史事実に対
する理解の深浅，興味のおき方，評価の大小は直ちに表現の巧拙にひびいてく
るからである」（表現の問題）.

▶**茅野良雄**　　　　1964年には茅野良雄の『歴史のみかた』（紀伊国屋新書）が公刊
　　　　　　　　された. まえがきによれば，「人間が歴史を書くことの意味は
何であるか，歴史的な世界や歴史についての学問が人間から意識され必要とさ
れるにいたったのはなぜであるか」という問題意識からこの本が執筆されたと
いう.「歴史」とは何であったか（第１章），歴史観の推移（第２章），歴史的世
界の探求（第３章），歴史の哲学と科学（第４章），歴史主義の問題（第５章），歴
史の意味（第６章）がその内容である. 歴史観というものがどのようなもので

あるか, 歴史ということばで従来なにが語られて来たかをたどっている. とく
にいろいろな意味で語られている「歴史主義」の内容を整理している. ヨー
ロッパの史学史をたどり, 19世紀の歴史主義の問題をとりあげている. オーソ
ドックスな議論であり, 20世紀における「新しい歴史学」の議論には踏み込ん
でいない.

▶歴史哲学の貧困？　1964年の『史学雑誌』の回顧と展望号に伊東多三郎の
ことばがある. この時期にいたっても, 日本の歴史学
は史学方法論や具体的な論文著書の執筆に追われ, 大きな歴史的展望をしめす
歴史哲学が欠如していたということだろうか.「歴史学の本質, 研究方法は常
に検討され反省され錬磨されなければならぬものであるが, これに関係深い著
述論文は例年のことながらほとんどなく, 学会でもこの種類の共通論題で共同
討議したことは寡聞ながらなかったと思う. それは先ず歴史哲学の貧困として
現れている. 歴史哲学と言えばすぐに思い出すのは, 大学史学科講壇風の「史
学概論」であり, 又その種類の参考書である. それらでは, 西洋諸国のいろい
ろの歴史哲学が紹介されている. 大学の教授たちは, そのような一般教養を史
学専修の学生に授け, またそのような一般教養に基づく自分の歴史論を講演会
や学年始めの教室などで披露するものである. もちろん西洋諸国の優れた哲学
者・史学者から学ぶべきことは, 現代日本史学でも多い. しかし日本史の研究
経験, 実験などに基づいて自ら深く思索して歴史学の本質・方法を検討し, 歴
史論を展開する努力が待望されるのである」.

▶日本の歴史理
　論研究の現状　1964年の『史学雑誌』の回顧と展望号のインド史研究者の
山本達郎のことばである.「歴史事実の究明と並んで近年
各国に於て理論的研究が盛んであるが, 日本では史学理論は独自の展開として
注目すべきものに乏しい. 西洋史の専攻者が史学理論を取扱うのが普通で, 日
本史・東洋史の専攻者がこれを手がける場合は稀である. そこには理論は西洋
から持ってくるという明治以来の考え方がなお続いているとも見られるわけ
で, 今後は日本・東洋・西洋という領域をこえて共通に理論の問題を発展させ
て行く必要がある」.

▶『転換期の歴史』　1964年にパラクラフ著『転換期の歴史』(社会思想社) が
前川貞次郎と兼岩正夫の共訳で出版された. 原本の刊行

は1955年なので，いささかタイムラグを感じる翻訳である．「第二次大戦後，われわれは，これまでうけついできた過去についての見方が適切さを失ってしまった」（変動する世界と歴史家）と自覚し，歴史主義に対する批判を繰り返し述べている．まだ本格的ではないが，ヨーロッパ中心史観への反省もほのめかされている．しかし，訳者のあとがきにあるように，この本の目的は「新しい歴史叙述のための公式」を提供することではなく，「古い事実をふまえた新しいビジョン」を提供することにあった．いっぽう，西洋紹介史学を任ずる当時の日本の西洋史学がこれによって新しい状況を生み出したわけでもない．

▶堀米庸三　　　1965年に西洋史研究家の堀米庸三が編集した『現代歴史学入門』（有斐閣）が刊行された．手頃なガイドブックとして，大学の教科書としてかなりの利用があったと思われる．目次は第1章「歴史とは何か」（堀米庸三），第2章「歴史学の方法（1）」（岩田拓郎，直居淳，遅塚忠躬），第3章「歴史学の方法（2）」（斉藤孝，堀越孝一），第4章「歴史と現代」（西川正雄，板垣雄三），第5章「現代歴史学の課題」（堀米庸三）となっている．第1章のイントロダクションに続き，第2章は歴史学の基礎概念を説明し，その具体例として「古典古代」，「封建制」，「市民社会」の概念と課題をあげた．しかし，その概念は西洋史研究に偏重したものである．第3章は史料の批判と解釈を詳述する．いわゆる歴史方法論である．第4章では「戦争責任」，「帝国主義」，「ファシズム」の議論を展開した．第5章では「歴史の法則・仮設」と「歴史的説明と歴史の論理」を説明した．ただし，第2章と第4章は執筆当時には精彩ある議論であったが，今日では概念規定が古くなり，研究史としての価値をもつようになった．第3章と第5章は現在でも有効な記述である．

　この本が執筆された背景を著者のひとりの堀越孝一が語る．「わが国の，とくに西洋史学に課せられている特殊な制約として，史料の捜索が制限されているということから，西欧の歴史家たちの著書・論文から，彼らが直接史料にもとづいて確立した知識，またさらには史料そのものを間接に採用しなければならない事情がある」（第3章第2節）と告白している．さらに，史料の外的批判に関連して「外国史について編纂された印刷公刊された外国史料を扱う場合には，外的批判の措置がとられたものが多いので，あらためて外的批判を必要とすることが比較的少ないのであるが，そのような措置が不十分であるか，また

はまったく行われていない日本史関係，現代史関係の原史料については，外的
批判の措置がとくに必要である」（第3章第2節）と述べている．これは1960年
代の日本における西洋史研究の状況であった．オリジナル史料に接する機会が
少なく，世界水準の実証研究が困難であったから，概念研究が先行していたの
である．この50年後の現代，こうした状況は克服されたと信じたいが．

　堀米庸三には（1）『歴史をみる眼』（日本放送出版協会，1964年），（2）『歴史
と人間』（日本放送出版協会，1965年），（3）『歴史の意味』（中央公論社，1970年），
（4）『歴史と現在』（中央公論社，1975年）の著作がある．

　（1）の『歴史をみる眼』は1964年2月からNHKのFMラジオで数回放送
された番組のテキストであった．好評を得て単行本となったものである．2014
年にも復刊された．「この放送をしようとしたときは，わたしの頭には，歴史
に対する二つの相反する反応のタイプがあった．一つは，文字となったもの
を，ともかく直ちに実在と思いこむタイプで，もう一つは，頭から歴史を疑っ
てかかるタイプである．この両極端のタイプにぞくする人々に，何とか歴史と
いう学問をわかってもらいたい」というのが，堀米の出版意図であった．目次
は第1回「歴史への関心」，第2回「過去への手がかり（1）」，第3回「過去
への手がかり（2）」，第4回「歴史の主観性と客観性」，第5回「歴史の時代
区分」，第6回「新しい時代区分」，第7回「歴史の必然と偶然（1）」，第8回
「歴史の必然と偶然（2）」，第9回「歴史と自然科学」，第10回「歴史と常識」，
第11回「歴史と歴史観」，第12回「歴史の真実」である．内容の一例として，
第9回で論じられた「歴史と自然科学」の一部を抜いてみよう．「過去の事実
を史実に高めるという手続き，歴史家の解釈によって過去の事実が歴史上の事
実になるという，その場合の手続きがそもそも問題なのであります．この手続
きを検討することによって，科学と歴史との間の共通性ないし相違性を明らか
にすることができるのではないか．その際に歴史も自然科学もともに仮説的な
認識である，仮説を立てて事実を解釈し，またそれによってあたえられた結果
に基づいてまた新たに仮説を立てていく，ということは間違いないことであり
ますが，この仮説がそもそも自然科学と歴史の両者において，まったく同一性
質のものだ，という保証は必ずしもないのではないか，仮説という点では同じ
であっても，内容的には自然科学と歴史学との間において大きな差が認められ

るのではないか，ということ，これがカーの見解に対し，わたくしが感ずる疑問であります」（第9回）．

　（2）の『歴史と人間』は1956年の「昭和史」論争に対する詳細な論考である．目次は第1章「歴史と人間喪失」，第2章「『昭和史』論争をめぐる（一）」，第3章「『昭和史』論争をめぐる（二）」，第4章「『昭和史』論争の歴史的背景と論争の展開」，第5章「歴史と人間」である．堀米の論旨は「はしがき」のつぎの文章に凝縮されている．「昭和三十一年の「昭和史」論争以来，歴史における人間の取扱いが問題になっている．「人間不在」の歴史は歴史に非ず，と断罪されている．歴史は人間の歴史以外のものでない以上，それは当然のことである．だが，歴史が人物列伝でないこともまた明らかであり，取扱う人間の多少が，その歴史の人間性を決定するものでもない．歴史は「発展」の学であり，またその叙述である．文学におけると異なり，歴史における人間の取扱いは，人々がこの発展を担う限りであり，必然的に一面的であることはまぬかれない．問題は，人間の一面しか描くことを許されない歴史が，どうしてこの一面を通して生きた人間のイメージを伝えうるかにある．ここに歴史学の永遠の難問がある」（はしがき）．

　（3）の『歴史の意味』は歴史への最も根本的な問いそのものを検討したものである．「歴史の意味について」，「歴史と人間」，「ヨーロッパ文化の底にあるもの」，「日本人はなぜヨーロッパ中世史を学ぶか」，「虚学の精神」などのレベルの高い考察がならぶ．著者の主張を大胆にひとことで要約するならば，つぎの文章が適切と思われる．「歴史の認識がつねに危機的性格をもつといっても，歴史にはおのずからその歩みの緩急がある．安定した時代には，歴史の意味はおのずから不変のものとしてあらわれ，歴史認識の危機的性格も，歴史そのものの性格も自覚されにくい．しかし歴史の歩みが現在のように急速であり，既存の歴史観＝歴史の総体的認識の体系が現実の把握に役立たなくなるとき，人々はみずからの存在をかけて歴史の意味の再発見につとめざるをえない．ここに既存の秩序の崩壊する危機の時代に，歴史の危機的性格が，また歴史そのものが強く意識されざるをえない」（歴史の意味について）．歴史とは危機における自覚の一形態であるということであるが，このことばは前出の『歴史をみる眼』の広告文でもある．「歴史と人間」は「『昭和史』論争」を再述した

ものであり，「ヨーロッパ文化の底にあるもの」と「日本人はなぜヨーロッパ中世史を学ぶか」は著者の専門研究の一端を披歴したものである．「虚学の精神」は一見逆説的に聞こえるが，歴史研究の意義を論じている．

　（4）の『歴史と現在』は歴史の視点そのものを検討した論集である．「歴史と現在」，「歴史的現在についての覚書」，「ヨーロッパ史の視角」，「西洋化と日本文化」，「進歩につての随想」などの論説がつらなる．「ものごとの規準なるものは，ものごとそのものの中にはありえない．過去の事実の選択基準という場合にも，この基準は過去の中には求めない．この基準が歴史的現在であるというのであるならば，それは過去のであれ現在のであれ事実の次元を越えたところにしかありえない．歴史的現在とはもちろん，過去と未来の切点である物理学的な時間としての瞬間ではない．（中略）その構造を決定するものが，現在における諸価値の関係についての歴史家の判断ということになる」(歴史的現在についての覚書)．クローチェやコリングウッドの有名な議論にそった結論ということになる．

▶**太田秀通**　　　1965年に太田秀通が『史学概論』(学生社) を書いた．マルクス主義の立場からの史学理論をまとめたものである．歴史学の社会的機能を重視した方法論をすすめている．「はじめに」では従来の史学概論および歴史哲学をつぎのように批判している．「哲学者の歴史論は，歴史をどう見るかについての一括した解釈をあたえ，歴史家にとっても，歴史学というものを考える上に深い示唆をあたえるものであった．しかし，それは歴史の実際の研究にあたる人に研究方法をあたえるようなものではなかった．歴史家の手になる史学概論のたぐいは，史学史のアウトラインまたは一部，および史料批判学の技術，史料処理の操作をあたえ，興味ある実例を提供してはいるが，歴史学の方法というよりも，方法に従属してはじめて科学的意義を獲得する次元の低い (重要ではあるが) 手段をあたえているにすぎず，また社会において歴史学が存在する条件や社会的機能についての周到な考察を欠いているのが常である．そのため歴史学の全体的な様相がよくつかめないうらみがあった」．哲学者の歴史哲学と歴史家の史学概論の長所と短所をならびあげたのち，1960年代に問題にされたマルクス主義歴史学にも言及する．「マルクス主義歴史学の方法論は，高次の方法を史的唯物論としてあたえており，歴史学の発展に大き

な貢献をしているが，史的唯物論の解説が多く，史的唯物論に対しても歴史学の独自の研究構造にまで論及するものではなく，歴史学の中味を分析するものではなかった」．

　こうした批判をのべて，第1章「序章」，第2章「歴史学の本質」，第3章「歴史学の社会的機能」という章立てをしている．第1章は歴史意識などの問題に言及し，「時代が変わると，過去像・歴史像・人物評価も変わるものだ，ということを知ること自体，歴史を固定的なものと考える固定観念よりも進歩している．そしてこの理解の進歩が，ほかならぬ歴史認識の客観性に対する懐疑の源泉である」と語る．そして，「歴史に対する懐疑は二つの懐疑に帰着する．一つは，人間の歴史認識能力の限界についての懐疑であり，一つは歴史認識の実用性，有効性についての懐疑である．前者は歴史学の本質にかかわり，後者は歴史学の社会的機能にかかわる」と結ぶ．さらに，ヨーロッパ史学史を論じる．

　第2章では歴史方法論を概観し，「歴史研究の構造」を研究材料，研究手段，研究主体に分ける．また，「歴史研究の過程」を問題提起，研究作業，叙述の順に説明する．「問題の模索にはじまり，研究作業を経て結論に達すれば，研究の目的は達せられ，一定の認識が獲得される．この認識は言語に表現されてはじめて客観的な表現を獲得し，研究者の主体性が対象化される」．

　さらに第3章ではまさに歴史学の社会的機能を論じている．「歴史学の対象は存在としての歴史，すなわち過去の人間活動の総体であり，歴史学はその正しい反映を能動的につくりだすところの生産であり，人間についての科学的研究である．研究主体はこの意味で人間探究者である．歴史はその社会的機能からして，人間にとっての最高の存在としての人間のための研究であるべきはずであり，最高の社会的要求からいえば，さらに，人間解放のための研究であるべきはずである．人間による，人間についての，人間のための科学的研究，この三つの側面を綜合して，わたくしは人間の科学としての歴史学とよぶ．歴史学の本質と，歴史学の社会的機能とをこれで表現しているつもりである」．

　この本は初版が1965年に刊行されたが，たちまち2年後の1967年に改訂版が上梓された．書き改められた内容は「第二版序文」に詳しい．一例をあげると，参考文献は初版では「外国のものをも含めて，一切省略」されていたが，

第二版では「主なものをあげるにとどめ」ると書いてある．かなり充実したものになっている．「はじめに」で述べられている簡潔な研究史と第二版の参考文献をあわせて読むとかなり効果的である．

▶ヒューズ　　1966年，川上源太郎がS. ヒューズ『歴史家の使命』（竹内書店）を日本語に直した．原題は *History as Art and as Science: Twin Vistas on the Past* というもので，「芸術あるいは科学としての歴史――過去への二重の眺望」がその内容である．第1章「歴史学の反省と課題」，第2章「歴史学の新しい条件」，第3章「歴史のなかの人間」，第4章「歴史，その芸術と科学」，第5章「歴史家の使命」の5章から成る．ヒューズは19世紀以来の歴史主義や実証主義は20世紀に入って完全な変革を余儀なくされているという．しかし，この本で注目すべきは日本語版の書名となった第5章ではなく，じつは第4章である．副題に「物語の役割」とあり，歴史＝物語り論のパイオニアとなった．「新しいタイプの分析的歴史は，物語的歴史の内容をその非正統的な技術と洞察力とで豊かにすると同時に，伝統的な物語体からも学ぶことができる．物語的な方法は経済的・社会的一般概念に，人間の暖かさや実存性を付与し得る．考察のための分析的道具は，歴史の神話的要素についての民衆の見解を改めていく，終わることなき過程において自らの役割を担うことができるのである．もし，われわれ歴史家がこれら二つのことを同時に成し得るならば，われわれは，たしかに歴史研究に新たな境地を切り開いたことになるだろう」．2000年代から盛んになる歴史＝物語り論とは，歴史とは「作り話」（story）だとする主張ではなく，史料を記述する歴史家の行為が「物語り行為」（narrative）というかたちをとるという主張である．

▶エルトン　　1967年に G. R. エルトン（Elton）の *The Practice of History*（『歴史学の訓練』）が刊行された．エヴァンスによると，「エルトンはこの書物で，歴史とは過去についての客観的真実を探求する学問だという信仰を断固として擁護した．客観性を求める歴史家の努力はたいてい成功をおさめるものだ，という楽観的な結論を掲げた．エルトンは，歴史研究の方法，叙述の仕方，教え方について多くの適切な教訓を垂れている．（中略）カーが過去に対する社会学的接近を代表するのに対して，エルトンは，本格的な歴史研究には必ず政治的事件という背骨が通っていなければならないという立場をとる．

カーは，歴史家の提出する「事実」を学ぶ前に，歴史家を研究するように読者に求める．エルトンは，何よりも歴史的正確さや真実を究極的に裁定する文書史料に注目し，歴史家とその動機には手をつけずにおくことを求めた．エルトンもカーも今なお十分に読むに値するが，しかし，30年以上も前に書かれた2冊の書物が，現在でも学問的訓練の基本的な入門書となっているのはいかにも奇妙である．しかし，多くの大学で，これらの書物がそのように使われているのは紛れもない事実である」（『歴史学の擁護』）．

　この本の目次はつぎのとおり．第1章「提案」（今日の議論，自立，種類，ライヴァル，提案），第2章「調査」（歴史的真実の可能性，事実と方法，史料，証明と批判，想像），第3章「執筆」（コントロール，パターンと先入観，文体，読者，カテゴリー，長さ，分析と物語），第4章「教授法」（大学生への授業：何を，大学生への授業：いかに，大学院学生）である．エルトンは「はしがき」で「調査方法を指導するマニュアルを除くと，歴史に関する多くの書籍は，歴史的思考を分析する哲学者，歴史家を分析する社会学者や歴史叙述研究家，自分の活動の社会的有効性を正当化する歴史家もどき，によって書かれている．（中略）本書は論文というよりはマニュフェストであり，一連の証明された結論の筋の通った分析というよりは歴史家の信念と実践の解説である」と執筆意図を述べている．のちにエルトンの著作はポストモダンの論者から守旧派の歴史理論として格好の攻撃材料にされた．しかし，現在でも歴史学の基本的な文献として利用されている．初版は1967年に出されたが，2002年にはエヴァンスの長文の「あとがき」が付された第2版が公刊された．カーの『歴史とは何か』には日本語訳がありロングセラーになっている．ところが，日本ではエルトンの『歴史学の訓練』の存在を知る人はきわめて稀である．これもエルトンの本に日本語版がないからである．片手落ちの印象はぬぐえない．

▶**高山一十**　1968年に高山一十が『歴史学研究序説』（修文館出版）を書き上げた．序章で執筆目的をつぎのように語る．「実践的立場に立つ歴史研究には，三つの課題が存在する．それは，史料の蒐集と史料の選択と史料の構成の三側面である．ドロイゼンは史学の課題として方法論と体系論と叙述論を挙げて，史料の処理，対象の選択，叙述の方法を論じているが，これは歴史研究の主要な課題をまとめていると考えられる．わたくしもまた，歴史

研究の主体を人間の探求におき，*History of the people, for the people and by the people* として「of the people」の史料を，「for the people」の目的において選択・構成し，「by the people」の立場において，これを叙述・表現することを歴史研究の課題と規定したい」．しかし，上記のモットーは自己満足に域をでず，主観的であまり意味のないものである．この課題に対応する目次は序章「史学」，第1章「史実」，第2章「史観」，第3章「史述」である．多少理論的な書きぶりであるが，モチーフはベルンハイム『史学入門』以来の従来の史学方法論を抜け出るものではない．

▶リッター　　1968年，リッターの『現代歴史叙述の問題性について』（創文社）が岸田達也によって翻訳された（原本は1955年刊行）．内容は「文化史の問題について」と「歴史の時代制約性と客観性」の二つの論文で構成されている．アナール学派の「構造史」を批判し，物語を拒絶する構造分析ではなく，出来事の叙述であるべきだと主張した著作である．「実証主義的歴史叙述は，それが結果的に「事実」とくに政治的事実のたんなる収集編纂となるかぎり，久しく不評を招いてきた．フランスでは，雑誌『年報』（アナール）のまわりに集まる歴史家集団が，実証主義的歴史叙述に甚だ公然と挑戦した」（文化史の問題について）．しかし，アナール学派は「人間を，それが歴史において現れているように，その存在の完全な充実と創造的自由において把握しないで，主として，社会的環境や経済的自然的（とりわけ地理的）与件によってそれが制約されているということから把握する傾向が再三再四透けて見えるのである」（同上）．1955年，彼はアナール学派との間で方法論の論争を行った．

▶黒羽茂　　1969年には黒羽茂が『歴史学の世界』（南窓社）を出した．「はしがき」ではこの本の内容をつぎのように書いている．「全体を歴史的に大観して，その発展と進化のあとをなるべく系統的に叙述するとともに，表面にあらわれた歴史的事実よりは，その根底に横たわる存在理由をたずねて理論と方法および，さらに歴史学における歴史を展望することによって，歴史学の基礎的知識全体に到達せしめようとする構想である」．こうした意図のもとで，第1章「歴史学の立場」，第2章「歴史学の方法」，第3章「歴史学の歴史」の章立てを築いている．これは歴史理論，歴史方法論，歴史叙述に対応するもので，いたってオーソドックスの著作といえる．歴史学の教科書

である.

　この黒羽には（1）『西洋史学思想史』（1970年，吉川弘文館），（2）『新西洋史学史』（1972年，吉川弘文館），（3）『歴史学史の構想』（南窓社）という3冊の史学史の本がある．（1）の『西洋史学思想史』の序文では，「歴史とはなんぞや，という命題にたいし，古今東西にあてはまるような解答を出すことはほとんど不可能」であるといい，「ある時代には，英雄詩や物語が歴史の役割を果たし，他の時代には無数の史料の厳格な分析や考証をへて，事がらの因果関係をあきらかにし，歴史を動かす推進力や発展の法則を析出することが，正しい歴史認識であると考えられた．ある民族は，年代記や後世の「かがみ」となることがらの記録，あるいは叙事詩を歴史として重んじたのに反し，他の民族は世界史を厳正に科学的世界観の体系にまで高めることをもって，歴史学の課題なりとしている．ある時代には，社会変革の理論的基礎をみつけることが，その目的とされた」．そして，「西洋史学思想の変遷を系統的に叙述して，歴史学の足場をあきらかに」することが執筆目的であった．「歴史意識の発現」をかわきりに古代から20世紀までのヨーロッパの歴史叙述，歴史思想を書き上げた．

　（2）の『新西洋史学史』は前著『歴史学の世界』での提言を具体化したものである．その序文で「これまでの史学史が過去の業績に対する主観的な批判に堕している欠点を述べ，たとえば一つの研究が現代の学説からみて誤りであることが認められても，その誤りを是正することよりも，むしろ何故このような学説が成立したかという歴史的因果の関係をあきらかにするところに，真の史学史の研究課題があること」を説いたのである．この提言を実現するために，第1部「史学史の方法」と第2部「史学史の展開」に分け，理論と実証を語りつづけた．後者をさらに「ギリシャ・ローマ的世界」，「中世キリスト教世界」，「ルネサンス世界」，「17・18世紀世界」，「19・20世紀世界」の五つに細分し，それぞれの時代の歴史研究を考察した．

　（3）の『歴史学史の構想』も『歴史学の世界』の問題提起をうけたものである．目次は第1部「歴史学史の構造」，第2部「歴史学史の展開」に大別され，前者は「過去における歴史学史の方法」，「歴史学史の本質」，「歴史意識の意義」，「歴史学史の時代区分法」の3章に，後者は「ギリシャ・ローマ世界における歴史研究」，「中世キリスト教世界における歴史研究」，「ルネサンス世界

における歴史研究」,「17・18世紀世界における歴史研究」,「19・20世紀におけ
る歴史研究」に細分された.

▶神川正彦　　1970年に歴史哲学の大作が生まれた.　神川正彦『歴史における
言葉と論理Ⅰ,　Ⅱ』(勁草書房)である.　第1巻の「歴史の構
図」,「歴史のことば」,第2巻の「歴史の認識」の3部構成である.「歴史とは
何か」の問いに(1)歴史とは歴史である,(2)歴史とは文学である,(3)
歴史とは科学である,(4)歴史とは哲学である,と回答する.　このうち,「歴
史は科学である」というには,保留が必要である.　歴史の科学性を推し進める
には論理的限界がある.「歴史科学の基礎をかため,しかも,歴史の総合的性
格をいかに生かすかが歴史の哲学的反省の基本となる」というのが神川の歴史
哲学の基本構想であった.

　神川はこの2年前の1968年にはW. H. ドレイの『歴史の哲学』(培風館)を翻
訳している.　目次は第1章「批判的と思弁的」,第2章「歴史的理解」,第3章
「歴史的客観性」,第4章「歴史における因果関係」,第5章「もろもろの歴史
哲学」,第6章「形而上学的なアプローチ」,第7章「経験的なアプローチ」,
第8章「宗教学的なアプローチ」となっている.　ドレイは分析哲学者と知ら
れ,神山四郎訳『歴史哲学』(創文社)の著書があるW. H. ウォルシュを師と仰
いでいる.　コリングウッドに対する評価が両者の立場を分けている.　ウォル
シュは彼に好意的であったが,ドレイは距離を置いている.　分析哲学系の歴史
哲学はコリングウッドを批判することで出発したといわれている.

▶コリングウッド　　1970年,そのコリングウッドの『歴史の観念』(紀伊国屋
書店)の日本語版が小松茂夫と三浦修の翻訳で出版され
た.　原著は1946年にまとめられた.　序論につづいて第1部「ギリシャ・ローマ
修史」,第2部「キリスト教の影響」,第3部「科学的歴史の出発」,第4部
「科学的歴史」,第5部「結論」のラインナップである.　第1部から第4部の本
論は歴史の考え方を描写する史学史である.　歴史的思考の性質・対象・方法・
価値という問題に対して,この思考形態の経験者である歴史家と,その経験を
反省する哲学者が答えなければならない.　コリングウッドはその回答例をしめ
す.(1)歴史は一種の調査ないし研究である.(2)歴史の対象は過去に行わ
れた人間の行為である.(3)歴史の研究は証拠の解釈である.(4)歴史の目

的は人間の自己認識のためにある．実際の作業で，歴史家は史料をそろえ，そ
れらを読むが，それに先行してなすべきことがある．「思考を始めて，初めて
証拠が収集できる．思考とは質問することである．明確な質問と関連しなけれ
ば，証拠となるものはありえない」と指摘する．歴史家の方法と名探偵エル
キュール・ポアロの犯罪推理法とが類似していることも述べる．ひと昔まえの
史料絶対主義の時代ではホームズの方法が重視されたが，それとは対照的であ
る．いっぽう，コリングウッドは歴史家のパラダイムに言及する．「よき時
代」と「悪しき時代」の違いは，歴史家が「時代精神」を見通せるかどうかに
かかっている．歴史家の先入観の欠如は理解を妨げるものである．歴史家は自
分の先入観を研究し，素直にこれを認め，逆の証拠にも配慮せねばならない．
「科学者にとって自然は常に〈現象〉であり，〈現象〉でしかない．この場合の
現象とは，実在性を欠くものという意味ではなく，科学者の知的観察に供され
る光景という意味である．しかし，歴史の出来事は決して単なる現象ではな
い．つまり眺めるための単なる光景ではない．歴史の出来事は，歴史家がそれ
をただ見るのではなく，それを見とおしてその中にある思想を認識するような
ものである」（第 5 部）．

▶西村貞二　1970年に西村貞二が『歴史から何を学ぶか』（講談社現代新書）
を書いた．目次は第 1 章「歴史とは何か」，第 2 章「歴史観は
どう変ったか」，第 3 章「歴史をいかにとらえるか」，第 4 章「歴史の法則を探
る」，第 5 章「英雄は不要か」，第 6 章「現象をどう解釈するか」，第 7 章「断
絶のなかの歴史」である．歴史とは「人間や人間集団が過去何千年の昔から，
つみ重ねてきた体験の総和」であり，「その発展を跡づける学問」が歴史であ
ると定義する（第 1 章）．そして，史学史の必要性を説くのが第 2 章であり，
「歴史家とてしょせん時代の児ですから，その作品に時代の風潮が反映するの
にふしぎはありますまい．こうした風潮つまり時代を風靡した歴史にたいする
考え方を，歴史観とか歴史意識」というが，これを学ぶことが史学史の意義で
あるとする．第 3 章は歴史研究法を語る．第 4 章では歴史の客観性を問題にす
る．ヴィーコ，コンドルセ，コント，マルクス，ランプレヒトなどの学説を紹
介し，歴史の法則性を探る．第 5 章では史料批判と「歴史の書きかえ」を論
じ，英雄が必要か否かを考察する．第 6 章は事実選択の規準，史科解釈，歴史

叙述の問題を検討する．第7章は歴史主義と歴史家の関係を反省する．西村は
この本を書いたのち，1977年に『歴史観とは何か』（第三文明社レグス文庫）を上
梓した．上記の本の第2章を拡大したものである．

▶ケントほか　1970年には奇しくも歴史を研究するための啓蒙的著作が2冊
翻訳された．ひとつはシャーマン・ケント著『歴史学入門』
（北望社）であり，ルネサンス研究者の第一人者の宮崎信彦によって日本語に訳
された．第1章「なぜ歴史を」，第2章「完全な題目の発見」，第3章「研究の
原理」，第4章「資料の組成」，第5章「記述」，第6章「文体と用法」，第7章
「索引の作成」の七つの章からなる．学生向けの論文作成マニュアルである．
第6章だけで60ページを費やしている．アメリカの学生が「何について，どう
書こうとしているかを知らないばかりでなく，なぜ書くかを知らないことがは
なはだ多い」ことを嘆いて書いた実践的な歴史研究方法論である．

　もうひとつはバーナード・ノーリング著〔高藤昇訳〕『歴史を学ぶ人へ』（桜楓
社）である．大学生向けの手引書ということになるが，ケントの本よりも歴史
理論に踏み込んだものである．第1章「なぜ歴史を学ぶのか」，第2章「歴史
研究のしかた」，第3章「万物流転・永久不変」，第4章「歴史において真に知
り得るもの」，第5章「偉人と歴史」，第6章「歴史における思想のはたらき」，
第7章「団体が与える影響」，第8章「歴史における経済的技術的要因」，第9
章「人間とその物理的環境」の九つの章が訳出されている．ところが第10章
「論文の書き方」は「彼我の国情に若干の違いがあるので省略した」という．
原著者によれば，「基本的な研究のしかたについて何も知らずに大学に入って
くるから，歴史の論文の作り方や，守るべき方法などについて第十章で触れて
おいた」という．研究方法論よりも歴史理論を志向した訳書にしようという意
味であろうが，この点は少し残念である．ただし，全体的には当時の歴史理論
をあますことなく説いており，有益な本になっている．

第 5 章

史学概論と歴史理論の歴史（３）（1971年〜2015年）

第1節　1970年代

▶**1970年代の変化**　　イッガースは1970年代の歴史学の変貌をつぎのように語る．「最近20年から30年（1970年代）の理論的な論争は具体的な歴史叙述に対し大きな影響をあたえた．歴史学が19世紀に学問として成立して以来，これまで依拠してきた諸前提が疑念視されるようになった．歴史学に関する旧来の学問論は，思想的に単純すぎることが分かって来た．体系的な社会科学とマルクス主義に顔をむけた歴史学は，学問の前提となる多くのものを旧来の古典的歴史主義に根ざした政治史や事件史から無批判に受け継いできた．（中略）ポストモダンの理論はこうした考え方を否定した．それは近代社会の秩序と文化の正当性を疑問視することから始めた．これにより社会と歴史に関する多様な理解の方法がみいだされるようになり，これまで問題にされてこなかった人びとが歴史の舞台にのぼり，人間の生活領域が歴史の対象になった」（イッガース『20世紀の歴史学』第２部第５章）．

▶**岩波講座　世界歴史**　　1971年，『岩波講座　世界歴史』第30巻の「別巻」が刊行された．目次はまず「１歴史意識の展開」，「２歴史学の理論と方法」，「３日本近代史学の再検討」の３部に大別される．第１部では堀米庸三「ヨーロッパにおける歴史意識」，護雅夫「西アジアにおける歴史意識」，荒松雄「インドにおける歴史意識」，西嶋定生「中国における歴史意識」，山口昌男「第三世界における歴史意識」の論考がならぶ．第２部には井上幸治「近代ヨーロッパ歴史学」，太田秀通「世界史の理論（一）」，斉藤孝「世界史の理論（二）」，江口朴郎「歴史学とマルクス主義（一）」，和田春樹

「歴史学とマルクス主義（二）」，西川正雄「歴史学とマルクス主義（三）」，世良晃志郎「歴史学とウェーバー」，金原左門「現代の社会理論と歴史学」，石母田正「東洋社会研究における歴史的方法について」，越智武臣「地方史研究の過去と現在」，三木亘「地域研究と歴史学」の論文が目白押しである．第3部では柴田三千雄「日本におけるヨーロッパ歴史学の受容」，小倉芳彦「日本における東洋史学の発達」，田中正俊「東アジア近代史の課題」，田中陽兒「歴史学と「世界史」教育」の論説が連なる．まさにマルクス主義歴史学の全盛時代といえる状況であり，この『世界歴史』もこれを忠実に反映していた．第2部では「世界史の理論」とか「歴史学とマルクス主義」というタイトルが数本に及んでいる．太田秀通，石母田正もマルクス主義歴史学の手法を身につけた学者であった．なお，第3部の柴田論文は本著第3章作成にあたり大いに参考にさせていただいた．

▶岩波講座 哲学　　1971年には『岩波講座 哲学』第4巻に『歴史の哲学』という一冊が設けられた．あたかも1960年代までの歴史哲学の課題を回顧するものになった．目次は，羽仁五郎，小田実，大江健三郎「歴史の発見」，久野収「歴史的理性批判——ヨーロッパ」，島田慶次「歴史的理性批判——「六経皆史」の説」，飯塚浩二「世界史と文明論」，斉藤孝「歴史の法則と発展段階」，増渕龍夫「歴史認識における尚古主義と現実批判」，小松茂夫「ア・ダイアローグ・コンサーニング・メタヒストリー」，林達夫「精神史」となっている．このなかで象徴的な論考は斉藤孝「歴史の法則と発展段階」というタイトルである．マルクス主義歴史学の法則と発展段階説をどう捉えるかが議論された．歴史学界におけるマルクス主義の影響力が依然強さをもっていることを証明する場になった．この斉藤には『歴史と歴史学』（東京大学出版会）とか『歴史学へのいざない』（新曜社）といったすぐれた歴史に関する論考がある．

▶岩村忍　　1972年，岩村忍が『歴史とは何か』（中公新書）を書いた．目次は第1章「歴史と文学」，第2章「社会科学と歴史（1）」，第3章「社会科学と歴史（2）」，第4章「歴史と未来」，第5章「歴史への思索」となっている．以下のように興味を引く内容が多く含まれているが，体系的な思考でないのが残念である．

「西洋ではながく独立の学問とは認められなかった．近代においても，この

ような考えがある程度まで続いている．西洋では，歴史は学問体系における地位は完全には認められていなかったといえる．イギリスにおいては，歴史は文学の一つのジャンルにすぎないと見ている人がすくなくない．ショーペンハウエルも歴史は学問ではないといっている．（中略）ギリシャからヘレニズムの時代を経て中世になると，西洋の歴史は一変してキリスト教の世界像にもとづく，目的論的な歴史になった．西洋の史学は中世で一度断絶し，ルネサンスによって復興して，近代史学に接続したといえよう．西洋の史学に較べて，中国の史学ははるかに古く，その伝統には断絶はなかった．中国のように長期にわたって歴史の伝統が持続された場合は，世界にも類例がない．それだけに，中国においては，学問としての歴史の価値に疑問がもたれたことがなかっただけではなく，歴史はつねに学問，教養として不可欠のものと考えられてきた」（第1章）．

「歴史は論理を求めて哲学の方向に近づき，事実を欲して社会科学に向かう．しかし，これは歴史が哲学と社会科学の折衷だということを意味するものではない．哲学は事実に関して歴史に顔を向け，社会科学は論理に関して歴史の方を向く．歴史，哲学，社会科学の総合ということは現在における限り不可能である」（第2章）．

「歴史家は二重の機能をもつ．一つは個別，単独の事実を精査する作業であり，もう一つは事実を排列し，歴史的説明を加えることである．このように，歴史家は研究者であり，同時に歴史を書く，あるいはつくる人である．歴史家にとって，この二つの異なる作業は避けることはできない．この第一の作業においては，ある程度の客観性は維持することができよう．しかし第二の作業になると，その歴史家の主観や，かれの属する時代，社会の価値観を脱することは不可能である．歴史的事件，出来事を歴史的に書く場合において史観的判断は排除されるべきではあるが，歴史家自身の属する時代や社会の価値観に立つことは不可避であり，またそれまで排除されなければならないとしたら，歴史はつねに書き換えられるという事実を否定するものであろう」（第3章）．

「世界のどんな民族，どんな国家を見ても，中国人ほど歴史に深い関心をもち，驚くべきほど多くの史書と史書の形式をつくり上げ，しかも正史という特異な構成をもつ型の歴史を2000年にわたって切れることなく残した例は，ほか

に見られない．しかし近代の西洋で発達した「歴史哲学」のようなものは，ほとんど発生しなかったので，中国の歴史の形式は多様ではあるが，多くはきわめて定型的（ステレオタイプ）なものにならざるをえなかった．そのもっとも大きな理由は，おそらく中国人の歴史観がきわめて常識的であり，実用的であったこと，いいかえれば身近なものであったということであろう」（第4章）．

　「歴史家は歴史の意味を考える．古い時代には歴史の意味を神の意志とか，天命とか，最後の審判とか，超越的な存在に求めた．歴史の意味とは，歴史の目的と同じことになる．歴史に意味を求めることは，古代と中世に限ったことではない．近代においても18世紀以後にしばしば見出される．マルクスにおいても同じである．（中略）歴史の意味を歴史的目的論以外に求めたのは，「科学的」実証主義や社会進化論者たちである．かれらは進化と進歩を同意味と考え，「進歩」に歴史的意味を求めた．20世紀の多くの歴史家は進化と進歩を区別し，進化を自然現象に限定し，歴史では進歩（社会的進歩）ということばを使用している」（第5章）．

　「「歴史とは何か」という疑問に対する回答は，歴史の定義であるともいえよう．しかし，十数語か数十語で歴史の定義ができるぐらいならば，「歴史とは何か」というような疑問を提出しなくてもすむ．元来，定義とか規定概念とかいうものは，あってもなくてもよいもので，そうこだわる必要もない．特に対象が完全か，あるいは疑問の余地のないもの（数学とか天文学とか）なら別であろうが，歴史の定義などはなくても，すこしもさしつかえはない」（第6章）．

▶中井信彦　　　1973年に特色ある歴史理論書が刊行された．中井信彦『歴史学的方法の基準』（塙書房）である．第1部「柳田国男の歴史学」と第2部「歴史学的方法論の基準」の2部構成だが，歴史理論としての主題は当然第2部にある．その第2部は序章「歴史と歴史学」，第1章「歴史形成の人間的基礎」，第2章「歴史的社会の構造」，第3章「歴史形成のメカニズム」，終章「歴史学の主題」となっている．日本人独自の歴史理論を作りだした著作として評価されている．「歴史の立体性を，人間生活そのものの基礎である物的財貨が生産される「経済」と，その上で人間が営む日常の生活としての「習俗」と，この習俗を母体として人間が生みだす果実としての「形象」との，三つの次元としてとらえ，したがって，それら三つの次元に，それぞれ，経済

史・社会史・文化史が該当すると考えられている．これは，いうまでもなく，一種の社会構成体史観である」（終章）．

▶中山治一　　1974年に発表された中山治一『史学概論』（学陽書房）は従来の日本人執筆のものとは異なる独創的な著作である．歴史叙述あるいは史学に関する個別的事実に即して，「歴史とは何か」を考察した．史学史的事実に即して史学の本質を見極めようとするものである．これまでの歴史理論書は近代西洋の歴史理論の紹介だったのに対し，日本人の書いたオリジナルな歴史理論書として評価できよう．序章「史の意味とその認識」，第 1 条「中国の史書をめぐって」，第 2 章「日本の史書をめぐって」，第 3 章「西洋古代中世の史書をめぐって」，第 4 章「近代学問としての歴史学の成立」，終章「史学の分裂」がその目次である．たとえば，第 1 章の文末でこう考察した．「19世紀末期に，日本が，諸他の学問や技術とともに西洋の歴史学を移入し，学界にそれを移植したとき，それは，それまで日本や中国には存在しなかった異質のものの受容を意味していた．すなわち，それは，「かがみ」としての歴史に対する「学」としての歴史の移植にはならなかったのである．（中略）歴史と倫理，歴史と道徳といったようなことがもはや基本問題とはならず，むしろ歴史と科学，あるいは歴史が「科学」であるということの意味が基本問題になっているのは，そのような理由によるものと考えられる」．第 2 章で，六国史では歴史と倫理，文学による史書批判では歴史と文学，物語風歴史叙述の成立では歴史の文学化，物語風歴史叙述の展開では歴史と哲学，神皇正統記以後では歴史と政治の問題を検討した．ただし，中山がやり残した残念な課題がある．「明治時代に創設された古い大学には，史学概論という学科目はおかれていなかった．それにあたる学科目は，史学研究法であった．明治20年前後にはじまるドイツ歴史学の移植にさいして，こんにちの史学概論にあたるものが，なにゆえ史学研究法でなければならなかったのか，ドイツおよび日本の史学史にかんするひとつの問題点であるが，いまは措いて問わない」．後学の学者が解決すべき重要な課題であり，本書でその詳細な記述をこころみた．

▶林，澤田　　1974年，林健太郎と澤田昭夫の共編による『原典による歴史学の歩み』（講談社）が上梓された（1982年に『原典による歴史学入門』と改題され，講談社学術文庫に入った）．目次は総説につづき，第 1 章「ギリシャ・

ローマ」，第2章「キリスト教的歴史観」，第3章「ゲルマン世界」，第4章
「ルネサンス・宗教改革・啓蒙時代」，第5章「十九世紀―歴史の世紀」となっ
ている．ギリシャのヘロドトス『歴史』を皮切りに，アウグスティヌス『神国
論』，ベータ『イギリス民族教会史』，モンテスキュー『ローマ人盛衰原因論』，
ランケ『近代歴史家批判』など各時代の代表作歴史書である44の原典を収録した.

　編集方針はつぎのとおり．「歴史学の本領はなによりもできごとの叙述であ
るから，本書の重点は歴史叙述の歴史におかれている．歴史解釈（歴史理論や歴
史哲学）は歴史認識に必要であり，古来すぐれた歴史叙述は，本書の諸原典が
例証しているように優れた歴史解釈を含んでいるが，歴史理論の勝負は肉づけ
された叙述の場でなされるべきものであり，事実の叙述を離れた抽象的理論や
哲学はかえって歴史認識の道を誤らせるおそれがある（事実を確認することが少な
いほど，包括的で独断的主観的な歴史解釈が容易になる）．歴史叙述の基本は事実研究
であり，それには事実確認の手段としての史料批判とその技術の発展史があ
り，本書でもその点について随所に触れられているが，そこに深入りするのは
本書をあまりに専門的にするおそれがあるので避けた．歴史学の歴史といって
も本書の扱う範囲は西欧に限定されており，ビザンツ，東欧，ロシア，アメリ
カ，東洋などは含まれない．西欧史学の特質を十分に浮き彫りにするためにも
世界史的比較が必要であることを考えれば，これは本書のひとつの制約であ
る」（はじめに）．

▶**歴史理論・科学運動**　1974年，歴史学研究会は『現代歴史学の成果と課
題』（全4巻，青木書店）をまとめた．第1巻に「歴
史理論・科学運動」というタイトルを掲げた．目次は「歴史理論」と「歴史教
育・科学運動」に大別され，さらに前者は「歴史理論の諸潮流」，「時代区分
論」，「国家史の方法をめぐって」，「人民闘争史研究の課題と方法」，「世界史認
識の方法」，「近代化論」の6章，後者は「歴史教育と歴史学」，「教科書裁判」，
「学術体制と国際交流」，「60年代の権力のイデオロギー攻勢と国民の歴史意
識」の4章から成る．

▶**「史料論」**　1976年に『岩波講座　日本歴史』の第25巻の別巻2が刊行さ
れた．そこで「日本史研究の方法」が論じられた．冒頭の石
井進「史料論」は，「学界の暗い谷間」であった史料学に市民権をあたえた.

歴史学を「史料と通称されている過ぎ去った諸事実の部分的痕跡として過去を認識しようとする学問」と捉えたうえで，「(a) 史料をいかに蒐集・整理・分類し，(b) それぞれの成立過程や性格をあきらかにした上でこれをとりあつかうか，その批判を遂行してゆくかが」が歴史学の中心的手続きであり，歴史研究法の中核だとした．すなわち (a) が史料学であり，(b) が史料批判であるという．

　石井はつづける．「現行の史学概論や史学研究法に関する著述をひもとけば，史料学については西欧の学者の研究を紹介しつつ史料分類法の諸方法が説かれ，史料批判については内外の学者による若干の実例を引用しつつ説明が加えられているのを見るが，この種の労作の多くは「西洋史」専攻者によって著わされてきたという事情（このこと自体のなかに日本の近代史学の性格の一端が示されているが）もあって，それはおおむね一般論の域にとどまっていた．史学方法論の好著の今井登志喜『歴史学研究法』（戦前版岩波講座『日本歴史』）が，興味深い叙述を行っているが，それも決して日本史学の史料学・史料批判を論じたものではなかった．（中略）柳田国男が古くから文献一辺倒の日本史学に峻烈な批判をあびせてきたことは，よく知られている通りであり（その代表的一例としての「国史と民俗学」は，戦前版岩波講座『日本歴史』で，はじめて公けにされたものであった），現在，文献のみを金科玉条とする日本史学の成立しえないことはもはや明らかであろう．（中略）総じて日本史学の史料学・史料批判の分野は，もろもろの個別的研究や古文書学などの個別専門科学と，あまりにも一般論的な史学概論・史学研究法の間の谷間にとりのこされ，その重要性にもかかわらず，かえって学界におけるもっとも暗い一隅を形づくっていたといってよかろう」（要約）．

　石井の問題提起をうけて，近藤義郎「原始史料論」，土田直鎮ほか「古代史料論」，佐藤進一「中世史料論」，鈴木寿「近世史料論」，丹羽邦男「近代史料論」，横田健一「日本史研究と人類学」，高取正男「日本史研究と民俗学」，市川高正「日本史研究と経済学」，升味準之輔「日本史研究と政治学」，塚本学「地域史研究の課題」，戸田芳実「文化財保存と歴史学」の各論文が掲載された．

▶野原四郎ほか　1976年，野原四郎，松本新八郎，江口朴郎が『近代日本における歴史学の発達』（全2巻，青木書店）を編纂した．その

下巻に石母田正が「近代史学史の必要性について」を書いた.

▶歴史理論と研究史　　　　　　　1977年に『岩波講座 日本歴史』の別巻が2巻刊行された.第24巻別巻1「戦後日本史学の展開」は歴史理論を扱っているが,その対象はもっぱら第2次世界大戦後に限っている.目次は永原慶二「戦後日本史学の展望と諸潮流」,安良城盛昭「法則認識と時代区分論」,遠山茂樹「変革の主体と民族の問題」,井上光貞「日本文化論と日本研究」,宮原武夫「歴史学と歴史教育」,鹿野政直「国民の歴史意識・歴史像と歴史学」,井上秀雄「日本古代史の問題」,松本三之介「伝統と近代の問題」,梶村秀樹「日本帝国主義の問題」となっている.一例として永原論文には,ふたたび「『昭和史』論争」がとりあげられた.「昭和史論争はしばしば,歴史に人間をどう描くか,マルクス主義歴史学は人間を描けないのではないか,というところに焦点があたったかのように受けとめられている.しかし厳密にいうとそれは正しくない.むしろ歴史認識の方法をめぐった論争であり,歴史の客観的内在的批判,歴史認識の客観性はいかにして可能か,という点こそが問題の核心であり,マルクス主義歴史学の方法に対する全体的・本質的な批判であった」.こうした鋭い指摘はあるものの,別巻1の諸論文には全体的にマルクス主義歴史学の余波がのこっている.さらに,永原は日本史研究の総括と展望をおこなっている.方法論の特徴として,(1)法則認識と個別認識という,対極的な二つの指向の対抗的緊張関係のもとで,歴史認識が,戦前のそれとは比較にならない深まり,(2)歴史認識における民衆視点,あるいは歴史における基本的主体としての民衆重視,(3)世界史的視点,をあげている.研究の主体的・環境的条件の特徴として,(1)科学的研究主体の確立,(2)研究体制の民主化と史料公開,隣接科学との協力の進展,(3)歴史教育さらには国民一般の日本史研究への関心と結びつき,を指摘している.

　第26巻別巻3「日本史研究の現状」は戦後の日本史の諸分野の研究史である.目次は都出比呂志「原始」,鬼頭清明「古代の政治経済Ⅰ」,長山泰孝「古代の政治経済Ⅱ」,速水侑ほか「古代の思想文化」,坂本賞三「古代から中世へ」,石井進「中世の政治経済Ⅰ」,佐藤和彦ほか「中世の政治経済Ⅱ」,高木豊ほか「中世の思想文化」,朝尾直弘ほか「中世から近世へ」,高沢裕一「近世の政治経済Ⅰ」,林玲子「近世の政治経済Ⅱ」,松田之利「近世の政治経済Ⅲ」,

山本武夫「近世の思想文化」，永積洋子「近世の対外関係」，大濱徹也「近代の政治Ⅰ」，雨宮昭一「近代の政治Ⅱ」，松元宏「近代の社会経済Ⅰ」，広川禎秀「近代の社会経済Ⅱ」，栄沢幸二「近代の思想文化」，藤原彰「現代の政治経済」，西垣晴次「衣食住の歴史」である．こうした研究史の回顧は別巻3が刊行された時点では新鮮さがあるけれど，たとえば10年後，20年後にその指摘は有効性を保つことができるであろうか．

▶**宮崎市定**　1977年に宮崎市定は『中国史』（岩波全書）を書いた．この本は2015年に岩波文庫の1冊に加えられた．その冒頭には「歴史とは何か」という一節がある．「第一に，歴史は客観的な学問であるから，誰が書いても同じ結果になるという考えを棄てて欲しいことである．質問に対する応答は幾様にも与えられ，その何が正しいかは一概に決定されぬであろう．私は本書を草するに当たって，何よりも自己に忠実であろうと務めた．（中略）第二に歴史学には時間の評価が大切であることを主張しようとする．私はある歴史的事件が発生するためには，無数の原因があった筈だと考えているが，その原因を結びつけて一つの結果に達するためには時間が必要であった．（中略）第三に私が主張したいのは，歴史学はどこまでも事実の論理の学問だということである．私がいつも考えていることは，人間の頭の働きには大体二通りの方向があることである．ある人たちは言葉を重んじ，言葉と言葉との関係なら，どこまでもその論理の展開について行くことができる．学問の目的はこの論理なるものを完成することであると考えている．これと全く反対な頭の働きが一方にある．それは具体的な事実ならば，そのまま頭の中に納まり，事実と事実との連絡，因果関係においてなら，相当複雑な，且つ長たらしいものであっても，すぐに理解できるという頭である．それを抽象化されてしまうと，もう言葉と言葉の論理にはついて行けない．言葉には具体性がないからである．事実と事実を結びつけて網の目を造り，これまで足りなかった所を補い，もつれていたり，間違っていた網の目をほどいて正常に戻す，それが歴史学だと思っている．（中略）第四に，世界史或いは世界史の部分的研究と，現実に進行しつつある世界情勢との関連の問題である．学者は過去の研究を一方で行いながら，他方で現実の世界史の進行に追いついて行けるだろうか，という疑問が生ずる．（中略）第五の問題として考うべきは，歴史学をどのように社会，人生に役

立てるべきかの課題である．これについて現今，だいたい二通りの考え方があ
るようである．その一つは歴史学を直接社会に，更には政治に役立てようとい
う意見である．これに対立する他の考え方があり，この方では歴史学を以て客
観事実を研究する科学であると定める．私は歴史家は歴史を基礎科学として純
粋な中立性を保つためには，成るべく実際の政治に参加せぬ方が適当だと考え
る」(総論)．

▶色川大吉　　1977年に色川大吉が『歴史の方法』(大和書房) を著した (2006
年に洋泉社より『定本　歴史の方法』として復刊)．目次はまず第1
部「歴史と芸術」，第2部「歴史叙述の方法」，第3部「地方史の方法」，第4
部「民衆史への道」に大別される．第1部では「歴史叙述と歴史小説」の章が
もうけられた．「歴史家が書く面白い歴史記述と，作家の書く歴史小説はどこ
が違うのか」という問題設定をおこない，結局，文学は「読者に精神的な楽し
みを与える」ものであるのに対し，歴史は「娯楽を提供することを目的としな
い」と説く．そして，歴史家は「研究者としての独善的な象牙の塔にたてこ
もって，そこで自己満足しているという態度を捨てるべき」であり，もっと
「世間の観察者として一般読者の前に自分の身をさら」すべきだという．いっ
ぽう，歴史作家も「単なる借景小説とか，歴史現代小説，時代小説のような，
歴史から過去の小道具を借りて自己表現の願望を満たすような "歴史小説"」
を書くべきではないと説いた．第2部の「歴史叙述の方法」は色川の自著『近
代国家の出発』を題材にして，「歴史における価値意識」，「歴史像の構成の仕
方」，「原風景論」の各章がすえられた．『近代国家の出発』は中央公論社のベ
ストセラー『日本の歴史』の第21巻に登場した．1877年から1894年までの17年
間を叙述したものである．色川は「シベリアの礦野を二台の馬車がよこぎっ
た」という冒頭の書き出しに苦労したと告白している．その甲斐あって「これ
ほど骨格の鮮やかな，しかも端正な文章による，そのうえすぐれてドラマティッ
クな叙述によるいわゆる正統な歴史書」(後藤総一郎「自己否定の歴史学の創造」)
であるとの評価を得た．第4部の「民衆史への道」には「地方史研究の方法」
と「民衆史への道」の両章がおかれ，民衆史と地方史の共存が唱えられた．
　　この色川の『歴史の方法』に対して文学研究家の西川長夫が書評で挑んだ．
「冒頭の文体のリズムによって暗示されているものは，ナショナルなものの存

在とその運命ではないだろうか．少なくともそこには底辺民衆の歴史的時間の
リズムは暗示されていない．（中略）『近代国家の出発』のこの冒頭部分は，色
川の意図を十分に表現しているか疑われてくる．色川の歴史叙述を読むと私は
いつも色川の文体と色川の意図が少しずつ乖離しているような印象をうける.」
（「歴史叙述と文学叙述」『歴史学研究』第463号）．きわめて的確なコメントである．
そして色川の『歴史の方法』についても論評をくわえる.「『歴史の方法』は歴
史家の叙述の実践が分析的具体的に述べられた貴重な記録であるが，そこから
歴史叙述の全体をおおうような叙述の諸形態について議論をひきだすことは困
難である」（同上）．しかし，高い評価もあたえている.「『歴史の方法』の中心
を占める部分は，自著『近代国家の出発』を分析モデルとした「歴史叙述」の
考察にあてており，叙述の問題を正面にすえて具体的に論じたという点で興味
深い異色の書物である．歴史研究における叙述の役割をこれほどの重要性を
もって論じたことはかつてなかったと言ってよいであろう」（同上）．西川は色
川の著作を実に公正な態度で論評したのであるが，直後の色川の反論は冷静さ
を欠いていた（「"歴史叙述の理論"をめぐって」『歴史学研究』第472号）．その14年後
に書かれた一文でも，西川の批判を受け入れたものの，上記の問題については
紙幅の問題を理由に言及をさけている.「論争と呼ぶには，あまりに貧困で，
西川の問題提起が光っていた」（成田龍一『歴史学のポジショナリティ』）．

▶**フェーヴル**　　　1977年にフェーヴルの『歴史のための闘い』（創文社）が長谷
　　　　　　　　　　川輝夫によって翻訳された（原本は1953年刊行）．マルク・ブ
ロックとともにアナール学派を創設した歴史家の代表的作品である．目次は第
1章「歴史と歴史家の反省」，第2章「歴史を生きる」，第3章「風に逆らっ
て」，第4章「シュンペングラーからトインビーへ」，第5章「マルク・ブロッ
クからストラスブールへ」，第6章「新しい歴史に向かって」である.「歴史は
文献で作られる」という19世紀以来の伝統的歴史学に対する挑戦状である．
「文献を通じて事実が把握されていたでしょうか．歴史は事実を確定し，次に
それらを組み合わすことだと言われていました．その通りで，実に明快ではあ
りますが，ただし，それは大筋において，とくに歴史が出来事だけで織られて
いると仮定しての話です」（第1章）．しかし，これからは文献だけでなく，昔
から使われている資料だけでなく，新しい学問，たとえば統計学，人口学，言

語学, 集団心理学などの手法を駆使する. 従来の史料主義の伝統的手法を拒否して, 社会史, 精神史, 全体史の研究で, 新しい歴史学を打ち立てようとした. また, 19世紀のナショナリズムの結びついた政治史・外交史に偏重した事件史ではなく, 18世紀の文明史的視点を継承した非事件史を確立しようとしたのである. 1968年のリッターの項を参照.

▶神山四郎　　神山四郎は1960年代から1970年代にかけて歴史哲学の著作を書いた歴史家である. 日本でほとんど唯一の歴史哲学・歴史理論の専門家として知られ, 『歴史入門』(講談社現代新書, 1965年), 『歴史哲学』(慶応通信社, 1967年), 『歴史の探求』(NHK出版, 1968年), 『史学概論』(慶応義塾大学, 1977年) などの著書がある. ウォルシュ『歴史哲学』(創文社, 1978年) を翻訳した.

　『歴史入門』の目次は, 第1章「歴史を考えるとは」, 第2章「歴史の事実とは何か」, 第3章「歴史は客観的に見られるか」, 第4章「歴史はくりかえすか一回かぎりか」, 第5章「歴史は科学的に説明できるか」, となっている. 初心者に対する啓蒙的な題目設定であり, 分かりやすい語り口である. 第2章の「歴史事実とは何か」で, 神山はきっぱりと言っている.「どうやら, 歴史の源泉は, 19世紀の歴史家が考えていたように, 史料にあるのではなく, 歴史家のほうにあるのだということが明らかになってきましたが, そういえばたしかに, 20世紀の歴史家は, 史料よりも歴史家の認識のほうをより多く問題にしています. 歴史学にとって, このことはやはり進歩だと思います」と. この前提をふまえて, 彼は事実と解釈の問題をとりあげる.「事実を見る歴史家の視覚をうんぬんするとき, 歴史家が, たんに事実そのものを見ているばあいと, すでに事実とされているものに対する解釈をしているばあいとが混じっている. 前者を事実といい, 後者を解釈といってもいいのですが, ふつう歴史で事実といわれるものは, たいていはじめからなんらかの解釈がつけられているのです. 純粋に「何が」だけを述べて,「いかに」をひとことも述べていない歴史の記述はありません. ある種の解釈は, もうすでに史料の中にさえはいっているのです. ですから, 歴史のばあい, 事実と解釈を厳密に分けることはもともと困難ですし, またその必要はないのです」. とても示唆に富んでいるメッセージであるが, しかし,「事実と解釈を分ける必要がない」のかどうか, 後

の世代の歴史家たちは議論をしている.

　『歴史哲学』の目次は第 1 章「歴史哲学とは何か」, 第 2 章「歴史哲学の成立」, 第 3 章「近代歴史哲学の諸課題」, 第 4 章「現代歴史哲学の課題」である. 経験的な歴史事実を「抜け出る」ところに歴史哲学が成立する. その方法としてヴォルテール, カント, ヘーゲルなどの古典的歴史哲学がある. 現代歴史哲学にも創見があり, 分析哲学にうつり, 自然科学と歴史との二元論, 歴史学における法則的認識論の否定は厳密な論理的操作で克服される. 歴史哲学の入門書として, 現代の歴史理論探究の文献としてすぐれたものである.

　『歴史の探求』の目次は第 1 章「歴史とは何か」, 第 2 章「歴史の事実」, 第 3 章「歴史観」, 第 4 章「歴史観の歴史」, 第 5 章「歴史の因果関係」, 第 6 章「自由と必然」, 第 7 章「英雄と社会関係」, 第 8 章「事件史と構造史」, 第 9 章「科学・芸術・歴史」である. 歴史学は「理論」と「実際」が分離して存在している. 人類の知識がだんだん発展してきたので, 歴史を書く人は新しいルールを新しい知識に即して会得する必要がある. 古代ギリシャ・ローマ, 中世ヨーロッパ, 19世紀の「歴史の時代」における歴史の探求のあとを辿り, 歴史学は「発見理論」から「構成理論」に変ったと断じる. これが著者の言う新しいルールである（第 1 章）. ランケに代表される近代歴史学は史料崇拝に陥り, 「実在の事実」と「推定の事実」の判別ができなかった. 事実を集積するだけで, 解釈することが不得手であった. 史料のなかにすでに解釈が含まれ, さらに歴史家がこれを解釈する. これを歴史観といい, 歴史家の数だけ歴史観が存在する（第 2 章）. 歴史は本質的に選択された記述であり, 19世紀の歴史家が夢見た「全面的な事実」は存在しない. 歴史家に求められるのは, 細部の正確な記述にもまして, 仮説にもとづいて書かれた見取り図だという. このうち, 歴史観は「仮説」と言い換えることもできる（第 3 章）. この歴史観にはナショナリズム史観, ヨーロッパ中心主義史観, 社会史観, 文明史観などがある（第 4 章）. 近代以降の歴史家は原因と結果を結びつけた因果関係の発見に努力した. この説明の仕方を帰納確率的説明, 連続系列的説明などと分類した（第 5 章）. 歴史は偶然か必然かという昔から言い古された問題を論じ（第 6 章）, 歴史の主体は英雄か大衆かとの問題も考察した（第 7 章）. 歴史に法則性があるのか. 自然法則や社会法則の在り方を調べ, 構造の基盤があって事件が起きると論じた

（第8章）．最後に歴史の科学性と芸術性を論じた（第9章）．

　『歴史入門』から12年後に書かれた『史学概論』は慶応義塾大学の通信教育の教科書としてつくられたものだが，いろいろ参考になる記述が多い．目次は第1章「歴史の記述と理論」，第2章「二つの歴史理論」，第3章「歴史観の構造」，第4章「歴史の歴史」，第5章「歴史における自由と必然」，第6章「歴史の理解と説明」，第7章「歴史における文化の問題」となっている．第2章「二つの歴史理論」で展開されている「発見理論」と「構成理論」の考え方もそのひとつである．神山は19世紀歴史学の基本的な考え方を「発見理論」と定義した．歴史のすべきことは「本来どうあったかをただ示すだけ」というランケの有名なことばがその立場を代表している．史料を虚心坦懐に読めばおのずから事実は浮かびあがってくる．だから，事実の前に意見を控えよ，というのが当時の歴史家のモラルであった．しかし，事実があったことをどうやって知ることができるのか．事実が存在したことを示す最も有力なものは史料である．ところが史料は「有様」のすべてを伝えるものではなく，「消息」を伝える程度のものにすぎない．その「消息」から「有様」を思い浮かべなければならない．だから，カーが言ったように「歴史家は自分の考えによって自分の事実をつくる」ことになる．だから，事実があって記述ができるのではなく，記述があって事実ができるというのが本当である．だから，歴史は過去をそっくり復元するのではなく，歴史家が現在つくる過去像だとすれば，歴史家の仕事はどうやってその像をつくるかということになる．これを神山は「構成理論」と名づけた．19世紀から現代の歴史学の変化は「発見理論」から「構成理論」への変化であり，現在の歴史理論は構成理論を軸にして歴史の諸問題を再検討しているのである．

　神山は1978年にW. H. ウォルシュの『歴史哲学』（創文社）を翻訳した．目次は第1章「歴史哲学とは何か」，第2章「歴史と科学」，第3章「歴史的説明」，第4章「歴史の真理と事実」，第5章「歴史は客観的たり得るか」，第6章「思弁的歴史哲学——カントとヘルダー」，第7章「思弁的歴史哲学——ヘーゲル」，第8章「あと数人の著述家」である．第1章から第5章までは歴史を哲学と科学の間に置いて「歴史とは何か」を考察し，歴史を動かす論理や客観性について論述する．第6章から第8章まではカント，ヘーゲル，トインビーの

思弁的歴史哲学の考え方を葬り去ろうとする分析哲学の過激さを批判し，歴史を「全体として意味のある」との視点から歴史哲学と歴史学の溝を埋めようとした．最後にウォルシュの言葉をひとつあげる．「歴史家の心をいつも占めているものは個々の出来事の一般化ではなく，その詳細な経路である，ということは疑いない．彼が語ろうとし，解ってもらおうとしているのはこれである．歴史家は何が起こったかを正確に述べたいのであり，それとともに，なぜそれがそのように起こったかを説明したいのである」(第2章)．

第2節　1980年代

▶アナール学派　　実証主義に対する批判はそんなに新しいものでもなく，すでに第2次世界大戦の以前からマルク・ブロックやリュシアン・フェーブルらの通称「アナール学派」の人びとも実践していた．「歴史家は素材を創造または再創造し，掘り出し物を漁り回る屑屋のようには過去の中をうろつかずに，明確な意図，解決すべき問題，検討すべき作業仮説をいつも念頭において出発する．このような理由から，歴史はまさに選択なのであります」とフェーブルは『歴史のための闘い』で高らかに宣言している．まさに実証主義への宣戦布告であった．しかし，この時点で彼らは「正しい認識など不可能だと」言っているわけではなかった．「どの正しい認識を，どのように組み合わせたら良いのか」が議論の中心であり，認識よりも解釈の問題であった．

▶言語論的転回　　1970年代になると，構造主義の立場から「そもそも正しい認識なぞ出来るのか」という根本的な懐疑が提出される．正しい認識ができないとすれば，正しい解釈もできなくなる．これは実証主義のみならず，歴史学全体への挑戦であった．科学としての歴史学の危機が到来したのである．歴史学に衝撃をあたえたのは「構造主義の父」とよばれた言語学者ソシュールであった．単語が示す対象の事物が言語によって微妙にずれる．たとえば，フランス語の「ムートン」(Mouton) は生きている羊と羊肉の両方をさす．英語の「マトン」(Mutton) は羊肉の意味しかない．生きている羊は「シープ」(Sheep) となる．そして，存在する「もの」，その「もの」にあたえられる「意味」，そしてその「意味」を示す「言葉」，この三つのつなが

りは気ままな偶然にすぎない．ソシュールはそのように考えた．そうすると，言葉が介在する限り，「真実は分からない」ということになる．これを「言語論的転回」という．この考え方は，史実を正しく認識し，解釈することを基本作業とする歴史学には，前代未聞の衝撃となった．誰かが「言葉」を用いて史料をつくる．歴史家がその史料を「言葉」を使って頭の中で認識し解釈する．その結果を「言葉」を借りて他人に伝える．こうして，すべてのプロセスで「言葉」が介在する．ソシュールの見解に従うと，しっかりした史料論にもとづき，厳密に史料批判をしても，認識作業に「言葉」が介在する限り，正しい認識に到達することは理論上不可能となる．

▶歴史研究は可能か　1980年代から1990年代になっても，第一次史料の厳密な調査にもとづいた科学的歴史という考え方は激しく揺さぶられた．この問題を議論する人々のなかには，歴史的真実と客観性という概念には意味がないと主張する声が次第に増えてきた．今や「歴史とは何か」ではなく，「そもそも歴史研究は可能か」が議論の焦点となってきた．歴史家の専門的訓練の伝統的正当性と存在理由を奪い取ることで，「歴史家を失業の危機に陥れている」と嘆く歴史家もいた．しかし，構造主義からの挑戦に受けて立った歴史家も存在する．イギリス人歴史家エヴァンスはこう断言した．「歴史学は経験的な学問であり，知識の本質よりもむしろ内容のほうが問題となる．利用できる史料があり，それを扱う方法が確立していて，しかも，歴史家が注意深く入念であれば，過去の現実を再構築することは可能である．それは部分的・暫定的なものであり，確かに客観的とはいえないかもしれない．それでもなお，それは真実である」（『歴史学の擁護』晃洋書房，1997年）．

▶歴史＝物語り論への議論　イッガースはつぎのように書いている．「『アナール』が構築してきた社会史において，これまで「疑問の余地なし」とされていたことが，ここ10年の間（1980年代）に次第に疑問の目でみられるようになってきた．（中略）歴史家たちが，自分たちのディスクールは，どのような形をとるにしても，最終的にはひとつの物語りであるということに気づいたからなのだ．しかし，ここから「歴史叙述は純粋な文学になった」などの結論を引き出したりはしない．歴史叙述が純粋な文学と異なるのは，歴史家が史料やアルヒーフから自立できず，科学的な基準から遊離することも不可能であ

るからだと主張した」（『20世紀の歴史学』日本語版へのあとがき）．

▶歴史叙述の問題　1980年，『史学雑誌』の回顧と展望号で西川正雄はつぎのように書いている．「理論と実証とは，本来，対立してはおかしい．歴史学あるいは学問全体にとって車の両輪の筈だが，少なくとも歴史学の場合，両者の間はしっくりと行っていないようだ．とくに我が国では，それが「マルクス主義」と「実証主義」という，どちらにとっても不毛な図式が成立しているように思われる．（中略）歴史学は，「歴史叙述」を真骨頂としているのであり，「叙述」は「言葉」なくしてあり得ず，「言葉」とは「概念」に他ならないからである．「言葉」自身が抽象であり，素朴な形であれ，「理論」，少なくとも「論理」を前提としているからである．「歴史理論」は，その意味で，けっきょくは認識論に行きつくのではなかろうか．（中略）「歴史理論」には，つきつめておけば哲学に接近していく面と共にそこでの結着を待っていられない面がある」．

▶高橋ほか　1980年に高橋昭二・徳永恂編著『歴史の哲学』（北樹社）が発表された．「歴史哲学の成立根拠」（柏原啓一），「歴史的説明の論理をめぐって」（奥雅博），「出来事と歴史—歴史主義批判」（菅野盾樹）などのラインナップである．歴史哲学の古典的テーマに対する考察が大部分をしめ，この時代に歴史学が直面していた課題についてのサポートとなるような論文は見られなかった．

▶歴史学と歴史意識　1982年，歴史学研究会が『現代歴史学の成果と課題Ⅱ』（全3巻，青木書店）をまとめ，その第1巻に「歴史学と歴史意識」というテーマを掲げた．目次は第1章「科学的歴史学の再検討」，第2章「国民の歴史意識の変化と歴史教育」，第3章「歴史史料と歴史認識」，第4章「女性史研究の成果と課題」，第5章「歴史学の国際交流」，第6章「科学運動の現状と課題」，となっている．

▶深谷克己　1984年，深谷克己が『状況と歴史学』（校倉書房）を書いた．深谷は百姓一揆などの研究で知られた学者である．階級闘争史観を堅持するマルクス主義歴史家であるが，本書の内容はいたってオーソドックスである．歴史理論と史学方法論を記述している．目次は第1章「時代と視角」（歴史学的な懐疑と希望，高度成長と歴史学の方向），第2章「歴史学と歴史学

徒」（歴史認識と生き方，歴史の研究方法，歴史学徒と社会），第3章「歴史の研究と方法」（歴史の主体，個人史の可能性，史料論の現在，研究史の研究）となっている．実証主義の歴史学の研究手法を具体化している．

▶**歴史叙述と文体**　1985年，『史学雑誌』の回顧と展望号で阿部謹也はつぎのように書いている．「歴史研究や叙述における文体の問題はしばしば論じられながら，常に文章作法の問題や文体の彫琢といった視点からとりあげられているような気がする．歴史家における文体の問題とは文章作法の問題ではないのである．（中略）書きたいと心の奥底から思うとき，書かねばならないと自分の内奥から迫られるとき成立するのが文章なのである」．

▶**歴史学の現在**　1985年，パラクラフ著『歴史学の現在』が松村赳と金七紀男の共訳で刊行された．原本は1978年に刊行されている．パラクラフのもうひとつの著作『転換期の歴史』（1955年刊行）は1964年に翻訳されている．『歴史学の現在』の目次は第1章「転換期の歴史学」，第2章「新概念と新方法論の探究」，第3章「社会科学からの刺激」，第4章「歴史学の新次元」，第5章「歴史の意味の探究」，第6章「歴史学研究の組織化」，第7章「現下の趨勢と問題点」となっている．「法則定立的」原則と「個性記述的」原則を分けた歴史主義に代わって，マルクス主義歴史学やアナール学派に関心を向けることを提言している．わずかに「歴史＝物語り」論も見え隠れするが，「科学的歴史学」を楽観視している著作である．

▶**イッガース**　1986年，イッガース著『ヨーロッパ歴史学の新潮流』（晃洋書房）が中村幹雄らの共訳で上梓された（原本は1975年刊行）．目次は第1章「伝統的歴史学の危機」，第2章「フランスにおける『アナル』の伝統」，第3章「歴史主義から「歴史的社会科学」へ」，第4章「マルクス主義と近代社会史」，第5章「最近のアメリカ社会史の傾向」，附章「エピローグ」となっている．「エピローグ」は1970年代の歴史学の動向を振り返ったものである．上述の『歴史学の現在』と比べると，扱われている範囲は限定されているが，重要な問題点には十分コメントしている．エピローグでは第5章までの諸論考は1972年から1974年にかけて執筆したと告白している．ここに登場した歴史家たちは結果叙述や出来事を強調する歴史主義を捨て去り，構造や社会的諸勢力を分析する歴史的社会科学に向かっていたことを描いた．ハイデン・ホ

ワイトは歴史と文学的虚構との間には基本的な差異のないことを主張しているが，これに対する論争の扱いはまだ少なかった．

▶社会と哲学　1986年，岩波哲学講座が15年ぶりに装いを新たにして公刊された．『新岩波講座　哲学』第11巻には『社会と哲学』というタイトルが掲げられた．1970年代から1980年代なかばまでの歴史哲学の状況を指し示す論考は神川正彦「歴史叙述と歴史認識」であった．1960年代の課題が歴史の法則性をめぐる問題であったが，この時期の課題は構造主義から投げかけられた「歴史の言葉」の問題であった．この神川には『歴史における言葉と論理』（2巻，勁草書房，1970年）という代表作がある．

▶弓削達　1986年，ローマ帝国史の権威である弓削達が『歴史学入門』（東京大学出版会）を書いている．「どうようにすればひとりひとりは歴史を捉えることができるか」という命題を掲げている．Ⅰ「何のために，何を，どのように学ぶか」，Ⅱ「史料論」，Ⅲ「私の史料研究」の3部構成である．「歴史認識の出発点は現在である」と言って，弓削は史料解読に重要な指針を四つ掲げている．まず史料の発言内容を正しく理解する．つぎに偽物の史料かどうか確かめる．さらに断片的な史料をほかの史料と関連づけてみる．そして新しい視点から史料を新しく解釈する．この指針を擁して，具体的な事例で実例を示したのである．

▶『歴史科学入門』　1986年，歴史科学協議会が編纂した『歴史を学ぶ人々のために　歴史科学入門』（三省堂）が刊行された．政府高官と一般民衆の間に「大きく対立する二つの歴史の見方が存在する」として，「歴史は過去のことと，簡単に片づけられない問題，つまり「歴史とは何か」「歴史をなぜ学ぶか」という問題が存在している」という．目次はⅠ「歴史とは――現実のなかで」，Ⅱ「過去との出会い――史料を読む」，Ⅲ「歴史を書く――研究と責任」に大別され，これが土井正興「歴史学と現代」，弓削達「歴史学とはどういう学問か」，浜林正夫「読む歴史からつくる歴史へ」，永原慶二「歴史学の社会的責任」などの論説に細分化されている．

第3節　1990年代

▶歴史理論と歴史研究　　1990年の『史学雑誌』の回顧と展望号につぎの喜安朗のことばがある.「歴史学の在り方には, 史料学上の操作を経た経験知の集積に粘り強くこだわっていくという特徴が内在しており, 歴史学はそれを覚悟の上のこととしているのである. それ故, 歴史理論は歴史研究を導く一つの指標とみなされるようなことがあったとしても, そのことによって歴研究の本領が充分に発揮されたとはいい難かった. 全体として歴史理論と歴史研究の関係は, それほど自明なものでも親和的なものでもなかった」.

▶望田幸雄　　1991年に望田幸男らの『新しい史学概論』(昭和堂) というユニークな本が出た. 望田らの問題意識, あるいは危機感は「少なくない大学で「史学科」なる名称が消え,「国際文化」とか「地域研究」, あるいは「歴史人類学」とか「歴史社会学」といった, より包括的な名称のもとに包摂されるに至った. このことは, 今日, 日本史・東洋史・西洋史といった伝統的枠組みにとらわれていた歴史学の効用が鋭く問われていることを意味し, さらには歴史学が文学部における哲学, 文学とならぶ三基本学科 (分野) を構成するという通念もまた崩れつつある様相を示している」というところにある. 史学概論を受講する学生の視点に立って, 身近な議論から出発して最後に歴史学の本質を語ろうとしている. 第1部「記憶する歴史から書く歴史へ」, 第2部「書く歴史から考える歴史へ」, 第3部「生きるための歴史を求めて」という構成である. 第1部は第1章「生い立ちの記を書いてみよう」, 第2章「卒業論文をどう書くか」, 第3章「歴史学との出会いと対話」に分かれ, 自分史を書くことから始めて, 卒業論文の作成に関するノウハウを語る. 第2部は第1章「世界史像の探究」, 第2章「時代像の探究」に細分され, 歴史学の歴史, つまり史学史と歴史の専門用語について考える. 第3部は第1章「歴史叙述が成立するまで」, 第2章「歴史の効用」, 第3章「現代との対話としての歴史」と踏み込み, 歴史叙述や歴史学が抱えている課題につて議論をめぐらせる. 今後の歴史教育を考えるうえで重要な示唆をあたえている.

▶井上幸治　1991年にフランス史の大家であった井上幸治の『歴史とは何か』（藤原書店）が上梓された．しかし，著者の井上はこの２年前に他界しているので，桑田禮彰と浜田道夫が編者となった．目次はⅠ「歴史学とともに五十年」，Ⅱ「歴史とは何か」，Ⅲ「歴史学の課題」の３部構成で，文末の補論「歴史学原論」が絶筆になったようである．その絶筆が井上にとっての「歴史とは何か」の集大成であり，未完成の作品である．「歴史とは，単純に史料集めを行ない過去を正確に記述する学科であり何ら体系的な学問ではない，という主張はおそらく現在でも存在するであろう」とはじまる冒頭は，明らかに歴史主義や単純な実証主義を批判したものである．さらに「歴史学は個別的専門科学であってよいのか，あるいは広い総合科学であるか」と問う．たしかに科学としての歴史学を説明する場合，ドイツ西南学派の定義を引いて個別的専門科学であると主張する．井上はそれでは満足しない．補論の副題には「総合科学としての歴史学」とある．この命題を明らかにするために説得力ある議論を展開するが，残念ながら，これを実証するまえに筆が絶えてしまった．

▶浜林正夫・
**　佐々木隆爾**　1992年に浜林正夫と佐々木隆爾の共編で『歴史学入門』（有斐閣）が出版された．序論の「歴史とは何か」につづき，第１部「歴史思想から近代歴史学へ」と第２部「歴史学の現代」に大別される．補論には「歴史研究の手引き」がそえられた．第１部は第１章「『史記』と正史」，第２章「『古事記』と『日本書紀』」，第３章「ヨーロッパの世界年代記と歴史叙述」，第４章「聖伝と年代記の世界」，第５章「近代歴史学の成立」に細分される．中国，日本，古代中世ヨーロッパ，イスラーム，近代ヨーロッパの史学史が語られる．第２部は第６章「現代歴史学の諸潮流」，第７章「日本文化論」，第８章「現代歴史学の課題」から成る．近代化，民族解放，日本文化論，世界史像の再構成などの課題が語られる．この本の執筆意図は「はしがき」でつぎのように書かれている．「まず「序」で，歴史とは何かという一般論をのべたあと，第１章以下で，古代以降いくつかの事例をえらんで，どのようにして歴史書が書かれたかを解説している．そこでは，歴史家がどういう思いをこめて歴史書を書いたのかを，わかってほしいと思う．つぎに近代以降の歴史学がどういう傾向をもち，何を課題としてきたか，を現代にいたるまで概観し，最後に，歴史の論文の書き方を具体的にしめしている」．

▶増田四郎　　　1994年には西洋史の大家である増田四郎の『歴史学概論』（講談社学術文庫）が上梓された．これよりさき，増田は1952年に親本の『歴史学』を世に問い，さらに改訂増補した『歴史学入門』を1955年に出した．この本の第3部にあった「学生時代の在り方」，「私の学生時代」などのエッセーは，その後，増田の名著『大学でいかに学ぶか』（講談社現代新書）に組み込まれた．内容を大幅に見直した『歴史学概論』は1966年に公刊された．これは1994年に復刊された．実に半世紀以上にわたり読み継がれているのである．増田はこの本のねらいをそれぞれの年の「はしがき」に書いている．「歴史認識の理論や歴史哲学の叙述に重点を置く無味乾燥な史学概論といった従来の類書の型をやぶり」（1966年），あわせて「東西両洋の歴史意識の相違といわゆる近代歴史学の成立事情を略述し，歴史学が広い視野と深い洞察に支えられた実証的にして実践的な学問的営為であるかを」（1994年）示すねらいがあった．目次を掲げると，まず第1部「歴史学とは何か」と第2部「現代歴史学の問題点」に大別される．第1部は第1章「日本人と歴史」，第2章「歴史的なものの考え方について」，第3章「歴史学の発達」，第4章「現代歴史学の特性と課題」，第5章「歴史学と他の学問領域との関係」，第6章「歴史学の分化と歴史補助学の発達」，第7章「歴史学研究への具体的な途」に分かれ，第2部は第1章「ヨーロッパにおける歴史研究の課題と方法」，第2章「歴史と現実」，第3章「地域史研究の効用と限界」となっている．

　いくつか示唆に富んだ文章を書き上げていこう．「歴史の研究は，自己主張から出発すべきでありながら，独善と焦燥に陥らないためには，常に史料の収集，史料批判の厳正，各国史学界の動向等への慎重にして寛容な理解を要請され，この両者を自分の中に橋渡ししうるごとき境地をみつけた時，歴史的考察の基本的萌芽が，テーマとしてめばえたこととなるのである．歴史家の「仕事」は，まさにこの点からはじまる」（第1部第2章）．「歴史記述の歴史を概観する場合，代表的な史論や史書を，成立の順を追って位置づけるという方法がとられるのが普通である．あたかも史観がその順序のように発達し普及してきたものであるかのごとき錯覚にとらわれ易いのであるが，これは必ずしも史実に合致した見解ではない．史観とか史論というものは，時代が古ければ古いほど，ある特定の知識階級のみにうけいれられたものなのであって，一般民衆の

あずかり知らぬ場合がきわめて多い．各時代に民衆とともにあった史観とは，はたしていかなるものであったろうかとの大きな疑問が生じるのであるが，これを的確に古い時代について見定めることは非常に困難である．すでに単なる史学史の領域をはるかに越えた深い，また広大な問題をふくんでいると思う」（第1部第3章）．やさしい筆致であるが，味わい深い文章である．

▶関幸彦　　1994年，関幸彦が『ミカドの国の歴史学』（新人物往来社）を書いた．書名だけでなく章名のつけかたが面白い．第1章「ガリヴァーの遺産」，第2章「ミカドの国の周辺」，第3章「カイザーの国の歴史学」，第4章「ミカドの国の歴史学」，第5章「ミカドから天皇へ」が目次である．それぞれに副題がつき，その内容をしめしている．近代史学のルーツ，近代明治の学問事情，西欧史学の移植，久米事件とその周辺，喜田事件とその周辺，である．近代史学史のメインテーマをあつかっている．一般向けの図書と思われるが，その内容はレベルが高い．2014年に『「国史」の誕生』と改題し講談社学術文庫に入った．

▶渓内謙　　1995年に渓内謙が『現代史を学ぶ』（岩波新書）を書いた．この本は誰を対象にしたのか分からない，不思議な入門書である．一般読者や歴史研究の初学者ばかりではなく歴史の専門家にも示唆するところが多い書籍である．第1章「過去，現在そして未来」，第2章「テーマ」，第3章「史料」，第4章「文章化」という目次は大学で歴史の研究をはじめる学生を対象にしているのかと思いこんでしまうが，これば見事に裏切られる．「歴史家の本来の責務は，「歴史において」問われる問題に答えることであり，「歴史について」問われる問題に答えるのは哲学者の領分です．しかしこれまでこの哲学的問題がどれだけ歴史家の心を揺さぶってきたことでしょう．歴史家を「歴史について」思いをこらすことへと駆り立てる，そういう時代がときとして訪れるように思われます」（はじめに）．そして第1章では（1）ひとはなぜ「過去」を知りたいと考えるか，（2）歴史は「記憶」の一種か，それともそれ以上の精神の働きなのか，（3）歴史は時代とともに「書き換えられる」といわれるが，その意味はどこにあるのか，を課題にする．「新史料の発見により未知の事実が発掘されることが，歴史研究の進歩にとって大切な意義をもつことがある．古代史のように，史料保存が限定されている領域では，新史料の発掘

はこれまで解決済みとされていた問題の再考を促し，歴史の書き換えを求める，画期的な意義をもつ場合があります．現代史でも，新史料の発見によってそれまで解決済みとされてきた問題が未解決と意識され，あるいは未解決とされていた問題が解決済みとなることは，稀ではありません．しかし，史料あるいは史料に記録された新事実がもつ歴史的意味を決めるのは，歴史家がいだく問題であり，問題関心に立脚した史料にたいするかれの能動的態度であって，史料が記録する事実それ自体ではありません」（第1章）．第2章は渓内の研究経過の述べたものであるが，章の最後の「研究史」に関するアドヴァイスは有益である．「歴史の場合，自分に納得のゆく研究史というものは，自分の研究を位置づけるために，最終的には自分でつくるものだ．ただし，いったんテーマを決定し研究に集中し始めたら，完結の見通しがつくまでは研究史的勉強からは離れたほうがよいでしょう」（第2章）．第3章は文字通り「史料」の問題である．「「史料」には，史料それ自体の問題と，史料にたいする歴史家の主体的条件の問題とのふたつが含まれていることが分かります．（中略）歴史家のなかには，前提となる理論や歴史図式に見合った事実だけを史料から選び出して歴史を書くひとがいなくはありません．しかしこれは歴史的思考とは無縁の教条主義です」（第3章）．第4章の「文章化」にも重要な指摘がある．「日本人は個別情報を一般命題へと蒸留していく思考があまり得意ではないように思われます．日本の歴史書は，史料をながながと引用する一方で，史料から導きだすことができるはずの斬新な知見を積極的に展開しない傾向があるとの批判をよく聞きます．それとともに，既成の理論を下敷きにして史実を整理する「理論的」歴史記述が少なくないという批判をも耳にします」（第4章）．自戒すべき言葉である．

▶渡邊二郎　1995年に渡邊二郎が『歴史の哲学』（放送大学教育振興会）を刊行した．この本は1999年に講談社学術文庫の一冊に加えられた．目次は第1章「歴史の問題点」，第2章「ベルンハイムの見解の検討」，第3章「現在の立場に立脚する歴史」，第4章「レーヴィットの見解」，第5章「ヘーゲルの歴史観」，第6章「マルクスの唯物史観」，第7章「ウェーバーの社会主義批判」，第8章「ウェーバーとマルクス」，第9章「ディルタイと新カント学派（1）」，第10章「ディルタイと新カント学派（2）」，第11章「歴史における

普遍と特殊的個別」，第12章「ニーチェの登場」，第13章「ハイデッカーと歴史の問題」，第14章「歴史の意味」，第15章「ヤスパースの歴史観」である．

　この本の内容は渡邊の「まえがき」によると，つぎのようなものであった．第1章から第3章では歴史を考察する際の基本的問題点を抽出するが，その際の典拠は三木清『歴史哲学』，林健太郎『史学概論』，ベルンハイム『歴史とは何ぞや』，カー『歴史とは何か』，クローチェ『歴史（叙述）の理論と歴史』，岩崎武雄『歴史』であった．第4章ではレーヴィットの『世界史と救済の出来事』を基礎にすえて，近代の世俗化された終末論的発展的歴史観を「超越的歴史観」と名づけ，その実例を第5章と第6章で論じた．前章ではヘーゲル『歴史哲学講義』を，後章ではマルクスの唯物史観を論じた．第7章ではウェーバー『社会主義』で批判されたマルクスの唯物史観の問題点をたどった．第8章はレーヴィットの『ウェーバーとマルクス』によって，両者の人間観と歴史観のちがいを論じた．第9章から第11章は「超越的歴史観」が崩壊したのちに登場した「内在的歴史観」をとりあげた．後者は歴史の普遍性や全体性を重視せず，歴史の始まりと終わりを独断的に決定しないものである．歴史の特殊性，個別性，一回限りの出来事を尊重する歴史観である．第9章ではディルタイの精神科学論とヴィンデルバンドの歴史科学論を，第10章ではリッケルトの文化科学論を，第11章ではウェーバーの歴史認識論を論じた．第12章から第15章では「実存的歴史観」を中心に考察した．この実例として，第12章ではニーチェ『生にとっての歴史の利害について』を，第13章ではハイデッカー『存在と時間』を，第14章ではマン，レーヴィット，ブルトマン，ポッパー，トインビー，カーの歴史観を，第15章ではヤスパース『歴史の起源と目標』を検討した．

▶日本通史　　1995年に『岩波講座　日本通史』が出た．その別巻1は「歴史意識の現在」を共通テーマに掲げている．グラック「戦後史学のメタヒストリー」，小谷汪之「比較史の方法」，石井進「社会史の課題」，朝尾直弘「時代区分論」，関本照夫「日本の人類学と日本史学」，上野千鶴子「歴史学とフェミニズム」，鹿野政直「日本文化論と歴史意識」，ダワー「日本社会像の現在」など多種多様な分野に言及した論文が集められている．なかでも著者が注目したのは巻頭のグラック論文である．ここでは「時代区分」，「問題意識」，「語り」，「詩学」，「比較」が議論された．その末尾に「転換期は過ぎ，

「危機」は終わり，言語論的転回は有益な遺産の一つとなった」と宣言するに至った．本当だろうか．

　もうひとつ，この講座で注目すべきことは，別巻3で「史料論」が独立したことである．1976年の『岩波講座　日本歴史』別巻2で石井進が提唱した史料批判と史料学の分離がここに実現したのである．目次は網野善彦「史料論の課題と展望」，富田正弘「中世史料論」，高木昭作「近世史料論の試み」，松尾尊允「近現代史料論」，佐原真「原始・古代の考古資料」，小野正敏「中世の考古資料」，山田忠雄「民衆史料論」，塚本学「民俗史料と歴史学」，飯沼賢司「系譜史料論」，大隅和雄「史料としての文学作品」，藤原良章「絵画史料論」，金田章裕「絵図・地図と歴史学」，服部英雄「地名と歴史学」，安藤正人「記録史料学とアーキビスト」，永村眞「コンピュータと歴史学」である．多種多様な分野が出現した．これらの分野は「言語論的転回」の議論の埒外にあるのであろうか．

▶野家啓一　1996年に野家啓一の『物語の哲学』（岩波書店）が発表された．目次は序「歴史の終焉と物語の復権」，第1章「物語るということ」，第2章「物語と歴史のあいだ」，第3章「物語としての歴史」，第4章「物語の意味論のために」，第5章「物語と科学のあいだ」となっている．野家は第3章で6条のテーゼを示している．（1）過去の出来事や事実は客観的に実存するものではなく，「想起」を通じて解釈学的に再構成されたものである，（2）歴史的事実と歴史叙述は不可分であり，前者は後者の文脈を離れては存在しない，（3）歴史叙述の記憶の「共同化」と「構造化」を実現する言語的制作にほかならない，（4）過去は未完結であり，いかなる歴史叙述も改訂を免れない，（5）「時は流れない．それは積み重なる」，（6）物語りえないことについては沈黙せねばならない，である．物語ることによって，歴史はつくられる．物語ることこそ歴史の基盤なのだ．物語行為の言語活動としての本質を探り，物語の内部と外部，歴史の側面図と正面図などの問題を考察したものである．この野家のテーゼに対して後述の遅塚が2010年の『史学概論』でこれに反論している．

▶ふたたび，イッガース　1996年，イッガース著〔早島瑛訳〕『20世紀の歴史学』（晃洋書房）が出版された（原本は1993年刊行）．彼が前著『ヨーロッパ

歴史学の新潮流』（原本は1975年刊行，日本語訳は1986年刊行）を書いてから，歴史学の動向は大きな変貌をとげた．そのため彼の新しい本の目次も様変わりした．第1部「古典的な歴史主義から分析的な社会科学としての歴史学へ」と第2部「歴史社会科学から「言語論的転回」へ」に分かれた．ここで歴史学が社会科学から人文科学へゆれ動こうとしていることが明示される．さらに細分化され，前者は第1章「科学的専門領域としての歴史学の成立」，第2章「社会科学としての歴史」であり，これまでの史学史の確認でもある．後者がこの本の真骨頂であり，第1章「物語技巧の復帰」，第2章「批判理論と『社会の歴史』」，第3章「マルクス主義歴史学」，第4章「日常史，ミクロ・ストリア，歴史人類学」，第5章「言語論的回転」，終章，となっている．歴史＝物語論と言語論的転回の議論がはなやかに行われようとする時期に差し掛かったのである．終章にあるように，歴史と歴史学が終焉を迎えたのではないかと錯覚するようであるが，「歴史学がこれまでいわれているほど危機的な状況にあるわけではない」（終章）というのがこの本の結論である．つまり，「歴史の終焉」とは「歴史にはひとつの歴史があるのみ，とする思想，しかも，この唯一の歴史は西洋の近代に向かって粛粛と流れる，との思想は，19世紀のすべての思想家を支配してきた．こんにち，この思想が支配的であった時代は終末を迎えている．だが，この思想の終焉が，そのまま，歴史の終焉を意味するわけではない．歴史には唯一の歴史しかないとの考え方が否定され，歴史にはさまざまな歴史があるとの認識が一般に広まってきたのである」ということである．また，「歴史学の終焉」についても「歴史家は，科学と文学の境界が以前のように明確に存在しないことを知っているが，歴史に対する科学的な取り組みを放棄したわけではない」のである．

▶福井憲彦　　　　1997年，アナール学派の雄である福井憲彦が『歴史学の現在』（放送大学）を書いた．内容は「歴史の広がり」，「証拠としての史資料」，「歴史における時間」など15の章に分けられている．アナール学派の説明があり，（1）歴史学を特定の対象領域に限定するものでなく，（2）隣接の学問領域との関係を積極的に形成し，（3）個別の研究対象を常に社会全体の歴史的な脈絡のなかで捉えることが，特色だという．歴史への問いが多様化すると，その手がかりとしての史資料も多様化する．ながらく歴史学では史料

とはなにより文献史料のことをさしていた．これからは非文献史料も積極的に利用することになる．時代区分も再検討される．政治支配の交替による政治史の区分，社会経済的な生産の仕組みからの区分などが代表的であるが，そうした定方向の歴史の捉え方ではなく，変化のリズムが一定しないものや，長期的持続という捉え方も許容する．そういう歴史学のありかたを提唱したのである．さらにその考え方を敷衍した『歴史学入門』（岩波書店）を2006年に書き上げた．

▶歴史学の〈危機〉 1997年，ノワリエル著〔小田中直樹訳〕『歴史学の〈危機〉』（木鐸社）が刊行された．原本の出版は前年の1996年である．歴史学の〈危機〉とされる「言語論的転回」に厳しく批判の矢を放った著作である．目次は第１部「なしうることと語りうること」と第２部「実践の明確化によせて」に大別される．科学的学問分野の形成，「パラダイム」の危機，知・記憶・権力，などのテーマが取り上げられている．ただし，「真の意味での「結論」はない」（結論）という．

▶岩波講座（1998） 1998年に『岩波講座 世界歴史』第１巻が公刊された．岸本美緒「時代区分論」，古田元夫「地域区分論」，山内昌之「世界史と日本史の可能性」，福井憲彦「社会史の視野」，川北稔「自然環境と歴史学」，斎藤修「ソーシャル・サイエンス・ヒストリィと歴史人口学」，本村凌二「ジェンダーとセクシャリティ」，鶴間和幸「歴史と叙法」，杉山正明「史料とはなにか」，斎藤修「コンピュータと歴史家」，樺山紘一「歴史の知とアイデンティティ」という構成になっている．マルクス主義歴史学が全盛だった1971年の『岩波講座 世界歴史』とくらべてみると，マルクス主義という歴史用語がまったく姿を消しており，1998年の「講座」では多角的な歴史研究の提示がなされている（坂口明「歴史学の研究方法」宮原琢磨編著『21世紀の学問方法論』）．

　岸本論文や古田論文では従来自明なものとされていた時代とか地域という枠組みを再検討しようとするものである．そのほかの論文でも社会史，自然環境，歴史人口学，ジェンダーなど近年の歴史学で重要な位置を占め始めた，新しい領域が扱われている．ポスト・モダニズムの流れのなかで，歴史学もこれまでのパラダイムで歴史を書くことからの脱却を迫られている．

　そのなかで，鶴間論文の興味深い文章を掲げておく．「世界史の叙述とは，無数にある過去の時代の記事をたんに年代にしたがって羅列することではない．近代になって密接な関連をもつにいたったこの地球上のあらゆる世界を，地域世界という併存する諸空間に分け，その地域内や地域相互間に起こった過去の諸現象を体系的に整理する試みである．しかし私たちが世界史の教科書や概説的通史のような文章を執筆するときに，いったいどのような文章表現や叙述の技法をとっているだろうか．（中略）大学で歴史学を専攻する学生は，史学概論という講義を基礎知識として受け，古今東西の歴史理論を学び，また史料演習では一次史料の解読のトレーニングを積む．しかしながら，歴史叙述の技法については，実は卒業論文の作成に着手してから直面する問題でありながら，ほとんどの学生はあまりその重要性に気づいていない．その結果，書き手の問題意識が十分反映しない論文になってしまうことが多い．（中略）歴史小説の文章は一般の読者からすれば，歴史家の書く文章よりも人々の感性に訴える力がある．しかし歴史家にも原史料の記述を超えていく感性がないわけではない．史料を分析する緻密さは当然トレーニングを積むことによって養われるが，時代を総合的，体系的に捉えようとするときに，個々の史料分析を超えた歴史家としての感性が要求される．それは歴史家が生きている時代の動向を敏感に受けとめることによって，培われるものであろう」．

▶ **『歴史学事典』**　　歴史学界待望久しい『歴史学事典』（弘文堂）が刊行され，その第 6 巻（1998年）に「歴史学の方法」の巻があてられた．この巻の編者はルネサンス研究で知られる西洋史の樺山紘一である．三つの上位分類のうち，「理論と論争」が史学概論の範囲というべきもので，それは「理論と概念」，「論争」，「歴史学の歴史」の中位分類に分化される．とくに注目すべきは最初と最後の分類にある諸項目である．「紀伝体／編年体」，「時代区分」，「実証主義」，「終末史観」，「循環史観」，「史料批判」，「進歩史観」，「マルクス主義歴史学」，「歴史意識」，「歴史観」，「歴史主義」，「歴史哲学」，「歴史学（総論）」，「歴史学（日本）」，「歴史学（中国）」，「歴史学（ヨーロッパ）」，「歴史学（朝鮮）」，「歴史学（東南アジア）」，「歴史学（南アジア）」，「歴史学（アラブ・イスラム）」など読むべき価値のある項目が枚挙にいとまがない．たとえば，「時代区分」という項目を読むと「時代区分のもっとも古い例の 1 つは，

インド古典の文献に示されたものであろう．そこでは4つのユガ（時代）に区
分され，時代を追って世の中が悪くなるという末法思想が顕著である．もう1
つのタイプは，古代に理想の時代を想定し，それが中世の暗黒時代へと暗転す
るが，近代という時代が中世的暗黒を克服して，古代的理想を復興するという
考え方である．古代・中世・近代という三区分法は，19世紀の西欧において一
般化したが，そこでは歴史の発展（進歩）の思想が有力となり，歴史は古代か
ら現代に向けての連続的な上昇的変化の過程として捉えられるようになった」
とある．このように，『歴史学事典』の内容は全体的に客観的で穏健なもので
ある．

▶ 『歴史学の擁護』
1999年にエヴァンスの『歴史学の擁護』が今関恒夫らに
よって翻訳された．目次はつぎのとおり．序論につづき，
第1章「歴史学の歴史」，第2章「歴史，科学，倫理」，第3章「歴史家と歴史
事実」，第4章「史料と言説」，第5章「歴史における因果関係」，第6章「社
会と個人」，第7章「知と権力」，第8章「客観性とその限界」となっている．
原本は1997年に刊行されたが，2000年の再版には長大な「あとがき」がある．

　要点をひとつふたつ紹介しておく．「ランケによれば，歴史家は記録から偽
造と変造を摘み取らなければならない．ある文書について，その内容自体に矛
盾がないかどうか，同じ時代に由来する他の文書と齟齬をきたしていないかど
うかを調べなければならない．歴史家は，研究している時代に書かれたことが
証明できる」（第1章）．ランケによれば，徹底した史料蒐集によって，歴史的
事実を理解できるのである．ほんとうにそれは可能であるか．ランケのモッ
トーである「実際に何がおこったか」を，のちの時代に再現できるのだろう
か．その歴史観をエヴァンスは批判する．「このような考え方の基本には誤っ
た理解がある．過去が後世に残した証拠を調べつくして，その価値を定めるこ
とが実際に可能だという信仰がそれである．しかし，その信仰は十九世紀末に
はもうすでに，信じるに足りないものと考えられはじめていた」（同上）．そし
て，「世紀の変わり目になると，知ることのできる事実はすべて見つけ出すこ
とができるという見方ばかりだけではなく，真に科学的な歴史という考え方も
いささか怪しいのではないかという呟きがはじまった」（同上）．

　エヴァンスはポストモダニズムの歴史学への無理解をほかの歴史家のことば

を借りて嘆いている．「（ポストモダニストは）文書館を漁り歩くかわりに，意味の宇宙がせめぎ合い，確として究め得ぬ曖昧さの雲の合間を峻険な峰が屹立する，そのような高い地平に登ってしまう．骨を折って過去を跡付けるのではなく，彼らは想像力によって過去を再創造しうるのだ」（第3章）．どこか1903年の坪井九馬三のことばを思い出させる．

　しかし，エヴァンスは歴史の客観性に手ごたえを持っていた．「言語は人間の意識とそれがかかわる世界との間を媒介するものだということを，われわれは経験的に知っている．もし言語が過去を描写することも，伝達することもないのであれば，過去というものの存在を知ることはできなくなってしまう．したがって，テクストの外部に過去という現実が存在すると認めるならば，言語はそれ自身の外部にあるものを描写することができるとも暗に認めているのである」（第4章）．「歴史は経験的な学問であり，知識の本質よりもむしろ内容のほうが問題になる．利用できる史料があり，それを扱う方法が確立していて，しかも，歴史家が注意深く入念であれば，過去の現実を再構築することは可能である．それは部分的・暫定的なものであり，確かに客観的とはいえないかもしれない．それでもなお，それは真実である」（第8章）．

▶**日本の西洋史研究の現状**　1999年の『史学雑誌』の回顧と展望号には谷川稔のつぎのことばがある．「今日の歴史研究の現場では，過度の細分化と原史料志向が常態化しかかっている．かつて「問題意識過剰な紹介史学」と貶された西洋近代史の領域でも，史料のアクセスが多少容易になったため，今や註に古文書館の分類番号のついていないような論文は肩身が狭くなってさえいる．このために，優秀な若手研究者のなかには，対象国の国籍のついた問題意識（あるいは現地の指導教官）の枠を抜け切れず，高度な語学力がかえって思考の「植民地化」をきたしているケースもないではない」．

▶**「言語論的転回」の議論**　2000年の『史学雑誌』の回顧と展望号には川北稔のつぎのことばがある．「昨年，「歴史理論」として書かれた論文のなかで最も際立った関心は，「言語論的転回」に寄せられたように思われる．（中略）「言語論的転回」は，言語学はもとより文学，哲学その他の分野との接点を求めるという点では，最も見通しのよい分野ではあるが，欧米でも，歴史家が異口同音に支持しているようなものでもない．ほとんどの論者が

認めるように，この議論は，その極端な形態において，歴史学の存立そのもの
を否定することになる．それだけに，歴史家がこの議論をする際には，国の内
外をとわず，つねに及び腰にならざるをえないのである」．

▶中国の史学概論　ここでいわば番外編ということになるが，中国の史学概
論について書き留めておこう．2000年に『史学概論』
(安徽教育出版社) がでた．学生向けの教科書である．目次をみると，第1章「緒
論」第2章「マルクス主義対史学的諸大変革」，第3章「歴史科学的基礎理
論」，第4章「歴史研究的基本方法」，第5章「史料と史料学」，第6章「歴史
編纂学」，第7章「史学とそのほかの科学の関係」，第8章「史学評論」，第9
章「国内外近現代史学流派述論」，第10章「史学的発展と史学工作者的修業」
とある．第2章ではマルクス主義に代わるべき新しい歴史学を模索しようとし
ていることが見て取れる．第3章から第8章まではオーソドックスな歴史研究
法を論述している．第9章では海外の新しい歴史学の動向を紹介し，フランス
のアナール学派にも言及している．現代中国の歴史学の方法論が垣間見られる．

第4節　2000年代

▶岡田英弘　2001年に岡田英弘が『歴史とはなにか』(文春文庫) を書いた．
目次は第1部「歴史のある文明，歴史のない文明」，第2部
「日本史はどう作られたか」，第3部「現代史のとらえかた」に大別される．岡
田は「歴史とはなにか」を冒頭でのべる．「なにが歴史かということが，なぜ，なかなか簡単に決まらないか，その理由を考えてみる．いちばん根本的な
理由は，歴史が，空間と同時に，時間にもかかわるものだという，その性質
だ．空間は，われわれが体を使って経験できるものだ．しかし，時間ではそう
はいかない．むかしの時間にちょっと行って，見て，またもどってくるという
ことはできない．空間と時間はここが違う．この違いが，歴史というものの性
質を決める，根本的な要素だ」(第1部)．岡田は歴史についてもうひとつ重要
なことを言っている．「歴史は物語であり，文学である．言いかえれば，歴史
は科学ではない．科学を定義すれば，科学はくりかえし実験ができる性質があ
る．歴史は一回しか起こらないことなので，科学の対象にならない．第二に，

それを観察する人がどこにいるかの問題がある．科学では，粒子の違いは問題にならない．みんな同じだとして，それらを支配する法則を問題にする．ところが歴史では，ひとりひとりはみんな違う．それが他人に及ぼす機能も違う．それを記述する歴史を書く人も，歴史を読む人も，みんなが同じ人間だ．そういうわけだから，歴史は科学ではなく，文学なのだ」（第2部）．歴史区分は二つだとしてつぎのようにのべる．「現代史は，現代以前の歴史とは，二つの意味で性質が違う．第一は，現代史では細部が問題になるが，現代以前の歴史は，細部に入りこまないようにして，全体に流れをつけて理解しやすくするという点，第二は，現代史は，国民国家の時代の歴史であり，国民国家は18世紀の末までは存在しなかった，という点だ．現代以前は，歴史家にとっても，歴史を読むほうの読者にとっても，比較的遠い時代だ．だから，あまり細部に頭をつっこみすぎると，どうしても，全体が見えなくなるおそれがある．だいたい，歴史というものの役割は，もともと，不条理で，論理も，法則も，なにもない世界に，なにかの筋道を与えてわかりやすくする，というところにある．だから，古い時代については，あまり細かく書きこむと，世界の理解をやさしくするという，歴史の第一の機能が果たせなくなる．そういう意味で，現代以前の歴史と，現代史とでは，まったく性質が違う」（第3部）．

▶歴史学研究会　　　2002年，歴史学研究会は『歴史学における方法的転回』（青木書店）をまとめた．1980年代の末，ソ連が崩壊しマルクス主義に根底的な問題が投げかけられたばかりか，いっぽうで，「言語論的転回」という問題が歴史学にも影響を及ぼした．1980年から2000年までの現代歴史学の成果と課題を認識するために，この本が編纂された．目次は1「世界史像の構成」，2「時代区分の方法」，3「家族・ジェンダー・女性」，4「表象の歴史学」，5「歴史意識の現在」の大項目のもとに各種の論文が提示される．5には成田龍一「総論　歴史意識の八〇年代と九〇年代」，同「歴史叙述のなかの歴史意識」のほか，久留島浩「史料と歴史叙述」が注目される．とくに久留島論文は上野千鶴子「冷戦後と『歴史修正主義』」（『論座』第35号）の問題提紀に真摯に答えている．上野は「従軍慰安婦」に関する歴史認識を問題にする．（1）「実証史学には，歴史の『事実』はだれの目にも疑いようもなく単一であるという前提がある」，（2）「その『事実』は文書資料，物証，証言な

どによって裏づけられなければならないという信念がある」，（3）「口頭の証言より文書資料，文書資料よりも物証という序列がある」ことをあげて，実証主義の「政治性」を批判した．

▶『歴史叙述の現在』 2002年，森明子編『歴史叙述の現在』（人文書院）が登場した．前年に行われた同名のシンポジュームの成果であった．森明子「対話への期待——文化，歴史，権力」，三瀬利之「史料の歴史学」，佐藤健二「テクノロジーと記録の社会性」，齋藤晃「歴史，テクスト，ブリコラージュ」，富山太佳夫「フィクション抜きの史実は存在するか」，帯谷知可「ウズベキスタンの新しい歴史」，成田龍一「ナショナル・ヒストリーへの欲望」，春日直樹「物語ること」，野村真理「歴史叙述の主体性と責任」，J. V. コシュマン「アメリカにおける日本研究」，岩尾龍太郎「歴史パラダイムの終焉と今後の課題」，永渕康之「共同体の伝記と歴史学と人類学の経験」，大黒俊二「逆なで，ほころび，テクストとしての社会」が各人の論題であった．「言語論的転回とは，広義には20世紀の思想界において，言語にたいする関心が高まり，言語を中心に文化を再考する動きがあらわれたことを意味する．ソシュールから，構造主義，記号論，ポスト構造主義，ディコンストラクションへとひきつがれて展開し，その影響は多くの批評分野にわたった．（中略）テキストの外にでることはできないという考えによるならば，歴史叙述が現実におこったできごとである，という保証はどこにもなくなってしまう．（中略）歴史学にとって，根源的な問いが提起され，そこから，ポスト構造主義の文学者と歴史学者のあいだに，すれ違いや挑発的ともいえるやりとりが行われた」（森論文）．

▶歴史学の難問 2002年，小田中直樹は『歴史学のアポリア』（山川出版社）をまとめた．「歴史家の仕事を歴史学と呼ぶとすれば，歴史学はアポリア（難問）にみちあふれている．のみならず，歴史学そのものが一つのアポリアということもできるだろう」（はじめに）というショッキングな書き出しで議論を挑発する．著者の研究対象であるヨーロッパ社会史の研究状況をふまえて，歴史学が抱える課題を検討する．目次としては第1章「出発としての比較社会経済史学派」，第2章「歴史学の社会的有用性と人間形成のアポリア」，第3章「歴史学の存在可能性と言語論的転回」，第4章「ヨーロッパ

近代社会史像の変遷」，第5章「歴史学の社会的有用性の今日」，第6章「歴史学の方法の今日」，第7章「一つのヨーロッパ近代社会史像」ということになるが，ここでは第3章の問題を考えてみる．「社会的な責務をはたすことを忘れたとして歴史家の怠慢が批判され，あるいは歴史学の社会的な有用性が問い直されている．他方では，歴史学が現在おこなっているような営みはそもそも可能なのかという疑問が，姿を現しつつある」．第3章のはじめの文章だが，とくに後者の問題をあつかう．「認識と解釈の関係はどのようなものであり，また，どのようなものでなければならのか」という問いかけをおこない，セニョボスらの『歴史学研究入門』の再検討を試みている．この本はアナール学派に批判されて，時代遅れの観があるが，きわめて示唆に富むものであるという．たんに史料批判にとどまっていたベルンハイムの歴史方法論よりも，それにとどまらないセニョボスらの手法を評価したのである．

▶山内昌之　　　2003年に山内昌之が『歴史の作法』(文藝春秋)を書いた．これは2014年に『歴史とは何か』(PHP文庫)と改題されて再刊された．目次は序章「こだわりと疑念」，第1章「天道，是か非か」，第2章「ヒストリーとストーリー」，第3章「危機における歴史」，第4章「広がる歴史」，第5章「世界史と日本史の出会い」，終章「リアリズムと理想主義」となっている．山内はこの本の執筆目的をつぎの三つにまとめている．「第一に，歴史を決定する時間の流れと人間の営みとの関係について考えることです．第二の目的は，私が年来こだわってきた歴史と叙述との関係を整理することです．歴史叙述の軽視は，日本の現代歴史学に見られる大きな特徴のように思えてなりません．第三は，現代のイスラームや国際政治などの事象に関して発言する際，私が根拠とする歴史と現実政治との関わりについて自分なりの理解を整理することです」(序章)．

　以下，興味深い文章を書き連ねていく．「歴史学が学問として成り立つ大きな前提として，或る事件が起きた過去と，私たちの記憶や知識で特徴づけられる現在との間に，時間の流れだけでなく何らかの因果関係や想像上の経験が成立する特性を重視したいと思います」(同上)．「作家が人物はおろか事件さえ自由に創造かつ想像できるのに，歴史家は史料に束縛されているのです．それでも，歴史家は史料の取り扱い方，史料の提示と説明にあたって或る種の想像

力を必要とすることは，歴史の本性に関わるものなのです」（同上）．「日本の大学で一般歴史学の専門教育や訓練では，外国語の史料を読む技術を教える一方，日本語による文章表現の彫琢には厳しくない面が多いのです．こうした点は，本来もっと〈歴史の作法〉として重視してもしかるべきことだったと思います」（同上）．「いわゆる歴史認識についても日本，韓国，中国の歴史家の解釈が分かれる事態を見れば，歴史学の「科学性」を信じられない人が多くても当然なのかもしれません．そもそも，歴史家の在り方が，政治との距離感などを含めて三国では相違があり，とくに日本では銘々が史実と信じる主張を自由に開陳する有様なのです．してみると，科学性とは何なのでしょうか」（第2章）．

▶佐藤正幸　　2004年に注目すべき著作があらわれた．佐藤正幸『歴史認識の時空』（和泉書館）である．目次は，第1章「歴史という言葉に見る歴史認識と歴史意識」，第2章「人は歴史的時間をいかに認識してきたか」，第3章「人は歴史的空間をどのように認識してきたか」，第4章「歴史叙述における規範と認識」，第5章「歴史学における認識されたものの認識」，第6章「歴史学における説明の構造」，第7章「日本の歴史認識の特質」である．歴史研究の方法論，理論的哲学的考察，学説史，歴史教育論といったメタヒストリーの研究は少なく，日本での歴史研究の弱点になっている．この本は人間が過去をどのように認識し，過去と対峙してきたかを明らかにした歴史認識学（ヒストリオロジー）の画期的な著作である．注目すべき論点は，歴史学を東アジア型とヨーロッパ型に分け，規範的歴史学と認識的歴史学として捉えた点である．「東アジアにおける歴史とは政治的，社会的，文化的規範を作り上げるものであった．だから紀伝体とか編年体といった一つのフォーマットが出来上がると，歴代の歴史書はそのフォーマットに基づいて作成され続けてきたのである．それらの形式が尊重され，政府という公の名のもとに編纂が行われたのは，まさにこれらが規範であったからにほかならない．（中略）西洋の歴史研究は，その当時の諸学問に対抗して自己を作り上げてきた．同時代の出来事をその時間的契機の中で理解しようとする新たな「認識方法」は，19世紀のドイツで花開くことになったのである．歴史理論・史学史の著作が刊行されること自体が，歴史は一つの認識の方法だという意識の芽生えだと考えるならば，19世紀ドイツの歴史理論書の洪水のような数の発行は，まさに歴史がひとつの

独立したディシプリンとして成立したことを反映している」（『歴史認識の時空』第 4 章）．

▶理論と実証　2004年の『史学雑誌』の回顧と展望号にはつぎのような小田中直樹のことばがある．「歴史理論について考えることは歴史家の第一のしごとではない．歴史家の本領は実証にあり，それに役立つのであれば，他の学問領域から理論を借りてきたとしても，なんら問題はない．歴史学にとって，理論はあくまでもツールにすぎないのだから」．

▶小田中直樹　この小田中直樹が同じ2004年に『歴史ってなんだ？』（PHP新書）を書いた．序章「悩める歴史学」，第 1 章「史実を明らかにできるか」，第 2 章「歴史学は社会の役に立つか」，第 3 章「歴史家は何をしているか」，終章「歴史学の枠組みを考える」がその目次である．その第 2 章では「歴史＝物語り論」と「言語論的転回」の問題が取り上げられた．とりわけ後者の問題で，「正しい」認識は可能か，と問うたのは言語学者で「構造主義の父」ソシュールであった．言葉が介在するかぎり，事実は分からない，というのが彼の分析である．「史実を正しく認識し，解釈することを仕事とする歴史学にとっては，じつに大きな打撃です」．絶対的に正しい解釈はないので，問題になるのは認識である．ソシュールの説に従うと，しっかり史料批判をしても，認識という作業が言葉を利用しているかぎり，正しい認識に至ることは不可能になってしまう．この難問から抜け出すにはどうすればよいか．この本のとりあえずの結論はこうである．「歴史学は「わたし」ではなく「わたしたち」にとっての科学ですから，そこで必要になるのは，「各々にとって」「正しい」認識ではなく，「みんなのあいだで」「正しいにちがいないという評価が共有されている」認識です」．

▶『いま歴史とは何か』　2005年，平田雅博他訳『いま歴史とは何か』（ミネルヴァ書房）が刊行された．2001年にロンドン大学でE. H. カー『歴史とは何か』の出版40周年を記念するシンポジユムが開かれた．その内容は翌年に *What Is History Now?* として公刊された．この本の日本語版が冒頭の翻訳書である．英語本の冒頭にあるように，この著作の目的は，（1）カーの本の再評価，（2）カー以後の歴史学界の動向の究明，である．目次は第 1 章と第 9 章で『歴史とは何か』の今を語り，第 2 章から第 8 章

で社会史，政治史，宗教史，文化史，ジェンダー史，思想史，帝国史の研究の現況を述べる．カーの時代には「歴史とは何か」が問題になっていたが，その40年後では「そもそも歴史研究は可能か」が議論の焦点になった．1990年のソビエト連邦崩壊により，歴史の進歩の観念が破壊された．さらに「言語論的転回」によって事実や史料の認識論が問われ，歴史研究の可能性に対する疑念が生じたのである．

▶『新歴史概念事典』 2005年に『新歴史概念事典』(New Dictionary of the History of Ideas) が出版された．その第1巻の冒頭に「世界の歴史概念の歴史」が執筆されている．その論説にはつぎの項目があがっている．1「西洋上代の歴史概念」，2「古代中国の歴史思想と歴史書」，3「中世ヨーロッパ」，4「イスラームの歴史叙述の勃興と成長」，5「ルネサンスと17世紀ヨーロッパ」，6「イスラーム以前とムガール王朝のインド」，7「古代の日本と朝鮮の歴史思考」，8「西欧の啓蒙時代」，9「清朝考証学」，10「ロマン主義，歴史主義，ナショナリズム」，11「歴史の専門化」，12「哲学・科学としての歴史」，13「20世紀の発展と新しい道」，14「アフリカの過去」，15「中国，日本，朝鮮」，16「南アジア」，17「中東」，18「ヨーロッパと南北アメリカ」，19「結論」．最後に参考文献のリストがある．そのうち，日本関係は7と15である．前者の時代範囲は上代から江戸時代までにおよぶ．『古事記』，『日本書紀』，六国史，『吾妻鏡』，歴史物語，『栄華物語』，軍記物語，『太平記』，『愚管抄』，『大鏡』，荻生徂徠，『大日本史』，新井白石，『読史余論』，林羅山，本居宣長の項目が入っている．後者には本庄栄治郎，大塚久雄，柳田国男，丸山真男といった1920年代から60年代に活躍した歴史家の名前が載っているだけである．

▶歴史理論の必要性 2006年の『史学雑誌』の回顧と展望号で佐藤正幸が興味深い見解をしめしている．「歴史理論は，史学方法論・史学史・歴史教育・歴史哲学を含むヒストリオロジー研究であると私は理解している．（中略）歴史理論の執筆者には，専門家がいないこと．西洋史担当教授か思想史担当教授でかつ歴史理論に関心の深い歴史家が執筆者のほとんどだ．日本の大学の歴史学科には歴史理論の講座もなければ担当教授もいないのだから当然かもしれない．（中略）日本の大学における歴史理論の発祥は，西洋

史の教授がヨーロッパの近代史学理論を翻訳・翻案して紹介したことに端を発する．つまり理論は自分がつくるものではなく，「西方から来るもの」という考えが支配的であったから自前の歴史理論専門家など必要がなかったのだ．基本的にはこの発想が現在でも続いている．結果として，日本の大学では理論と学説史を軸におかない歴史の研究体制が出来上がった．諸外国では，歴史研究は学部組織で行なわれることが多く，理論と学説史の講座或いは教授ポストは必ず存在する．これは欧米に限らず中国の大学でも同様である．経済学部には経済理論と経済学史の教授がかならずいるが，歴史学科には歴史理論と史学史の教授は存在しないのだ」．

▶立正大学のテキスト

2006年に『歴史研究の基本』（北樹社）がでた．著者は酒井三郎，綱川政則，石塚正英である．元来は1970年代におこなわれた立正大学の授業用の教材である．第1部「史学概論講義」（酒井著・石塚補筆），第2部「歴史哲学と歴史観」（綱川著・石塚補筆），第3部「歴史知と多様化史観」（石塚著），補論「翻訳語としての「歴史」について」（石塚著）という構成である．第1部はさらに「歴史とは」，「歴史学」，「歴史的認識」，「史料」，「史料の処理（1）」，「史料の処理（2）」，「理解と表現」，「歴史学に関連する諸学」，「史観」，「歴史区分論」，「歴史教育論」の各章に細分されている．オーソドックスな歴史研究法を論じている．「理解と表現」の章は歴史叙述の問題を扱っている．第2部は「歴史哲学と歴史観」，「歴史観の推移」，「歴史哲学の成立と展開」，「歴史主義」，「歴史認識論」を論述している．綱川によれば「前半においては歴史の存在論を歴史的に概観し，後半では認識論すなわち理論的方法論を扱う」という．たしかに前半はヨーロッパ史学史であるが，認識論は「歴史主義」と「歴史認識論」の二つの章である．1970年代までの歴史学の動向がコンパクトに叙述され，内容もいたって重厚である．大学のテキストにはもったいない．しかし，1980年代以降のことは言及されていない．これを補うのが石塚の筆になる第3部である．

▶中谷功治

2008年には中谷功治『歴史を冒険するために』（関西学院大学出版会）が出た．副題に「歴史と歴史学をめぐる講義」とあるように著者の大学での12回分の講義録をまとめたものである．著者のことばによれば，この本のテーマは「歴史とは何か，歴史を学ぶことにはどのような意味

があるのか，歴史家はどんな仕事をするのか，などなど．歴史について，いわば根源的な問いかけをすることを主題としています．（中略）歴史学という学問研究の方法の背景にある思考パターンというか，メンタリティーの問題です．つまり，歴史を研究する者＝歴史家の仕事について考察を加えたいのです」ということである．「歴史を学ぶことの根幹にあるもの」，「歴史の見方，歴史家の仕事を探る」，「歴史を学ぶことが持つ意味を求めて」，「歴史をめぐる人々の思い」というステージを設けて，歴史理論，史学史，歴史教育などの問題を学生向けにくだけた親しみやすい語り口で説いている．各回のタイトルはつぎのとおり．第1回「歴史には人間の「まなざし」がある」，第2回「ヘロドトスからの考察――歴史の起源」，第3回「歴史的事実と解釈をめぐって」，第4回「歴史家の仕事をめぐって」，第5回「歴史学の出発点の次にあるもの」，第6回「歴史についての二つの見方」，第7回「歴史学は役に立つのか」，第8回「歴史学と科学のかかわり」，第9回「人文学としての歴史学」，第10回「歴史教育と歴史学」，第11回「歴史と記憶をめぐって」，第12回「歴史を生み出すもの」，おわりに「歴史の冒険への旅立ち」．参考文献リストには最新の歴史学の成果が掲げられている．第1回と第2回の文末にはこれらの回の要約が箇条書きになっていて便利である．「歴史は現在から過去への「問いかけ」から始まる」，「歴史は「問いかけ」の結果として「書かれた」ものである」，「歴史は出来事の原因の追究という問題関心を有している」などである．それ以降の回にないのは入門編のためか．「大学生用「歴史学へのいざない」タイプのすばらしい著作であるも，具体的な歴史学の外延や内包を総合的に示すものではない」（桃木至朗『わかる歴史・面白い歴史・役に立つ歴史』）という辛口の評価もある．

▶文学とは何か　2008年，テリー・イーグルトンが『文学とは何か』を発表する．新歴史主義に関してつぎの記述がある．「変化した政治環境のなかで，この歴史主義は，すでに信用を失墜したかにみえるマルクス的あるいはヘーゲル的歴史主義にはなりえなかった．古い歴史主義は，大きな統一的な物語を信じ，目的論を信奉して未来に希望を託し，歴史的因果関係を序列化し，歴史的事件の真実を決定できるという実存論的信念をいだき，歴史そのものにおける中心的なものと周辺的なものとを確信をもって仕分けしていた．ところが，1980年代に躍りでた，いわゆる〈新歴史主義〉は，こうし

た原則をすべて否定したところに成立する歴史批評の様式だったのだ．それは，歴史的な真実や因果関係やパターンや目的や方向性といった概念そのものが，次第に攻撃され炎上してゆくポストモダン時代に，いかにもふさわしい歴史叙述であった．新歴史主義は，確定的な歴史的真実に対する認識論的懐疑と，大きな物語に対するおなじみの嫌悪とを合体させたものであった．歴史は，原因と結果からなるパターンではなく，ランダムで，偶発的な力の場であって，このなかでは原因と結果は，所与の事実として受けとめられるのではなく，観察者によって構築されるものとされた．歴史とは，拡散した物語群のからまりあった束であって，必然的に，どれが，どれよりも意味があるということは言えない．そして過去のすべての知識は，現在における関心と欲望によって歪曲される．歴史において，メジャーな王道と，マイナーな小道との間に，もはやいかなる確固たる区別もないし，いわんや事実と虚構との間に厳格な対立もない．歴史的事実が「テクスト的」現象として扱われる一方で，文学作品は物質的な出来事としてみなされる．歴史記述は，語り手自身の偏見や関心事によって条件付けられた物語形式であり，そうであればこそ，それもまたある種のレトリックもしくはフィクションということになった」(大橋洋一訳『文学とは何か（下）』岩波文庫)．1980年代の状況を描いたものだが，この見解を歴史家たちは容認できたのだろうか．

▶「歴史／物語の哲学」　2009年に『岩波講座 哲学』がみたび問われた．その第11巻のテーマは「歴史／物語の哲学」である．寄稿論文は野家啓一「歴史を書くという行為」，三島憲一「西欧近代のトポスとしての歴史哲学」，大塚和夫「オリエントの歴史意識」，北川東子「歴史の必然性について」，伊勢田哲治「歴史科学における因果性と法則性」，小田中直樹「言語論的転回以後の歴史学」などである．今日的テーマばかりでなく，伝統的課題も盛り込まれている．貫成人「概念と方法」も便利な論考である．歴史的出来事／歴史記述，歴史記述，歴史主義，唯物史観などの用語解説が適切である．このうち，小田中論文は「日本の歴史学界は言語論的転回をほぼ黙殺してきたといえる．（中略）日本において歴史学と言語論的転回の関係を論じてきたのは，隣接する諸学問領域に属する研究者だった．そのことが歴史学界における言語論的転回の受容に貢献したかといえば，残念ながら答えは「ノー」だ

ろう．他領域の研究者が歴史学者の頑迷さを批判し，後者は前者の無理解に首をすくめるという光景が，各地で展開されることになったからである」とコメントした．

▶桃木至朗　　2009年，桃木至朗が『わかる歴史・面白い歴史・役に立つ歴史』（大阪大学出版会）を著した．内容は第1部「歴史学の危機と挑戦」と第2部「東南アジア史の可能性」に分かれるが，ここで対象になるのは前者である．その第1部の目次は第1章「現代社会の歴史離れと歴史教育の混乱」，第2章「歴史学の限界と動脈硬化」，第3章「そもそも歴史学とはどんな学問か」，第4章「歴史学の論理展開」，第5章「新しい歴史学の躍動」，第6章「阪大史学の挑戦」である．第1章では教育現場から見えてくる歴史教育の問題点を語る．学習指導要領の失敗，高校側の保守性，大学側の無知，など深刻な指摘がある．第2章は現状の歴史学の問題点を数え上げる．「歴史学はもともと，歴史や歴史学を学ぼうとする者に対して系統的に教えるより，「代表的歴史家の作品から各自が思索せよ」と突き放す志向を強く持っている．代表的なテーマ・方法・作品のいくつかを特定の視角から列挙した学界動向・講座や，特定分野の細かい研究入門などは多数出版してきたが，歴史学そのものの入門となると，歴史の意義の哲学的解説と歴史家とは何者かの議論が大半で，学の対象と方法を定義した上でその内部を複数の下位領域に系統的に区分しそれぞれの課題と方法を解説するという，自然科学・社会科学型の入門書を編む習慣はほとんどない」．第3章の冒頭で，歴史学は「科学」かと問う．「理系の学問をした人は，歴史を学ぶ意義があるかという問題よりも，歴史が科学だと思われない，という点を問題にすることが多い．（中略）近代歴史学は過去の社会や個人の動きについて，その個性やパターン，因果関係などを，特定の価値観や恣意的な判断ではなく「学問的」に説明する方法を磨いてきた．それが学問的であることを保証するのは，「史料批判」つまり，ある記録に書いてあるからといってすぐ信用するのではなく，できる限り他の記録と突き合せ真偽を判断する方法だけではない．（中略）史料批判にも概念や術語の使用にも，また事象の区分にも一定の論理性が必要である」．

第5節　2010年代

▶**遅塚忠躬**　　2010年，フランス史研究の大家である遅塚忠躬が『史学概論』（東京大学出版会）を公刊した．現在の最先端の史学概論である．目次をみると，第1章「歴史学の目的」，第2章「歴史学の対象とその認識」，第3章「歴史学の境界」，第4章「歴史認識の基本的性格」と広範な課題が取り扱われている．しかし，史学史，史料批判の方法，問題設定と歴史解釈の問題は類書にすぐれたものがたくさんあると判断し省筆している．

　第2章で「近年の学界での最大の問題」である事実認識の問題を取り上げた．歴史家は研究対象としての事実を直接見ているわけでない．史料を通して事実を知るのである．つまり，仮説を提示しようとする歴史家，研究対象としての事実との中間に，史料が存在するのである．事実→史料→歴史家，という図式である．そして，歴史家は事実の認識にとどまらず，認識した事実を素材として，それらの関連を想定して解釈をおこない，仮説を作り上げる．それを工程表にしてみると，つぎの（1）から（5）のようになる．（1）過去に問いかけ，問題を設定する．（2）問題設定に適した事実を発見するため，雑多な史料群から，その問題に関係する史料を選び出す．（3）史料の記述を検討し，史料の背後にある事実を認識する．（4）考証で認識された事実を素材にして，さまざまな事実の間の関連を想定し，諸事実の意味（歴史的意義）を解釈する．（5）その想定と解釈の結果として，はじめの問題設定に仮説を提示する．その仮説に基づく歴史像の構築や修正を繰り返す．この（3）→（4）→（5）は「事実の認識」→「事実の解釈」→「歴史の認識」ともいえる．

　この（3）の「事実の認識」について学界で議論が繰り返されたのである．ランケ，フェーブル，カーなどの従来の「事実の認識」の議論と問題点を指摘したあと，「言語論的転回」の議論に入る．検討すべき問題は（a）「転回」論と歴史学との立場の違いは何か，（b）「転回」論から歴史学が学ぶべき点は何か，（c）「転回」論の妥当性はどこか，を論じる．

　第3章では歴史学に隣接するさまざまな学問領域について論じたが，とくに問題として扱ったのは，歴史学と文学の関係であった．彼が不満に思っている

のは,「両者の境界を曖昧にしたままで両者の融合を説いていること」であった. この状況をいっそう強めたのは「歴史＝物語り論」である. そのやり玉にあげたのは野家啓一の1996年の『物語の哲学』であった. 彼の「物語り論」が(1)出来事（事件）とそれを構成する諸事実とを区別していない,(2)「過去想起説」が歴史学の対象とする事実に当てはまらない,(3)過去の事実の実在を否定することで, 歴史学の反証可能性を機能不全にする,(4)反証可能性を否定することで, 歴史イコール文学論に帰着する, との4点をあげて反論している.「歴史＝物語り論」の流れに抗して, 科学としての歴史学を芸術（文学）から切り離すのが遅塚の本書の主意であった. 筆者は「言語論的転回」の議論の有用性は認めているが,「歴史＝物語り論」は支持しなかった.

▶歴史の哲学　2010年, 貫成人が『歴史の哲学』（勁草書房）を書いた. 目次を書いていくと, 第1章「なぜ物語論なのか」, 第2章「物語の基本構造」, 第3章「哲学としての物語論」, 第4章「物語の限界」, 第5章「国民国家の歴史」, 第6章「物語的でない歴史叙述の可能性」, 第7章「歴史の基底」, 第8章「複雑系としての歴史システム」, 第9章「歴史哲学の書き換え」となる. 第1章では歴史の物語論を批判の対象にして, これに代わるべき歴史哲学を提示しようとこころみている. 第2章ではダントー, 第3章ではホワイト, リクール, 野家啓一などの所論をみごとに要約する. そして物語論以後の歴史理論を検討し, それらの根底にあるメカニズムを抽出しようとした.

▶立ちすくむ歴史　2012年, 喜安朗・成田龍一・岩崎稔の鼎談による『立ちすくむ歴史』（せりか書房）が出版された. 副題に「E. H.カー『歴史とは何か』から50年」が添えられた. 目次は第1部「歴史家にとって「事実」とは何か」, 第2部「方法としての社会史」, 第3部「日本の近現代史はどのように描かれてきたか」, 第4部「ナショナル・ヒストリーを超えて」の4部から成る.「1960年代の『歴史とは何か』という本では,「事実と解釈」というかたちで, 事実は事実として存在する, しかし, それを解釈する歴史家の作法こそが重要だと言っているわけです. 事実とは何かということについては, それほど強く問題になっていなくて, 解釈の方が問題にされている.「歴史を見る場合には歴史家を見ればいい」という表現にもありますように,

解釈という行為は歴史家にとって個性的なものだという考え方がカーにはあると思います．19世紀の末に出てきた実証主義は，事実を事実としてあまり問題にしていない．それが現在の言語学的転回と言われるものになると，事実はいったい何か，歴史的事実とは何か，本当にまっさらな事実は存在するのかと事実そのものを問題にし始めている．そのことによって，歴史全体のいままでの足元を動揺させている．E. H. カーの「事実と解釈」という問題は，いわばその中間点に立っているような問題だと思います」（喜安朗，第 1 章）．

▶大戸千之　2012年，大戸千之が『歴史と事実』（京都大学学術出版会）を書いた．「ポストモダンの歴史学批判をこえて」という副題がメインテーマを表現している．目次はつぎのとおり．序章「いま何が問題なのか」，第 1 章「歴史叙述の起源」，第 2 章「ヘロドトス」，第 3 章「トゥキュディデス」，第 4 章「ポリュビオス」，第 5 章「循環史観という神話」，第 6 章「ランケ歴史学とその後」，終章「何が可能か」．

　1980年代から90年代にかけての歴史学批判，つまりポストモダニズム（言語論的転回，ポスト構造主義，など）の問題提起に対する議論である．「歴史を語ることは，過去の事実についての語り手の解釈を語ることでしかなく，これしかないという客観的な歴史叙述は存在しえない．近代歴史学がその理想としてきた「客観的歴史叙述」なるものは幻想にすぎない」との批判がある．この問題を大戸の専門研究である古代ギリシャの史学思想をヘロドトス，トゥキュディデス，ポリュビオスを例にとって反証していくものである．さらに「科学的」，「客観的」であることをモットーとする近代歴史学がほんらい意図したものを確認し，ポストモダニズムが突き付けた問題から抜け出す道を探ろうとした．大戸の結論はつぎのようなものである．「近代歴史学の出発点は，嘘や作りごとでない，ほんとうにあったことを重んじようとするところにあった．史料が伝えていることに忠実であろうとする立場の主張である．これを文字どおり，過去をそっくりそのまま復元してみせることだと解して，それは不可能であると主張し，歴史学の無力や限界を強調しようとするのは，ポストモダニズムの論者たちの誤解である」（終章）．

▶土肥恒之　2012年，土肥恒之が『西洋史学の先駆者たち』（中央公論社）を書いた．日本における西洋史学の起源と発達を論じている．目

次は第1章「ドイツ史学の移植」，第2章「歴史の経済的説明」，第3章「文化史的観照を超えて」，第4章「原史料の直接考究を第一義とすること」，第5章「近代資本主義の担い手を求めて」，第6章「大東亜戦争の世界史的意義」である．第1章では日本の近代歴史学の父リースがどのような貢献をなしえたのかが語られる．原史料を読み，外国人研究者の研究史を視野に入れた西洋史研究は当時の日本人研究者にはとうてい望みえないものであった．そこで日本と外国の交渉史の研究を勧めたのである．第2章では西洋の原書に基づく西洋史研究が日本で展開される様子が叙述された．第3章では大類伸のルネサンスの文化史研究が叙述のメインなるが，西洋歴史家の著作の翻訳が華やかにおこなわれようとしていたが，自らの実証研究はまったく希薄であった．第4章では原史料にこだわり日本での西洋史研究のレベルを少しでも向上させようと努力した上原専禄の奮闘が描かれる．第5章ではマルクスとウェーバーをいかに咀嚼するかがメインテーマとなった．第6章では当時の日本人が使用していた「大東亜戦争」の意義についてのそれぞれの対応が論じられた．

▶小林道憲　　2013年，小林道憲『歴史哲学への招待』（ミネルヴァ書房）が上梓された．著者はE. H. カーが『歴史とは何か』で現代物理学の不確定性原理を導入していることに感動し，これを下敷きにして自然科学の新しい生命パラダイム（枠組み）を歴史学に入れこもうと試みた．第1章「変動する歴史」，第2章「歴史と偶然」，第3章「進化する歴史」，第4章「歴史の認識」，第5章「歴史の理解と記述」，第6章「歴史の創造」から成る．内容はいたってオーソドックスな構成である．以前は融合が不可能であるとみなされていた歴史学と自然科学がどのくらい折り合いがつくことができるかを論ずる異色の作品である．物語り論に肯定的評価をあたえ，「歴史記述は物語としてのみ存在」するという．カオス理論をとる偶然的歴史理解でもある．

▶保城広至　　2015年には保城広至『歴史から理論を創造する方法』（勁草書房）が公刊された．歴史社会学の名著とされるB. ムーア『独裁と民主政治の社会的分析』に対する評価が社会学と歴史学の間で全く正反対であるとの問題意識から，副題にあるような「社会科学と歴史学を統合する」試みである．序章「歴史と理論」，第1章「中範囲の理論」，第2章「説明とは何か？」，第3章「帰納／演繹，アブダクション」，第4章「構造的問いと事例

枚挙」，第5章「過程構築から理論化へ」，終章「さらなる議論へ！」が目次で
ある．政治学からの理論構築なので歴史理論とどの程度かみ合うものかが試金
石となる．

▶日本史史料論　　　2015年，五味文彦ほか『日本史史料論』（放送大学）がまと
　　　　　　　　められた．放送大学大学院の教材である．1976年に石井進
が「学界における暗い谷間」（『岩波講座 日本歴史25』別巻2）と嘆いた史料学が
ここに花開いている．「日本史学の対象となる史料とは，歴史資料すなわち史
資料のことを指すが，この史料を正面から立ち向かって読み解き，いかに利用
してゆくかを考えてゆくのが研究のうえで必須である．歴史学は基本的に歴史
の事実を明らかにすることを目指しているからにほかならない」（はじめに）．
かつての「言語論的転回」の議論から学んだ成果を基に，じっくりと史料学に
立ち向かう自信と余裕をうかがわせる宣言である．

　目次はつぎのとおり．第1章「日本史研究と史料」（五味文彦），第2章「古
代の史料（1）――六国史と古記録」（鐘江宏之），第3章「古代の史料（2）
――律令法と儀式書」（同），第4章「古代の史料（3）――文書」（同），第5
章「古代の史料（4）――木簡と金石文」（同），第6章「中世の史料（1）
――文書」（五味文彦），第7章「中世の史料（2）――古記録」（同），第8章
「中世の史料（3）――文学・絵画史料」（同），第9章「近世の史料（1）
――武家史料」（杉森哲也），第10章「近世の史料（2）――町方史料」（同），第
11章「近世の史料（3）――仲間史料」（同），第12章「近代の史料（1）――
公文書」（土田宏成），第13章「近代の史料（2）――政府の編纂記録」，第14章
「近代の史料（3）――政治に関わる史料」（同），第15章「近代の史料（4）
――新聞・写真・地図」．多種多様なテーマが各時代に存在し，豊かな研究分
野が広がっている．

▶『歴史を射つ』　　　2015年，岡本充弘ほか編『歴史を射つ』（お茶の水書房）が
　　　　　　　　刊行された．書名の由来はジョージ・オーエル『象を撃
つ』による．「20世紀までの歴史を総括し，21世紀の歴史を予見する」論文集
というふれこみである．目次は第1部「歴史を問いなおす」と第2部「言説と
しての歴史，表象としての歴史」に大別される．前者にはヘイドン・ホワイト
「歴史的な出来事」，ピーター・バーク「歴史記述における関わりと切り離し」，

ロバート・ローゼンストーン「映画製作者が歴史家として歴史に対して行っていることについての考察」，シュテファン・バーカーほか「国民の記憶の歴史を書く」，イム・ジヒョン「グローバルに連鎖するナショナルヒストリーに現れた東洋と西洋」，エドワード・ワン「世界のなかのアジアを理解しなおす」，ペニー・コーフィールド「歴史家の大きな歴史像への回帰」，カレ・ピヒライネン「実存の果てしない回帰」の海外の大家・研究者の論考がつらなり，後者には鹿島徹「日本社会における歴史基礎論の動向　2004～2014」，長谷川貴彦「言語論的転回と西洋史研究」，平井雄一郎「伝記叙述の「型」と未遂の「型」」，北原敦「映画表現における現実と歴史」，渡辺賢一郎「少女マンガの表現技法と歴史叙述としてのマンガ」，池尻良平「学習者から捉え直した歴史の可能性」，内田力「社会史にみる世界史の歴史研究と言説」，長野壮一「現代歴史学の出発点」，岡本充弘「転回する歴史のなかで」，の日本人研究者の論説がならぶ．これらの論説に共通することは，今日の歴史研究が言語論的転回を経験して，文化史やナショナルヒストリーなど多方面に関心が向かっていることである．最先端の議論であるが，主たる対象期間が21世紀になっているので，それ以前の議論との関連が一般人にはよく見えてこない．同書におさめられた個別論文の解説は岡本論文で手際よく説明されているが，さらに大きな展望を語るものが欲しかった．

あ と が き

　「歴史とは何か」というと，ふつう What is a history と英訳されるが，これはおかしい．この発問はひとつの答えを求めるものである．なぜならば，動詞が現在形で単数形だからである．しかし，私はこの本を書いているとき，この問題設定に疑問を感じていた．What is the history とか What are histories とか，What was a history とか，What were histories とか，What will be a history（最後の問い方は，歴史は過去のものであり未来のものでないとするならば，形容矛盾かもしれないが）という問い方をしてもよいのではないと考えた．「歴史とは何か」という答えは過去，現在，未来でそれぞれちがうと思う．古今のちがいばかりでなく，東西のちがいがこれに重なる．もちろん，この答えはひとつであるという考え方もある．

　永いあいだ，日本人は「歴史とは何か」を考えたことはなかった．歴史を書く人間はいても，とりたてて歴史の理論を考えたことはなかった．すくなくも近代以前はそうだった．史論というものはあったが，これは自らの立場を主張するためのものである．歴史論を考えたわけではない．古代にあっては中国の劉知幾の『史通』が例外的存在である．東洋では道徳的規準として歴史の事実がしめされた．「前例」を知るためのものでもあった．西洋のヘロドトスの『歴史』も後世の人の「記録」ために歴史を書きのこしておいたのである．

　拙著では「歴史とは何か」という先人の回答のたくさんの事例をしめしておいた．歴史と宗教，歴史と文学，歴史と哲学，歴史と科学，歴史と社会科学，歴史と自然科学，など歴史との対比はさまざまなものがある．いっぽうでは「歴史とは何か」ということの回答などないと主張するひとも少なからずいた．永遠に答えなどないのかもしれない．ともあれ，古い時代から2015年までの回答集は編むことができたので，「歴史とは何か」の歴史だけはたどることができたのではないか．拙書のとりえはこの点に尽きる．

　拙著を作成するにあたって，いろいろなひとびとのお世話になった．この本のベースとなったのは，日本大学通信教育部での「史学概論」のための講義

ノートであった．それゆえ，まず日本大学通信教育部の諸先生および関係者に
お礼を申し上げたい．「史学概論」を受講する学生に配布するためのプリント
を印刷していたときに，私の講義ノートを目に留めて出版することを勧めてく
れたうえ，出版社まで紹介してくださった杏林大学外国語学部の同僚の小山三
郎先生に感謝したい．もちろん，拙著出版に惜しみない労力をささげてくだ
さった晃洋書房の方々，とくに大幅な加筆を寛大なこころでお認めくださった
高砂年樹さま，山本博子さまには深甚よりの謝意をのべさせていただきます．
　みなさま，ありがとうございます．

参 考 文 献

第1章

石田一良編『日本思想史概論』（吉川弘文館, 1963年）.

稲葉一郎『中国史学史の研究』（京都大学学術出版会, 2006年）.

稲葉一郎『中国の歴史思想』（創文社, 1999年）.

小沢栄一『近世史学思想史研究』（吉川弘文館, 1974年）.

貝塚茂樹『貝塚茂樹著作集』第7巻（中央公論社, 1977年）.

川勝義雄『中国文明選12　史学論集』（朝日新聞社, 1973年）.

坂本太郎『日本の修史と史学』（至文堂, 1958年）.

坂本太郎『六国史』（吉川弘文館, 1994年）.

坂本太郎『史書を読む』（中央公論社, 1981年, 吉川弘文館, 2013年）.

坂本太郎「第二編　歴史編纂の沿革」（『坂本太郎著作集』第5巻, 吉川弘文館, 2013年）.

内藤湖南『支那史学史』（2巻, 平凡社〔東洋文庫〕, 1992年）.

日本思想史研究会編『日本における歴史思想の展開』（吉川弘文館, 1965年）.

野口武彦『江戸の歴史家　歴史という名の毒』（筑摩書房, 1979年）.

尾藤正英「日本における歴史意識の発展」（『岩波講座日本歴史』第22巻別冊1, 岩波書店, 1963年）.

増井経夫『アジアの歴史と歴史家』（吉川弘文館, 1966年）.

増井経夫『中国の歴史書　中国史学史』（刀水書房, 1984年）.

松村博司『歴史物語　改訂版』（塙書房, 1979年）.

三浦周行「第五章第一　日本史学史概説」（『日本史の研究』第2輯上, 岩波書店, 1981年）.

劉知幾著・増井経夫訳『史通』（研文出版, 1981年）.

Beasley, W. G. and E. G. Pullyblank, ed. *Historians of China and Japan* (Oxford U. P., 1961).

第2章

小沢栄一『近代日本史学史の研究　幕末編』（吉川弘文館, 1966年）.

樺山紘一『現代歴史学の名著』（中央公論社, 1989年）.

樺山紘一『新・現代歴史学の名著』（中央公論新社, 2010年）.

ケニョン, J.〔今井宏・大久保佳子訳〕『近代イギリスの歴史家たち』（ミネルヴァ書房, 1988年）.

酒井三郎『啓蒙期の歴史学』（日本出版サービス, 1981年）.

佐藤真一『ヨーロッパ史学史』（知泉書館，2009年）．

田中彰・宮地正人・加藤周一編『日本近代思想大系　歴史認識』（岩波書店，1991年）．

千代田謙『西欧自由主義史学の研究』（亜紀書房，1971年）．

鶴間和幸「歴史の叙述」ほか（『岩波講座世界歴史』第1巻，岩波書店，1998年）．

林健太郎・澤田昭夫『原典による歴史学入門』（講談社〔講談社学術文庫〕，1982年）．

フリッツ，K.「歴史叙述に対する思想の影響」（〔前沢伸行ほか訳〕『歴史叙述』平凡社，1988年）．

堀米庸三ほか「歴史意識の展開」（『岩波講座世界歴史』第30巻別巻，岩波書店，1971年）．

山内昌之『歴史学の名著30』（筑摩書房，2007年）．

Breisach, E., *Historiography. Ancient, Medieval, and Modern* (Chicago U. P., 2007).

Burrow, J., *A History of Histories* (Penguin Books, 2007).

Collingwood, R. G., *The Idea of History* (Oxford U. P., 1949)（コリングウッド〔小松茂夫ほか訳〕『歴史の観念』紀伊國屋書店，2002年）．

Gooch, G. P., *History and Historians in the Nineteenth Century* (Longman, 1952)（G. P. グーチ〔林健太郎ほか訳〕『十九世紀の歴史と歴史家たち』上・下，筑摩書房，1971・1974年）．

Lowith, K., *Meaning in History* (Chicago U. P., 1957)（レーヴィト〔信太正三ほか訳〕『世界史と救済史』創文社，1964年）．

Munslow, A., *A History of History* (Routledge, 2012).

Popper, K., *The Poverty of Historicism* (Routledge, 1957)（ポパー〔岩坂彰訳〕『歴史主義の貧困』日経 BP 社，2013年）．

第3・4・5章

網野善彦編『日本の名随筆別巻99　歴史』（作品社，1999年）．

家永三郎『日本の近代史学』（日本評論新社，1957年）．

イッガース，G. G.〔中村幹雄ほか訳〕『ヨーロッパ歴史学の新潮流』（晃洋書房，1986年）．

イッガース，G. G.〔早島瑛訳〕『20世紀の歴史学』（晃洋書房，1996年）．

エヴァンス，R. J.〔今関恒夫ほか訳〕『歴史学の擁護』（晃洋書房，1999年）．

大久保利謙『日本近代史学史の成立』（『大久保利謙歴史著作集』第7巻，吉川弘文館，2007年）．

小沢栄一『近代日本史学史の研究　明治編』（吉川弘文館，1968年）．

ジェンキンズ，K.〔岡本充弘訳〕『歴史を考えなおす』（法政大学出版局，2005年）．

史学会編『日本歴史学界の回顧と展望　1 総説・歴史理論』（山川出版社，1987年）．

永原慶二『20世紀日本の歴史学』（吉川弘文館，2003年）．

永原慶二ほか『日本の歴史家』（日本評論社，1976年）．

成田龍一『歴史学のポジショナリティ』（校倉書房，2006年）.

野家啓一『物語の哲学』（岩波書店〔岩波現代文庫〕，2005年）.

ノワリエル，J.〔小田中直樹訳〕『歴史学の〈危機〉』（木鐸社，1997年）.

バラクラフ，G.〔前川貞次郎・兼岩正夫訳〕『転換期の歴史』（社会思想社，1969年）.

バラクラフ，G.〔松村越・金七紀男訳〕『歴史学の現在』（岩波書店，1985年）.

松島栄一編『明治文学全集77　明治史論集（一）』（筑摩書房，1965年）.

松島栄一編『明治文学全集78　明治史論集（二）』（筑摩書房，1976年）.

芳賀登『批判　近代日本史学思想史』（柏書房，1974年）.

佐藤正幸『歴史認識の時空』（知泉書館，2004年）.

索　　引

『 』は書名，「 」は論説をあらわす．
[ ] 内は著者名・編(著)者名を示す．

《著者紹介》

楠 家 重 敏（くすや しげとし）

1952年　東京都品川区生まれ
1980年　日本大学大学院文学研究科日本史専攻（博士課程後期）修了
現　在　杏林大学大学院客員教授，日本大学講師，成蹊大学講師

主要業績

『ネズミはまだ生きている』（雄松堂出版，1986年）
『日本アジア協会の研究』（日本図書刊行会，1997年）
『日本関係イギリス政府文書目録』（雄松堂出版，2002年）
『W.G. アストン』（雄松堂出版，2005年）
『日英協会100年史』（博文館新社，2009年）
『アーネスト・サトウの読書ノート』（雄松堂出版，2009年）
『幕末の言語革命』（晃洋書房，2017年）
『ジャパノロジーことはじめ』（晃洋書房，2017年）など

「歴史とは何か」の歴史

2016年2月10日　初版第1刷発行　　＊定価はカバーに
2020年4月25日　初版第2刷発行　　　表示してあります

著　者　楠　家　重　敏ⓒ
発行者　萩　原　淳　平
印刷者　藤　森　英　夫

発行所　株式会社　晃　洋　書　房
〒615-0026　京都市右京区西院北矢掛町7番地
電話　075(312)0788番(代)
振替口座　01040-6-32280

ISBN978-4-7710-2685-8　　印刷・製本　亜細亜印刷㈱